5·3·1
PROJECT

H

우월하게

효과 빠른 **약점 처방전**

국어 **문법 고난도** H

STAFF

발행인 문정석

퍼블리싱 총괄 남형주

기획·개발 조비호 김한길 신영한 김성준 육인선 권혜은

디자인·마케팅 김정인 김라니 차혜린

제작·유통 박종택 서준성

531 PROJECT 국어 문법 고난도 H 202205 제1판 1쇄

펴낸곳 이투스에듀(주) 서울시 서초구 남부순환로 2547

전화 1599-3225

등록번호 제2007-000035호

ISBN 979-11-389-0684-5 [53700]

53`1 PROJECT
효과 빠른 약점 처방전

531 프로젝트는
쉽게 익히고, 빠르게 다지고, 확실히 성적을 올릴 수 있는
영역별 단기 특강 교재입니다.

53`1 PROJECT 는
단기 특강 교재 중 가장 '**쉽게**' 개념을 익힐 수 있는 교재입니다.

01 영역별 꼭 알아야 하는 핵심 개념만을 선별하여 충실하게 기술한 교재입니다.

02 개념을 학습하고 이해한 내용을 확인해 보도록 문제를 명징하게 제시한 교재입니다.

03 문제 풀이를 통해 학습한 내용을 제대로 습득하도록 친절하고 상세한 해설과 첨삭을 덧붙인 교재입니다.

쉽게

53`1 PROJECT 는
단기 특강 교재 중 가장 '**빠르게**' 공부할 수 있는 교재입니다.

01 대충 훑어서 빠르게 공부하는 게 아니라 꼭 필요한 내용으로 구성함으로써 빠르게 실력을 향상시킬 수 있는 교재입니다.

02 국어 각 영역의 개념 학습, 기출 및 변형 등 다양한 형태의 문제로 12강을 구성하여 빠르게 국어 공부를 완성할 수 있는 교재입니다.

03 학생들의 효율적인 학습을 위해 3단계의 과정을 제시하여 눈에 띄게 빠른 실력 향상을 가능하게 해 주는 교재입니다.

빠르게

53`1 PROJECT는
단기 특강 교재 중 가장 '**우월하게**' 실력을 향상시킬 수 있는 교재입니다.

01 엄선된 문제와 차별화된 구성으로 고난도 수능을 효과적으로 대비할 수 있는 교재입니다.

02 1등급이 되기 위해 필수적으로 학습해야 할 내용을 충실히 담은 교재입니다.
1등급을 쟁취하고 여러분의 꿈을 향해 도약해 봅시다!

우월하게

구성과 특징

필수 개념 학습과 단계적 문제 풀이로 실력을 완성하는 **531 PROJECT 국어 문법 고난도 H**

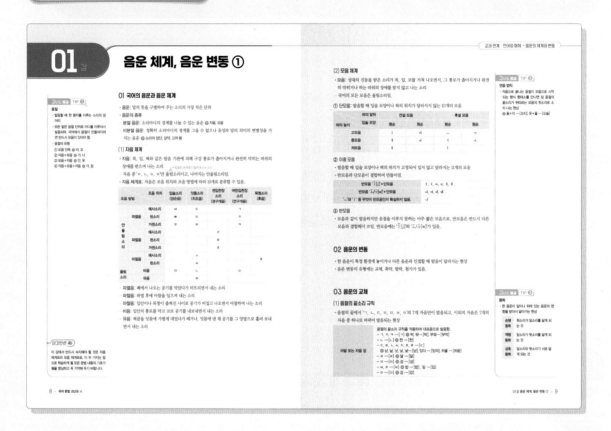

- **개념 설명**

  수능 국어 문법에서 다루는 핵심 개념을 도식화하여 정확하게 설명함으로써 어려운 문법 개념을 쉽게 학습할 수 있습니다.

- **교과 연계**

  강에서 설명하는 문법 개념이 고등학교 언어와 매체의 어떤 내용 요소와 연계되는지 알 수 있습니다.

- **고난도 해결 TIP**

  고난도 문제에서 다루는 개념을 추가적으로 설명하고 해당 문제와 연결하여 고난도 문제에 대비할 수 있습니다.

- **이것만은 꼭!**

  강에서 배운 내용 중 가장 핵심적인 내용과 수능 출제 경향을 연계하여 설명하였습니다.

- **헷갈려요 Q&A**

  헷갈리는 문법 개념을 질문과 대답 형식으로 설명하여 명확한 이해를 돕습니다.

- **기출 선택지 ○×**

  최신 기출문제 선택지를 활용한 ○× 문제로 실제 시험의 출제 경향을 파악하고, 개념 학습을 점검할 수 있습니다.

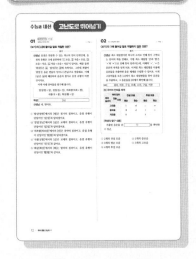

- **수능과 내신 문제로 다지기**

  학습한 문법 개념에 대한 이해를 바탕으로 기출문제와 신규 개발 문제를 풀어 봄으로써 개념을 더욱 정확히 이해할 수 있습니다.

- **내신 빈출 유형**

  내신에서 자주 출제되는 유형의 문제를 통해 수능뿐만 아니라 내신 시험을 대비할 수 있습니다.

- **수능과 내신 고난도로 뛰어넘기**

  고난도 기출문제와 신규 개발 문제를 통해 출제 경향을 파악하고 어려운 수능을 확실하게 대비할 수 있습니다.

- **킬러문항**

  가장 어려운 문항은 별도로 표시하여 문항의 수준과 출제 유형을 가늠할 수 있습니다.

- **복합으로 완성하기**

  최근 수능의 출제 경향을 반영한 지문 복합형 문제를 풀어 보며 문법 실력을 완성할 수 있습니다.

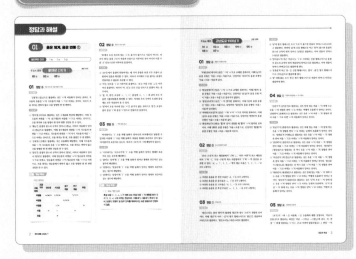

- **정답 · 오답 풀이**

  상세하고 정확한 해설을 통해 문제를 더욱 쉽고 명확하게 이해할 수 있습니다.

- **개념 복습**

  문제에서 다룬 개념을 다시 한번 설명하여 개념을 완전히 익힐 수 있습니다.

- **지문 해설**

  지문의 주제, 핵심 개념 등을 제시하여 지문을 완벽하게 파악할 수 있습니다.

이 책의 차례

문장

담화 · 어문 규정

국어사

음운 체계, 음운 변동 ①

음절

- 발음할 때 한 뭉치를 이루는 소리의 덩어리
- 모든 말은 음절 단위로 마디를 이루어서 발음되며, 국어에서 음절이 만들어지려면 반드시 모음이 있어야 함.
- 음절의 유형
  ① 모음 단독 예 아, 오
  ② 자음+모음 예 가, 너
  ③ 모음+자음 예 안, 옷
  ④ 자음+모음+자음 예 각, 잠

01 국어의 음운과 음운 체계

- 음운: 말의 뜻을 구별하여 주는 소리의 가장 작은 단위
- 음운의 종류
  - 분절 음운: 소리마디의 경계를 나눌 수 있는 음운 예 자음, 모음
  - 비분절 음운: 정확히 소리마디의 경계를 그을 수 없으나 음성과 달리 의미의 변별성을 가지는 음운 예 소리의 장단, 강약, 고저 등

(1) 자음 체계

- 자음: 목, 입, 혀와 같은 발음 기관에 의해 구강 통로가 좁아지거나 완전히 막히는 따위의 장애를 받으며 나는 소리 ← 발음할 때 목청이 떨려 울리는 소리
  - 자음 중 'ㅁ, ㄴ, ㅇ, ㄹ'만 울림소리이고, 나머지는 안울림소리임.
- 자음 체계표: 자음은 조음 위치와 조음 방법에 따라 19개로 분류할 수 있음.

조음 방법		조음 위치	입술소리 (양순음)	잇몸소리 (치조음)	센입천장 소리 (경구개음)	여린입천장 소리 (연구개음)	목청소리 (후음)
안울림소리	파열음	예사소리	ㅂ	ㄷ		ㄱ	
		된소리	ㅃ	ㄸ		ㄲ	
		거센소리	ㅍ	ㅌ		ㅋ	
	파찰음	예사소리			ㅈ		
		된소리			ㅉ		
		거센소리			ㅊ		
	마찰음	예사소리		ㅅ			ㅎ
		된소리		ㅆ			
울림소리	비음		ㅁ	ㄴ		ㅇ	
	유음			ㄹ			

- 파열음: 폐에서 나오는 공기를 막았다가 터뜨리면서 내는 소리
- 파찰음: 파열 후에 마찰을 일으켜 내는 소리
- 마찰음: 입안이나 목청이 좁혀진 사이로 공기가 비집고 나오면서 마찰하여 나는 소리
- 비음: 입안의 통로를 막고 코로 공기를 내보내면서 내는 소리
- 유음: 혀끝을 잇몸에 가볍게 대었다가 떼거나, 잇몸에 댄 채 공기를 그 양옆으로 흘려 보내면서 내는 소리

이것만은 꼭!

이 강에서 반드시 숙지해야 할 것은 자음 체계표와 모음 체계표로, 이 두 가지는 앞으로 학습하게 될 모든 문법 내용의 기초가 됨을 명심하고 꼭 기억해 두기 바랍니다.

(2) 모음 체계

- 모음: 성대의 진동을 받은 소리가 목, 입, 코를 거쳐 나오면서, 그 통로가 좁아지거나 완전히 막히거나 하는 따위의 장애를 받지 않고 나는 소리
  - 국어의 모든 모음은 울림소리임.

① 단모음: 발음할 때 입술 모양이나 혀의 위치가 달라지지 않는 10개의 모음

<table>
<tr><td rowspan="2">혀의 높이</td><td>혀의 앞뒤</td><td colspan="2">전설 모음</td><td colspan="2">후설 모음</td></tr>
<tr><td>입술 모양</td><td>평순</td><td>원순</td><td>평순</td><td>원순</td></tr>
<tr><td>고모음</td><td></td><td>ㅣ</td><td>ㅟ</td><td>ㅡ</td><td>ㅜ</td></tr>
<tr><td>중모음</td><td></td><td>ㅔ</td><td>ㅚ</td><td>ㅓ</td><td>ㅗ</td></tr>
<tr><td>저모음</td><td></td><td>ㅐ</td><td></td><td>ㅏ</td><td></td></tr>
</table>

② 이중 모음

- 발음할 때 입술 모양이나 혀의 위치가 고정되어 있지 않고 달라지는 11개의 모음
- 반모음과 단모음이 결합하여 만들어짐.

반모음 'ǐ[j]'+단모음	ㅑ, ㅕ, ㅛ, ㅠ, ㅒ, ㅖ
반모음 'ㅗ/ㅜ[w]'+단모음	ㅘ, ㅝ, ㅙ, ㅞ
'ㅡ'와 'ㅣ' 중 무엇이 반모음인지 확실하지 않음.	ㅢ

③ 반모음

- 모음과 같이 발음하지만 음절을 이루지 못하는 아주 짧은 모음으로, 반모음은 반드시 다른 모음과 결합해서 쓰임. 반모음에는 'ǐ[j]'와 'ㅗ/ㅜ[w]'가 있음.

02 음운의 변동

- 한 음운이 특정 환경에 놓이거나 다른 음운과 인접할 때 발음이 달라지는 현상
- 음운 변동의 유형에는 교체, 축약, 탈락, 첨가가 있음.

03 음운의 교체

(1) 음절의 끝소리 규칙

- 음절의 끝에서 'ㄱ, ㄴ, ㄷ, ㄹ, ㅁ, ㅂ, ㅇ'의 7개 자음만이 발음되고, 이외의 자음은 7개의 자음 중 하나로 바뀌어 발음되는 현상

어말 또는 자음 앞	음절의 끝소리 규칙을 적용하여 대표음으로 발음함. – ㄱ, ㄲ, ㅋ → [ㄱ] 예 박, 밖→[박], 부엌→[부억] – ㄴ → [ㄴ] 예 천→[천] – ㄷ, ㅌ, ㅅ, ㅆ, ㅈ, ㅊ, ㅎ → [ㄷ] 　예 낟, 낱, 낫, 낮, 낯→[낟], 있다→[읻따], 히읗→[히읃] – ㄹ → [ㄹ] 예 달→[달] – ㅁ → [ㅁ] 예 섬→[섬] – ㅂ, ㅍ → [ㅂ] 예 밥→[밥], 잎→[입] – ㅇ → [ㅇ] 예 강→[강]

고난도 해결 TIP ❷

연음 법칙
- 자음으로 끝나는 음절이 모음으로 시작되는 형식 형태소를 만나면 앞 음절의 끝소리가 뒤따르는 모음의 첫소리로 소리 나는 현상
  예 꽃+이 → [꼬치], 옷+을 → [오슬]

고난도 해결 TIP ❸

동화
- 한 음운이 앞이나 뒤에 있는 음운의 영향을 받아서 닮아가는 현상

순행 동화	뒷소리가 앞소리를 닮게 되는 것
역행 동화	앞소리가 뒷소리를 닮게 되는 것
상호 동화	앞소리와 뒷소리가 서로 닮게 되는 것

Q 구개음화는 어떤 조건에서 일어나나요?

A 구개음화는 형식 형태소인 조사나 접미사에 의해서만 일어나요. 그러므로 'ㄷ, ㅌ' 뒤에 실질 형태소가 결합하면 구개음화가 일어나지 않는다는 걸 기억해야 해요.
예 밭일[반닐]

고난도 해결 TIP ④

된소리되기와 표준 발음법 제28항

> 〈표준 발음법 제28항〉
> 표기상으로는 사이시옷이 없더라도, 관형격 기능을 지니는 사이시옷이 있어야 할(휴지가 성립되는) 합성어의 경우에는, 뒤 단어의 첫소리 'ㄱ, ㄷ, ㅂ, ㅅ, ㅈ'을 된소리로 발음한다.

예 문-고리[문꼬리], 길-가[길까]
바람-결[바람껼], 등-불[등뿔]

이것만은 꼭!

음운의 변동 중, '교체'에 해당하는 현상은 수능 모의평가나 수능에서 자주 출제됩니다. 특히 비음화와 구개음화가 출제 빈도가 높으므로 해당하는 사례를 함께 알아두는 것이 학습에 도움이 됩니다. '국어의 자음 체계표'를 참고하여 동화의 원인을 직접 찾아보는 활동을 해 보는 것이 좋은 학습 방법이 될 수 있습니다.

---

(2) 비음화

- 비음(ㄴ, ㅁ, ㅇ)이 아닌 자음이 비음을 만나 비음으로 바뀌는 현상
- 받침으로 쓰인 파열음 'ㄱ, ㄷ, ㅂ'이 뒤에 오는 비음 'ㄴ, ㅁ' 앞에서 각각 비음 'ㅇ, ㄴ, ㅁ'으로 바뀌어 발음됨. **예** 국물→[궁물], 닫는→[단는], 겹눈→[겸눈]
- 받침으로 쓰인 파열음 'ㄱ, ㅂ' 뒤에 오는 유음 'ㄹ'이 비음 'ㄴ'으로 바뀌어 발음됨.
  예 백로→[뱅노], 협력→[혐녁]
- 받침 'ㅁ, ㅇ' 뒤에서 유음 'ㄹ'이 비음 'ㄴ'으로 바뀌어 발음됨. **예** 남루→[남누], 종로→[종노]

(3) 유음화

- 'ㄴ'이 유음 'ㄹ'의 앞이나 뒤에서 'ㄹ'로 바뀌어 발음되는 현상

순행적 유음화	ㄹ + ㄴ → [ㄹㄹ]	달님 → [달림], 칼날 → [칼랄]
후행적 유음화	ㄴ + ㄹ → [ㄹㄹ]	신라 → [실라], 근력 → [글력]

(4) 구개음화

- 구개음이 아닌 자음 'ㄷ, ㅌ'이 모음 'ㅣ'나 반모음 'ĭ[j]'로 시작하는 형식 형태소 앞에서 구개음 'ㅈ, ㅊ'으로 발음되는 현상 **예** 굳이→[구지], 같이→[가치]

(5) 된소리되기

- 안울림 예사소리인 'ㄱ, ㄷ, ㅂ, ㅅ, ㅈ'이 특정 음운 환경에서 된소리인 'ㄲ, ㄸ, ㅃ, ㅆ, ㅉ'으로 발음되는 현상

음운 환경과 변동	예시
파열음 'ㄱ, ㄷ, ㅂ' 받침 뒤에 'ㄱ, ㄷ, ㅂ, ㅅ, ㅈ'이 오면 된소리로 바뀌어 발음됨.	국밥[국빱], 덮개[덥깨]
어간 받침 'ㄴ(ㄵ), ㅁ(ㄻ) / ㄼ, ㄾ' 뒤에 오는 어미의 첫소리 'ㄱ, ㄷ, ㅅ, ㅈ'은 된소리로 바뀌어 발음됨.	신고[신꼬], 핥대[할따]
한자어에서 'ㄹ' 받침 뒤에 'ㄷ, ㅅ, ㅈ'이 오면 된소리로 바뀌어 발음됨.	갈등[갈뜽], 발전[발쩐]
관형사형 어미 'ㄴ(으)ㄹ' 뒤에 'ㄱ, ㄷ, ㅂ, ㅅ, ㅈ'이 오면 된소리로 바뀌어 발음됨.	갈 곳[갈꼳], 할 수는[할쑤는]

(6) 'ㅣ' 모음 역행 동화

- 후설 모음 'ㅏ, ㅓ, ㅗ, ㅜ'가 뒤에 오는 전설 모음 'ㅣ'의 영향을 받아 각각 'ㅐ, ㅔ, ㅚ, ㅟ'로 바뀌는 현상
- '서울내기, 시골내기, 풋내기, 냄비, 담쟁이, 멋쟁이' 등 일부 단어를 제외하고는 표준 발음으로 인정하지 않음. **예** 아기 ≠ [애기], 어미 ≠ [에미]

기출 선택지 OX

1 국어의 음절에서 초성에는 최대 두 개의 자음이 오고, 중성에는 모음이 올 수 없다. ○ | ×

2 '부엌문[부엉문]'과 '볶는[봉는]'은 교체가 한 번 일어나 음운의 개수가 변하지 않았다. ○ | ×

3 '깊대[깁따]'와 '옷고름[옫꼬름]'에는 음절 끝에서 발음되는 자음이 7개로 제한되는 현상이 일어났다. ○ | ×

01 조음 위치 및 조음 방법의 변화 | 고3 학력평가 |

〈보기〉에 제시된 '선생님'의 질문에 대한 답으로 적절한 것은?

┤ 보기 ├

선생님: 음운 변동이 일어날 때에는 조음 위치 및 조음 방법이 변하기도 합니다. 다음 단어를 발음할 때 일어나는 변화를 자음 체계를 참고하여 설명해 볼까요?

맏이[마지], 꽃눈[꼰눈], 강릉[강능], 실내[실래], 앞날 [암날]

조음 방법 \ 조음 위치	양순음	치조음	경구개음	연구개음	후음
파열음	ㅂ/ㅃ/ㅍ	ㄷ/ㄸ/ㅌ		ㄱ/ㄲ/ㅋ	
파찰음			ㅈ/ㅉ/ㅊ		
마찰음		ㅅ/ㅆ			ㅎ
비음	ㅁ	ㄴ		ㅇ	
유음		ㄹ			

① '맏이'를 발음할 때 일어나는 음운 변동에서는 조음 위치만 한 번 변합니다.

② '꽃눈'을 발음할 때 일어나는 음운 변동에서는 조음 위치만 두 번 변합니다.

③ '강릉'을 발음할 때 일어나는 음운 변동에서는 조음 방법만 한 번 변합니다.

④ '실내'를 발음할 때 일어나는 음운 변동에서는 조음 위치가 변한 후 조음 방법이 변합니다.

⑤ '앞날'을 발음할 때 일어나는 음운 변동에서는 조음 방법이 변한 후 조음 위치가 변합니다.

02 내신 빈출 유형
음절의 실현 형태

〈보기〉를 바탕으로 '음절'에 대해 탐구한 내용으로 적절하지 않은 것은?

┤ 보기 ├

한 뭉치로 이루어진 소리의 덩어리를 '음절'이라고 한다. 모든 말은 음절 단위로 마디를 이루어서 발음되며 국어의 음절 구조는 다음과 같은 네 가지 형태로 실현된다.

• 모음 단독   • 모음＋자음
• 자음＋모음   • 자음＋모음＋자음

[음절 탐구 자료]
• 아빠와 엄마 생각만 해요.

① 국어에서 모음 없이는 음절이 만들어질 수 없군.

② '아, 요'를 보니 음절은 모음 단독으로도 이루어지는군.

③ '생, 각, 만'을 보니 초성과 종성에는 모두 자음만이 올 수 있군.

④ '빠, 와, 마, 해'는 음절 구조가 자음과 모음으로 이루어진 것들이군.

⑤ '엄'을 보니 초성이 없이 중성과 종성만으로 만들어진 음절도 있군.

03 'ㅣ' 역행 동화 현상

〈보기〉는 '표준어 사정 원칙 제9항'이다. ㉠에 해당하지 않는 것은?

┤ 보기 ├

'ㅣ' 역행 동화 현상에 의한 발음은 원칙적으로 표준 발음으로 인정하지 아니하되, 다만 다음 단어들은 ㉠그러한 동화가 적용된 형태를 표준어로 삼는다.

① 그 사내는 시골내기라고 놀림을 받았다.

② 그는 쌀을 여러 번 씻은 뒤 냄비에 안쳤다.

③ 나는 멋쟁이인 아버지를 따라 거리로 나갔다.

④ 벽은 담쟁이덩굴이 촘촘하게 그물을 치고 있었다.

⑤ 아지랭이 가물거리는 봄은 여간 아름답지 않았다.

01 음절의 유형과 변화 [고난도 해결 TIP ❶] | 수능 |

〈보기〉의 [A]에 들어갈 말로 적절한 것은?

┤ 보기 ├

선생님: 음절은 발음할 수 있는 최소의 언어 단위인데, 음절의 유형을 크게 분류하면 '① 모음, ② 자음+모음, ③ 모음+자음, ④ 자음+모음+자음'이 있어요. 예를 들면 '꽃[꼳]'은 ④, '잎[입]'은 ③에 속하지요. 그런데 복합어 '꽃잎'은 음운 변동이 일어나 [꼰닙]으로 발음돼요. 이때 [닙]은 ④에 해당되며 음운의 첨가로 음절 유형이 바뀐 것이지요.

　이제 아래 단어들을 탐구해 봅시다.

밥상(밥+상), 집일(집+일), 의복함(의복+함),
국물(국+물), 화살(활+살)

학생: ［ 　　　　　　　　[A]　　　　　　　 ］

선생님: 네, 맞아요.

① '밥상[밥쌍]'에서의 [쌍]은 첨가의 결과이고, 음절 유형이 단일어인 '상[상]'과 달라졌어요.
② '집일[짐닐]'에서의 [닐]은 교체의 결과이고, 음절 유형이 단일어인 '일[일]'과 달라졌어요.
③ '의복함[의보캄]'에서의 [캄]은 축약의 결과이고, 음절 유형이 단일어인 '함[함]'과 달라졌어요.
④ '국물[궁물]'에서의 [궁]은 교체의 결과이고, 음절 유형이 단일어인 '국[국]'과 같아요.
⑤ '화살[화살]'에서의 [화]는 탈락의 결과이고, 음절 유형이 단일어인 '활[활]'과 같아요.

02 최소 대립쌍의 음운 | 수능 |

〈보기〉의 ㉠에 들어갈 말로 적절하지 <u>않은</u> 것은?

┤ 보기 ├

선생님: 최소 대립쌍이란 하나의 소리로 인해 뜻이 구별되는 단어의 짝을 말해요. 가령 최소 대립쌍 '살'과 '쌀'은 'ㅅ'과 'ㅆ'으로 인해 뜻이 달라지는데, 이때의 'ㅅ', 'ㅆ'은 음운의 자격을 얻게 되죠. 이처럼 최소 대립쌍을 이용해 음운들을 추출하면 음운 체계를 수립할 수 있어요. 이제 고유어들을 모은 [A]에서 최소 대립쌍들을 찾아 음운들을 추출하고, 그 음운들을 [B]에서 확인해 봅시다.

[A] 　쉬리, 마루, 구실, 모래, 소리, 구슬, 머루

[B] 국어의 단모음 체계

혀의 높낮이 ＼ 혀의 앞뒤 입술 모양	전설 모음		후설 모음	
	평순	원순	평순	원순
고모음	l	ㅟ	ㅡ	ㅜ
중모음	ㅔ	ㅚ	ㅓ	ㅗ
저모음	ㅐ		ㅏ	

[학생의 탐구 내용]
　추출된 음운들 중 ［ 　　 ㉠ 　　 ］을 확인할 수 있군.

① 2개의 전설 모음
② 2개의 중모음
③ 3개의 평순 모음
④ 3개의 고모음
⑤ 4개의 후설 모음

03 고난도 해결 TIP ❷
연음 법칙 | 고3 학력평가 |

〈보기〉를 참조하여 단어의 발음을 설명한 내용으로 적절하지 <u>않</u>은 것은?

─ 보기 ─

연음은 앞 음절의 종성에 있던 자음이 모음으로 시작하는 뒤 음절의 초성으로 옮겨 가 발음되는 현상이다. 뒤에 모음으로 시작하는 형식 형태소가 오면 곧바로 연음이 일어나지만, 'ㅏ, ㅓ, ㅗ, ㅜ, ㅟ'들로 시작하는 실질 형태소가 올 때에는 '홑옷[호돋]'처럼 음절의 끝소리 규칙이 먼저 적용된 후 연음이 일어난다.

① '밭은소리'는 용언의 활용형인 '밭은'과 명사 '소리'가 결합된 단어이므로 [바든소리]로 발음한다.
② '낯'에 조사 '으로'가 붙으면 [나트로]라고 발음하지만, 어근 '알'이 붙으면 [나달]로 발음한다.
③ '앞어금니'는 어근 '앞'과 '어금니'가 결합된 단어이므로 [아버금니]로 발음한다.
④ '겉웃음'은 '웃−'이 어근이고, '−음'이 접사이므로 [거두슴]으로 발음한다.
⑤ '밭' 뒤에 조사 '을'이 붙으면 연음되어 [바틀]로 발음한다.

04 고난도 해결 TIP ❸ ⁺칼러문항
역행적 유음화와 'ㄹ'의 비음화 | 고3 학력평가 |

〈보기〉의 ㉠, ㉡에 해당하는 예로 적절한 것은?

─ 보기 ─

국어에서 'ㄴ'과 'ㄹ' 소리를 연달아 내는 것은 어려운 일이다. 그래서 'ㄹ'과 'ㄴ'이 연쇄적으로 발음될 때 순행적 유음화가 일어나고, 반대로 'ㄴ'과 'ㄹ'이 연쇄적으로 발음될 때 ㉠역행적 유음화가 일어난다. 그런데 표면적으로 순행적 유음화나 역행적 유음화가 일어날 조건이 충족된다고 하더라도 용언의 활용이나 합성어, 파생어 형성 과정에서 순행적 유음화가 아닌 'ㄹ' 탈락이 일어나기도 하고, 역행적 유음화가 아닌 ㉡'ㄹ'의 비음화가 일어나기도 한다.

	㉠	㉡
①	산란기	표현력
②	줄넘기	입원료
③	결단력	생산량
④	의견란	향신료
⑤	대관령	물난리

05 내신 빈출 유형
비음화와 유음화

〈보기〉의 ㄱ~ㄷ을 중심으로 음운 변동을 이해한 내용으로 적절한 것은?

─ 보기 ─

국어의 음운 변동 중에는 음절의 끝에 있는 자음이 뒤에 오는 자음과 이어져 발음될 때 어느 한쪽이 다른 쪽을 닮아 그와 같거나 비슷한 소리로 바뀌거나 양쪽이 서로 닮아서 두 소리가 모두 바뀌는 현상이 있다.

ㄱ. 받침 'ㄱ(ㄲ, ㅋ, ㄳ, ㄺ), ㄷ(ㅅ, ㅆ, ㅈ, ㅊ, ㅌ, ㅎ), ㅂ(ㅍ, ㄼ, ㄿ, ㅄ)'은 'ㄴ, ㅁ' 앞에서 [ㅇ, ㄴ, ㅁ]으로 발음한다.
ㄴ. 받침 'ㅁ, ㅇ' 뒤에 연결되는 'ㄹ'은 [ㄴ]으로 발음한다. 받침 'ㄱ, ㅂ' 뒤에 연결되는 'ㄹ'도 [ㄴ]으로 발음한다.
ㄷ. 'ㄴ'은 'ㄹ'의 앞이나 뒤에서 [ㄹ]로 발음한다.

① '침략[침냑]'에는 ㄱ에 해당하는 음운 변동이 있다.
② '칼날[칼랄]'에는 ㄴ에 해당하는 음운 변동이 있다.
③ '읊는[음는]'에는 ㄷ에 해당하는 음운 변동이 있다.
④ '막론[망논]'에는 ㄱ, ㄴ에 해당하는 음운 변동이 있다.
⑤ '닳는[달른]'에는 ㄴ, ㄷ에 해당하는 음운 변동이 있다.

06 구개음화의 형태

〈보기〉는 '구개음화'에 대한 설명이다. ㉠에 해당하지 <u>않는</u> 것은?

┤ 보기 ├

　구개음화는 끝소리가 'ㄷ', 'ㅌ'인 형태소가 모음 'ㅣ'나 반모음 'ㅣ[j]'로 시작되는 형식 형태소와 만나면 그것이 구개음 'ㅈ', 'ㅊ'이 되는 현상이다. 그리고 'ㄷ' 뒤에 형식 형태소 '히'가 올 때 'ㅎ'과 결합하여 이루어진 'ㅌ'이 'ㅊ'이 되는 현상도 구개음화로 보기도 한다.

　현대 국어에서는 한 형태소 내에서나 합성어 안에서는 구개음화가 일어나지 않는다. 그러나 ㉠근대 국어에는 한 형태소 안에서도 구개음화가 일어났던 것으로 보인다. 근대 국어에 구개음화를 겪은 것들은 표기까지 구개음화된 형태로 굳어졌다.

　반면 표준 발음법에서는 구개음화된 소리를 표준 발음으로 인정하되, 표기는 원형을 밝혀 적는 것을 원칙으로 하고 있다.

① 펴디 → [펴지]

② 뎌 → 져 → [저]

③ 됴타 → 죠타 → [좋다]

④ 텬디 → 천지 → [천지(天地)]

⑤ 굳히다 → 구티다 → [구치다]

07 음절의 끝소리 규칙과 된소리되기

고난도 해결 TIP ❹

〈보기〉는 '음절의 끝소리 규칙'과 '된소리되기'에 대한 설명이다. 이를 바탕으로 〈자료〉의 ㉠~㉢을 분류한 것으로 가장 적절한 것은?

┤ 보기 ├

• 음절의 끝소리 규칙: 국어에서 음절의 끝에서 발음되는 자음을 7개로 정하고 있는 규칙으로, 'ㄱ, ㄴ, ㄷ, ㄹ, ㅁ, ㅂ, ㅇ'의 일곱 개 자음을 일컫는다. 일곱 소리 이외의 자음이 음절 끝에 오면 이 일곱 자음 중의 하나로 바꾸어 발음한다.

• 된소리되기 중 일부

– 앞 음절의 파열음 'ㄱ, ㄷ, ㅂ' 받침과 뒤 음절의 'ㄱ, ㄷ, ㅂ, ㅅ, ㅈ'이 만날 때 뒤의 소리를 된소리로 발음한다.

– 어간의 끝소리 'ㄴ(ㄵ), ㅁ(ㄻ) / ㄼ, ㄾ' 뒤에 결합되는 어미의 첫소리 'ㄱ, ㄷ, ㅅ, ㅈ'을 된소리로 발음한다.

┤ 자료 ├

㉠ 바깥[바깓], 앞뜰[압뜰]

㉡ 낱개[낟:깨], 꽃밭[꼳빧]

㉢ 담다[담:따], 안고[안꼬]

	음절의 끝소리 규칙	된소리되기
①	㉠	㉠, ㉡, ㉢
②	㉠, ㉡	㉡, ㉢
③	㉠, ㉢	㉠, ㉡
④	㉠, ㉢	㉡, ㉢
⑤	㉠, ㉡, ㉢	㉠, ㉢

복합으로 완성하기

정답과 해설 ● 4쪽

[01~02] 다음 글을 읽고 물음에 답하시오.

'음절'은 발음의 단위이다. 음절의 특징을 이해하는 것은 국어 발음의 특징과 여러 가지 음운 변동 현상을 이해하기 위한 기초가 된다. 한글은 소리를 나타내는 문자이기 때문에 한글의 표기와 발음이 동일하다고 생각하기 쉽다. 하지만 한글 표기법에는 소리를 그대로 적는다는 원칙도 있지만 ㉠의미를 효과적으로 전달하기 위해 하나의 의미는 하나의 형태로 고정하여 적는다는 원칙도 있어서, ㉡표기가 실제 발음을 그대로 드러내지 않는 경우가 많다. 그런데 표기된 글자가 실제 발음과 다르더라도, 우리는 실제 발음이 아니라 ㉢표기된 글자 하나하나를 '음절'이라고 인식하는 관습이 있다. 끝말잇기도 이러한 관습을 규칙으로 하여 이루어지는 놀이이다. 그러나 발음의 특징을 이해하기 위해서는 표기가 아니라 발음을 기준으로 음절을 인식해야 한다.

발음을 기준으로 할 때 우리말의 음절은 네 가지 유형으로 나뉜다. 어떤 음절이든 자음과 모음의 결합 방식에 따라 ㉣'모음', '자음＋모음', '모음＋자음', '자음＋모음＋자음' 중 한 가지 유형에 해당한다. 각 음절 유형은 표기 형태에 그대로 나타나는 경우도 있지만, '축하[추카]'와 같이 ㉤표기 형태가 음절 유형을 그대로 나타내지 않는 경우도 있다.

그런데 우리말에는 음절의 구조에 제약이 존재한다. 우선 초성에는 'ㅇ'이 올 수 없다. 또한 종성에는 'ㄱ, ㄴ, ㄷ, ㄹ, ㅁ, ㅂ, ㅇ'만 올 수 있다는 제약이 있다. 그래서 종성 자리에 올 수 없는 자음이 놓여 발음할 수 없으면, 다른 자음으로 교체되는 음운 변동이 일어나 발음이 가능해진다. [A] 그리고 종성에는 둘 이상의 자음이 올 수 없다는 제약이 있다. 종성 자리에 두 개의 자음이 놓이게 되면 둘 중 하나가 탈락하는 음운 변동이 일어난다. 한편 음절 구조 제약과 관계없이 일어나는 음운 변동도 있다. 예를 들어 '논일[논닐]'에서 'ㄴ'이 첨가되는 것은 음절 구조 제약과는 무관한 음운 변동이다.

01 음절의 특징
| 고3 모의평가 |

㉠~㉤을 이해한 내용으로 적절하지 <u>않은</u> 것은?

① ㉠에 따라 '싫증'은 싫다는 의미를 효과적으로 전달하기 위해 첫 글자의 형태를 고정하여 표기한 예이다.

② ㉡에 해당하는 예로 '북소리'와 '국물'을 들 수 있다.

③ ㉢에 따라 끝말잇기를 할 때, '나뭇잎' 뒤에 '잎새'를 연결할 수 있다.

④ ㉣의 구분에 따르면 '강'과 '복'은 같은 음절 유형에 해당하지만, '목'과 '몫'은 서로 다른 음절 유형에 해당한다.

⑤ ㉤에 해당하는 예로 '북어'를, 해당하지 않는 예로 '강변'을 들 수 있다.

02 음절 구조 제약과 관련된 음운 변동
| 고3 모의평가 |

[A]를 바탕으로 할 때, 〈보기〉의 ⓐ~ⓔ에 대한 설명으로 적절한 것은?

┤ 보기 ├

	표기	발음
ⓐ	굳이	[구지]
ⓑ	옷만	[온만]
ⓒ	물약	[물략]
ⓓ	값도	[갑또]
ⓔ	핥는	[할른]

① ⓐ: 음절 구조 제약과 관련된 교체가 한 번 일어난다.

② ⓑ: 음절 구조 제약과 관련된 교체가 한 번, 음절 구조 제약과 무관한 교체가 한 번 일어난다.

③ ⓒ: 음절 구조 제약과 무관한 첨가가 한 번, 음절 구조 제약과 관련된 교체가 한 번 일어난다.

④ ⓓ: 음절 구조 제약과 관련된 탈락이 한 번, 음절 구조 제약과 무관한 첨가가 한 번 일어난다.

⑤ ⓔ: 음절 구조 제약과 관련된 탈락이 한 번, 음절 구조 제약과 관련된 교체가 한 번 일어난다.

02 강 음운 변동 ②

고난도 해결 TIP ①

반모음화

• 용언 어간의 단모음이 '-아/어'로 시작하는 어미와 결합할 때 반모음 'ǐ'나 'w'로 교체되는 현상

• 모음 축약을 반모음화로 보는 견해가 있음.
  예 살피-+-어 → 살펴, 바꾸-+-어 → 바꿔

01 음운의 축약

두 음운이 이어질 때 두 음운의 성질을 모두 가진 하나의 새로운 음운으로 줄어드는 현상

(1) 거센소리되기(격음화)

• 예사소리 'ㄱ, ㄷ, ㅂ, ㅈ'이 앞이나 뒤의 'ㅎ'과 만나 거센소리 'ㅋ, ㅌ, ㅍ, ㅊ'으로 줄어들어 발음되는 현상

음운 환경	발음	예시
ㄱ+ㅎ/ㅎ+ㄱ	[ㅋ]	국화 → [구콰], 좋고 → [조코]
ㄷ+ㅎ/ㅎ+ㄷ	[ㅌ]	맏형 → [마텽], 많다 → [만:타]
ㅂ+ㅎ	[ㅍ]	법학 → [버팍], 잡히다 → [자피다]
ㅈ+ㅎ/ㅎ+ㅈ	[ㅊ]	꽂히다 → [꼬치다], 닳지 → [달치]

02 음운의 탈락

둘 이상의 음절이나 형태소가 서로 만날 때 음절이나 음운이 없어지는 현상

(1) 자음 탈락

① 'ㄹ' 탈락: 'ㄹ' 받침을 가진 어근이〔활용어가 활용할 때 변하지 않는 부분〕'ㄴ, ㄷ, ㅅ, ㅈ'으로 시작하는 어근이나 접사와 결합하거나, 'ㄹ' 받침을 가진 어간이 어미와 결합할 때 'ㄹ'이 탈락하는 현상
   예 솔+나무 → 소나무, 날-+-는 → 나는〔활용어가 활용하여 변하는 부분〕

② 'ㅎ' 탈락: 음절 끝의 'ㅎ, ㄶ, ㅀ'이 모음으로 시작하는 어미나 접미사와 결합할 때 'ㅎ'이 탈락하는 현상
   예 낳은 → [나은], 않은 → [안은], 잃어 → [이러]

③ 자음군 단순화: 음절의 끝에 겹받침이 올 때, 한 자음만 남고 나머지는 탈락하는 현상
   예 값 → [갑], 흙 → [흑], 넋 → [넉], 맑다 → [막따], 없다 → [업:따]

• '자음군 단순화'와 관련된 〈표준 발음법〉 규정

→ 제10항 겹받침 'ㄳ', 'ㄵ', 'ㄼ, ㄽ, ㄾ', 'ㅄ'은 어말 또는 자음 앞에서 각각 [ㄱ, ㄴ, ㄹ, ㅂ]으로 발음한다.

다만, '밟-'은 자음 앞에서 [밥]으로 발음하고, '넓-'은 다음과 같은 경우에 [넙]으로 발음한다.

예 밟다[밥:따], 밟지[밥:찌] / 넓-죽하다[넙쭈카다], 넓-둥글대[넙뚱글다]

고난도 해결 TIP ②

어근과 접사

• 어근: 단어를 분석할 때, 실질적 의미를 나타내는 중심이 되는 부분

• 접사: 단독으로 쓰이지 아니하고 항상 다른 어근이나 단어에 붙어 새로운 단어를 구성하는 부분

접두사	어근의 앞에 붙어 뜻을 더하는 의미적 기능을 하는 접사
접미사	어근의 뒤에 붙어 뜻을 더하거나 기능을 바꿔 주는 접사

(2) 모음 탈락

① '―' 탈락: 모음 '―'로 끝나는 용언의 어간 뒤에 '-아/어'로 시작하는 어미가 붙을 때 '―'가

탈락하는 현상 ↳ 문장에서 서술어의 기능을 하는 동사, 형용사를 이르는 말

　　예 쓰-+-어 → 써, 잠그-+-아 → 잠가

② 동음 탈락: 어간 말 모음 'ㅏ/ㅓ'와 뒤에 오는 어미의 모음이 동일할 때 하나가 탈락하는

현상

　　예 가-+-아서 → 가서, 타-+-아 → 타

03 음운의 첨가

두 음운이 만날 때 원래 없던 음운이 생겨 덧붙는 현상

(1) 'ㄴ' 첨가

- 합성어나 파생어에서 앞말에 받침이 있고 뒷말의 첫음절이 '이, 야, 여, 요, 유'일 때 'ㄴ'이

첨가되는 현상

- 'ㄴ' 첨가와 관련된 〈표준 발음법〉 규정

→ 제29항　합성어 및 파생어에서, 앞 단어나 접두사의 끝이 자음이고 뒤 단어나 접미사의 첫

음절이 '이, 야, 여, 요, 유'인 경우에는, 'ㄴ' 음을 첨가하여 [니, 냐, 녀, 뇨, 뉴]로 발음한다.

	앞 단어, 접두사의 끝	뒤 단어, 접미사의 첫음절		앞 단어, 접두사의 끝		뒤 단어, 접미사의 첫음절	예시
규칙	자음 +	이	→	자음	+	니	솜-이불 → [솜ː니불]
		야				냐	내복-약 → [내ː봉냑]
		여				녀	한-여름 → [한녀름]
		요				뇨	담-요 → [담ː뇨]
		유				뉴	식용-유 → [시굥뉴]

(2) 사잇소리 현상

- 두 개의 형태소 또는 단어가 결합하여 합성어가 될 때 그 사이에 소리가 첨가되는 현상

사잇소리 첨가 조건	사잇소리 현상	예시
앞말의 끝소리가 울림소리이고 뒷말의 첫소리가 안울림 예사소리일 때	뒤의 예사소리가 된소리로 변함.	길+가 → 길가[길까] 시내+가 → 시냇가[시ː내까/시ː낻까]
앞말이 모음으로 끝나는데 뒷말이 'ㄴ, ㅁ'으로 시작될 때	앞말의 끝소리에 'ㄴ' 소리가 하나 덧남.	이+몸 → 잇몸[인몸] 코+날 → 콧날[콘날]
앞말이 모음으로 끝나고 뒷말이 'ㅣ'나 반모음 'ㅣ̆'로 시작할 때	앞말의 끝소리와 뒷말의 첫소리에 'ㄴ' 소리가 둘 덧남.	깨+잎 → 깻잎[깬닙] 나무+잎 → 나뭇잎[나문닙]

고난도 해결 **TIP ③**

합성어와 파생어
- 합성어: 둘 이상의 실질 형태소가 결합하여 하나의 단어가 된 말
　예 집안, 돌다리 등
- 파생어: 실질 형태소에 접사가 결합하여 하나의 단어가 된 말
　예 덧버선, 덮개 등

고난도 해결 **TIP ④**

'ㄴ' 첨가와 유음화
- 표준 발음법 제29항 [붙임 1]: 'ㄹ' 받침 뒤에 첨가되는 'ㄴ' 음은 [ㄹ]로 발음한다.
　예 솔잎 → [솔닙] → [솔립] ('ㄴ' 첨가 후 유음화가 일어남.)

고난도 해결 TIP ⑤

사이시옷 표기와 관련된 한글 맞춤법 규정
· 제30항 사이시옷은 다음과 같은 경우에 받치어 적는다.
① 순 우리말로 된 합성어로서 앞말이 모음으로 끝난 경우
② 순 우리말과 한자어로 된 합성어로서 앞말이 모음으로 끝난 경우
③ 두 음절로 된 일부 한자어

· 결합하는 말 중 하나는 고유어여야 하지만, 두 음절로 된 다음 한자어에서 일어나는 예외적인 경우가 있음.

  예 곳간(庫間), 셋방(貰房), 숫자(數字), 찻간(車間), 툇간(退間), 횟수(回數)

· 사잇소리 현상이 일어날 조건이 되어도 사잇소리 현상이 일어나지 않기도 하므로, '규칙'이 아니라 '현상'이라고 부름.

  예 기와+집 → [기와집], 밤+송이 → [밤송이], 쌀+밥 → [쌀밥]

(3) 반모음 첨가

· 모음으로 끝나는 형태소 뒤에 단모음으로 시작하는 형태소가 결합할 때 반모음 'j'가 첨가되는 음운 현상

· 반모음 첨가와 관련된 〈표준 발음법 규정〉

→ 제22항 다음과 같은 용언의 어미는 [어]로 발음함을 원칙으로 하되, [여]로 발음함도 허용한다.

  예 되어[되어/되여], 피어[피어/피여]

  [붙임] '이오, 아니오'도 이에 준하여 [이요, 아니요]로 발음함을 허용한다.

이것만은 꼭!

이 강에서는 축약, 탈락, 첨가를 구분하는 문제들이 주로 출제됩니다. 따라서 각 항목에 대한 개념을 명확히 알아두는 일이 중요합니다. 그리고 사잇소리 현상이 일어나는 예를 개념과 함께 제시하고 그것을 적용하는 문제가 출제되므로 조건에 맞게 적용해 보는 활동을 직접 해 보는 것이 문제 적응력을 키우는 방법이 될 것입니다.

기출 선택지 OX

1 '급행요금[그팽뇨금]'에서는 축약과 첨가의 음운 변동이 일어난다.   ○ | ✕

2 '흙일[흥닐]'에서 첨가된 음운은 '발야구[발랴구]'에서 첨가된 음운과 같다.   ○ | ✕

3 '풀잎[풀립]'과 '벼훑이[벼훌치]'에서는 음운 개수가 달라지는 음운 변동이 일어났다.   ○ | ✕

4 '넓네[널레]'와 '밝는[방는]'은 탈락 및 교체가 일어나 음운의 개수가 각각 두 개 줄었다.   ○ | ✕

5 '집일[짐닐]'은 첨가 및 교체가 일어나 음운의 개수가 늘어났고, '닭만[당만]'은 탈락 및 교체가 일어나 음운의 개수가 줄었다.   ○ | ✕

01 음운 변동과 표준 발음 | 고3 모의평가 |

〈보기〉의 ⓐ∼ⓒ에 들어갈 말로 적절한 것은?

—— 보기 ——

- 탐구 과제

  겹받침을 가진 용언을 발음할 때 어떤 음운 변동이 나타나야 표준 발음에 맞는지 혼동되는 경우가 있다. 자음군 단순화, 된소리되기, 비음화, 유음화, 거센소리되기 등의 음운 변동으로 비표준 발음과 표준 발음을 설명해 보자.

- 탐구 자료

	비표준 발음	표준 발음
㉠ 긁는	[글른]	[긍는]
㉡ 짧네	[짬네]	[짤레]
㉢ 끊기고	[끈기고]	[끈키고]
㉣ 뚫지	[뚤찌]	[뚤치]

- 탐구 내용

  ㉠의 비표준 발음과 ㉡의 표준 발음에는 자음군 단순화 후 (ⓐ)가 나타난다. 이에 비해, ㉠의 표준 발음과 ㉡의 비표준 발음에는 자음군 단순화 후 (ⓑ)가 나타난다. ㉢과 ㉣의 표준 발음은 (ⓒ)만 일어난 발음이다.

	ⓐ	ⓑ	ⓒ
①	유음화	비음화	거센소리되기
②	유음화	비음화	된소리되기
③	비음화	유음화	거센소리되기
④	비음화	유음화	된소리되기
⑤	비음화	된소리되기	거센소리되기

02 음운의 축약과 탈락

〈보기〉의 ㉠∼㉤에 대한 설명으로 적절하지 <u>않은</u> 것은?

—— 보기 ——

㉠ 쌀+전 → 싸전
㉡ 열(다)-+-니 → 여니
㉢ 닿으니 → [다으니], 닿아 → [다아]
㉣ 따르(다)-+-아 → 따라
㉤ 가-+-아 → 가, 가-+-았-+-다 → 갔다

① ㉠의 '싸전'은 '쌀'과 '전'이 합성되는 과정에서 'ㄹ'이 탈락하는 경우이다.
② ㉡은 '열다'가 활용하는 과정에서 어간의 끝소리 'ㄹ'이 탈락하는 경우이다.
③ ㉢은 용언의 어간 끝 'ㅎ'이 모음으로 시작하는 어미 앞에서 탈락하는 경우이다.
④ ㉣은 모음 'ㅡ'로 끝나는 동사의 어간 뒤에 '-아'로 시작되는 어미가 붙어서 'ㅡ'가 탈락하는 경우이다.
⑤ ㉤은 '가다'가 활용하는 과정에서 모음이 축약된 경우이다.

03 [내신 빈출 유형] 음운 변동에 따른 음운 개수의 변화

〈보기〉를 바탕으로 음운 변동에 대해 이해한 내용으로 적절하지 <u>않은</u> 것은?

—— 보기 ——

  음운의 교체와 달리 음운의 탈락, 첨가, 축약 현상은 음운 개수가 변화하는 음운 변동이다.

① '솜이불'은 없던 음운 'ㄴ'을 첨가하여 [솜니불]로 발음되고, 그 결과 음운의 개수가 하나 늘어난다.
② '축하'는 받침의 예사소리와 'ㅎ'을 축약하여 [추카]로 발음되고, 그 결과 음운의 개수가 하나 줄어든다.
③ '닫히다'는 인접한 자음 'ㄷ'과 'ㅎ'을 하나로 축약하여 [다티다]로 발음되고, 그 결과 음운의 개수가 하나 줄어든다.
④ '(많은 지식을) 알다'는 현재 시제로 활용하는 과정에서 어간 받침 'ㄹ'이 탈락하여 [안다]로 발음되고, 그 결과 음운의 개수가 하나 줄어든다.
⑤ '좋은'은 용언 어간의 'ㅎ'이 모음으로 시작하는 어미 앞에서 탈락하여 [조은]으로 발음되고, 그 결과 음운의 개수가 하나 줄어든다.

01 음운 변동의 이해 | 고3 모의평가 |

〈보기〉의 ㉮에 들어갈 말로 적절한 것은?

─────────── 보기 ───────────

선생님: 용언 어간 뒤에 '-아/어'로 시작하는 어미가 결합할 때, 단모음이 반모음으로 교체되는 음운 변동이 일어날 수 있어요. 가령, 어간 '오-'와 어미 '-아'가 결합해 [와]로 발음될 때, 단모음 'ㅗ'가 반모음 'w'로 교체되는 것이지요. 우리말의 반모음은 'j'도 있으니까 반모음 'j'로 교체되는 예도 있겠죠? 그럼 용언 어간의 단모음이 '-아/어'로 시작하는 어미와 결합할 때 반모음 'j'로 교체되는 예를 들어 볼까요?

학생: 네, [㉮]로 발음되는 예를 들 수 있어요.

───────────────────────────

① 어간 '뛰-'와 어미 '-어'가 결합해 [뛰여]

② 어간 '차-'와 어미 '-아도'가 결합해 [차도]

③ 어간 '잠그-'와 어미 '-아'가 결합해 [잠가]

④ 어간 '견디-'와 어미 '-어서'가 결합해 [견뎌서]

⑤ 어간 '키우-'와 어미 '-어라'가 결합해 [키워라]

02 음운 변동과 표준 발음 | 수능 예시 |

〈보기〉의 [A]에 들어갈 말로 적절하지 않은 것은?

─────────── 보기 ───────────

수영: 내일이 방송부 아나운서를 선발하는 날인데, 잘할 수 있을지 걱정이야.

진수: 너무 걱정 마. 내가 대본에다가 발음에 주의해야 할 단어들의 표준 발음을 표시해 봤어. 확인해 봐.

[방송 대본]

　어제는 책을 열심히 ㉠읽는[잉는] 친구에게 선물할 책을 사려고 ㉡서울역[서울력] 안에 있는 서점에 갔어요. ㉢복잡한[복짜판] 인파를 헤치고 서점 ㉣깊숙이[깁쑤기] 들어가서 친구에게 줄 시집을 드디어 찾아냈지요. 시집을 펼쳐 마음에 드는 시를 ㉤읊다가[읍따가] 약속 시간에 늦었지만 친구는 제 선물을 받고 정말 기뻐했어요.

수영: 그런데 왜 이 발음이 표준 발음이지? 내가 아는 것과는 다른데……. 우리가 배운 음운 변동과 관련이 있는 거야?

진수: 맞아. 각 단어에서 일어난 음운 변동을 모두 살펴보면, [A]

수영: 그렇구나. 고마워.

───────────────────────────

① ㉠에서는 탈락과 교체가 한 번씩 일어나 [잉는]으로 발음돼.

② ㉡에서는 한 번의 첨가가 일어나 [서울력]으로 발음돼.

③ ㉢에서는 축약과 교체가 한 번씩 일어나 [복짜판]으로 발음돼.

④ ㉣에서는 두 번의 교체가 일어나 [깁쑤기]로 발음돼.

⑤ ㉤에서는 한 번의 탈락과 두 번의 교체가 일어나 [읍따가]로 발음돼.

03 킬러문항
음운 변동 현상
|고3 학력평가|

다음의 ⓐ에 해당하는 것을 ㉠~㉣ 중에서 바르게 고른 것은?

원격 수업에서 활용하기 위해 우리말 음성을 한글로 변환하는 프로그램이 개발되고 있다. 아래는 이 프로그램의 개발자가 쓴 일지의 일부이다.

• 프로그램의 원리

사용자가 한글 맞춤법에 맞게 표기된 자료를 표준 발음법에 따라 발음하면, 프로그램은 그 발음에 나타난 음운 변동 현상을 분석해 본래의 표기된 자료로 출력한다.

• 확인된 문제

프로그램이 입력된 발음을 본래의 자료로 출력하지 못한 사례가 확인되었다. 아래의 잘못 출력된 사례에서 한글 맞춤법에 맞게 표기된 자료와 출력된 자료를 대조해 ㉠교체, ㉡탈락, ㉢첨가, ㉣축약 중 ⓐ프로그램이 분석하지 못한 음운 변동 현상이 무엇인지 알아봐야겠다.

표기된 자료	표준 발음	출력된 자료
끊어지다	[끄너지다]	끄너지다
없애다	[업ː쌔다]	업쌔다
피붙이	[피부치]	피부치
웃어른	[우더른]	우더른
암탉	[암탁]	암탁

① ㉠, ㉡   ② ㉠, ㉣   ③ ㉡, ㉢
④ ㉡, ㉣   ⑤ ㉢, ㉣

04 고난도 해결 TIP ④
음운 첨가에 따른 발음

〈보기〉는 '첨가'와 관련한 표준 발음법 제29항 내용의 일부이다. 이를 근거로 [수업 탐구 자료]에 대해 탐구한 내용으로 적절하지 않은 것은?

┤ 보기 ├

제29항   합성어 및 파생어에서, 앞 단어나 접두사의 끝이 자음이고 뒤 단어나 접미사의 첫음절이 '이, 야, 여, 요, 유'인 경우에는, 'ㄴ' 음을 첨가하여 [니, 냐, 녀, 뇨, 뉴]로 발음한다. ·················· ㉠
다만, 다음과 같은 말들은 'ㄴ' 음을 첨가하여 발음하되, 표기대로 발음할 수 있다.
[붙임 1] 'ㄹ' 받침 뒤에 첨가되는 'ㄴ' 음은 [ㄹ]로 발음한다. ·················· ㉡
[붙임 2] 두 단어를 이어서 한 마디로 발음하는 경우에는 이에 준한다. ·················· ㉢
다만, 다음과 같은 단어에서는 'ㄴ(ㄹ)' 음을 첨가하여 발음하지 않는다.

[수업 탐구 자료]

꽃잎, 휘발유, 물약, 설익다, 할 일

① '꽃잎'은 '꽃'과 '잎'이 결합한 합성어이고, 뒤 단어의 첫음절이 '이'로 시작하므로 ㉠에 따라 [꼰닙]으로 발음해야 한다.
② '휘발유'는 명사 '휘발'과 접미사 '-유'가 결합한 파생어이고, 접미사의 첫음절이 '유'로 시작하므로 ㉠에 따라 [휘발뉴]로 발음해야 한다.
③ '물약'은 'ㄹ' 받침 뒤에 'ㄴ' 소리가 첨가되는 경우에 해당하므로 ㉡에 따라 [물략]으로 발음해야 한다.
④ '설익다'는 'ㄹ' 받침 뒤에 'ㄴ' 소리가 첨가되는 경우에 해당하므로 ㉡에 따라 [설릭따]로 발음해야 한다.
⑤ '한 일'은 두 단어이지만 'ㄹ' 받침 뒤에 'ㄴ' 소리가 첨가되는 경우이므로 ㉢에 따라 [한닐]로 발음해야 한다.

05 [내신 빈출 유형] 음운 변동의 이해

〈보기〉에 나타난 음운 변동 현상에 대한 설명으로 적절한 것은?

── 보기 ──

음운의 변동에는 교체, 탈락, 첨가, 축약이 있다. 교체는 한 음운이 다른 음운으로 바뀌는 것을, 탈락은 한 음운이 없어지는 것을, 첨가는 없던 음운이 새로 생기는 것을, 축약은 두 음운이 합쳐져서 다른 하나의 음운으로 바뀌는 것을 의미한다. 다음 사례를 살펴보자.

ㄱ. 맞추-+-어서 → [맏춰서]
ㄴ. 쓰-+-어서 → [써서]
ㄷ. 좋-+-아서 → [조아서]

① ㄱ에 나타난 음운 변동 현상의 다른 예로 '자라-+-아라 → [자라라]'를 들 수 있다.
② ㄱ에서는 앞에 있는 음운이 뒤에 있는 음운의 영향을 받아 하나의 음운이 사라지는 현상이 나타난다.
③ 용언의 어간 '바꾸-'에 어미 '-어'가 결합한 말을 [바꿔]로 발음한다면 ㄴ에 나타난 음운 변동 현상이 발생한 것이다.
④ ㄷ은 용언의 어간에 모음으로 시작하는 어미가 결합하여 어간과 어미의 음운이 축약된 현상이다.
⑤ ㄴ과 ㄷ은 어간과 어미의 결합 과정에서 두 개의 음운이 만날 때 한 음운이 없어지는 현상이다.

06 [고난도 해결 TIP ❸] 음운 변동과 발음

〈보기 1〉을 바탕으로 〈보기 2〉의 밑줄 친 말의 발음에 대해 설명한 내용으로 적절하지 않은 것은?

── 보기 1 ──

음운 변동이 일어나는 대표적인 경우는 ㉠용언의 어간과 어미가 만나는 활용이다. 이 밖에 ㉡체언과 조사가 연결되는 경우에도 다양한 음운 현상이 일어날 수 있고, ㉢형태소와 형태소가 만나 합성어나 파생어를 형성할 때도 음운 변동 현상이 일어난다.

── 보기 2 ──

내 동생은 나에게는 없는[엄는] 자기만의 책을 읽은 후 느낌을 글로 적는[정는] 시간을 보내다가 지금은 색연필[생년필]로 그림을 그리는 데 열중하고 있다. 그리고 난 후 나와 함께 햇사과[핻싸과]를 먹는 도중에 친구의 전화를 받고 급히 외출했다. 그런데 우리가 먹었던 햇사과는 모양이 먹음직스러웠고 맛도[맏또] 좋았다.

① '없는'을 발음할 때는 ㉠의 경우로, 음운의 탈락과 교체가 나타난다.
② '적는'을 발음할 때는 ㉠의 경우로, 음운의 교체가 나타난다.
③ '색연필'을 발음할 때는 ㉢의 경우로, 음운의 첨가와 교체가 나타난다.
④ '햇사과'를 발음할 때는 ㉢의 경우로, 음운의 첨가가 나타난다.
⑤ '맛도'를 발음할 때는 ㉡의 경우로, 음운의 교체가 나타난다.

[01~02] 다음 글을 읽고 물음에 답하시오.

현대 국어에서는 음절의 종성에서 실제로 발음되는 소리가 제한되어 있다. ⓐ음절의 종성에 마찰음, 파찰음이 오거나 파열음 중 된소리나 거센소리가 오면 모두 예사소리 'ㄱ, ㄷ, ㅂ'으로 교체되고, ⓑ음절의 종성에 자음군이 올 때는 한 자음이 탈락한다. 그런데 모음으로 시작하는 형식 형태소가 뒤에 오면 앞 음절의 종성에 있던 자음이 곧바로 연음된다. 이렇게 연음되어 뒤 음절의 초성에서 소리 나는 자음은 제 음가대로 발음된다.

연음이 일어나는 조건이 갖추어지더라도 다른 현상이 일어나 제 음가대로 발음이 되지 않는 경우도 있다. 가령, ⓒ'ㄷ, ㅌ'으로 끝나는 말 뒤에 'ㅣ'로 시작하는 형식 형태소가 오면 'ㄷ, ㅌ'이 'ㅈ, ㅊ'으로 변하는 구개음화가 일어난다. 또한 용언 어간 말음 'ㅎ'은 모음으로 시작하는 형식 형태소가 뒤에 오면 연음되지 않고 탈락한다. ⓓ용언 어간 말음 'ㅎ' 뒤에 'ㄱ, ㄷ, ㅈ'으로 시작하는 어미가 오면 'ㅎ'과 'ㄱ, ㄷ, ㅈ'이 거센소리로 축약되는데 이를 통해 용언 어간 말음 'ㅎ'이 존재함을 간접적으로 알 수 있다.

[A]
연음과 음운 변동에 대한 지식을 활용하여 중세 국어 자료를 검토해 보면 현대 국어에서 찾아보기 어려운 형태의 단어를 발견할 수 있다. 예를 들어, 현대 국어에서는 'ㅎ'을 말음으로 가진 체언을 찾아보기 어렵다. 그러나 중세 국어 자료를 살펴보면 '돓(돌)', '나랗(나라)'와 같이 'ㅎ'을 말음으로 가진 체언을 확인할 수 있다.

중세 국어 시기에는 체언 말음 'ㅎ'이 모음으로 시작하는 조사와 결합하면 '나라히'와 같이 연음되어 나타나는 것을 확인할 수 있다. 또한 'ㅎ'을 말음으로 가진 체언이 '과', '도'와 같은 조사와 결합하면 'ㅎ'이 뒤에 오는 'ㄱ, ㄷ'과 축약되어 'ㅋ, ㅌ'으로 나타났는데, 이를 통해서 'ㅎ'의 존재를 간접적으로 확인할 수 있다. 하지만 어떤 체언이 'ㅎ'을 말음으로 가지고 있다고 하더라도, 그 체언이 단독으로 쓰이거나 관형격 조사 'ㅅ'과 결합하여 쓰였을 때는 'ㅎ'이 실현되지 않아서 'ㅎ'을 말음으로 가지지 않은 체언과 구별되지 않았다. 해당 체언이 연음이나 축약이 일어나는 자리에 쓰인 사례를 검토해야 체언 말음 'ㅎ'의 존재 여부를 알 수 있다.

01　음절 종성의 발음　　　　　　　| 고3 학력평가 |

ⓐ~ⓓ에 대한 이해로 적절한 것은?

① '한몫[한목]'을 발음할 때, ⓐ이 일어난다.
② '놓기[노키]'를 발음할 때, ⓓ이 일어난다.
③ '끊지[끈치]'를 발음할 때, ⓑ과 ⓒ이 일어난다.
④ '값할[가팔]'을 발음할 때, ⓑ과 ⓓ이 일어난다.
⑤ '맞힌[마친]'을 발음할 때, ⓒ과 ⓓ이 일어난다.

02　연음과 음운 변동　　　　　　　| 고3 학력평가 |

[A]를 참조하여 〈보기〉의 ⓐ~ⓔ를 분석한 것으로 적절한 것은?

┤ 보기 ├

[학습 목표]
중세 국어 자료를 통해 체언 '하ᄂᆞᆶ'에 대해 탐구한다.

[중세 국어 자료]
• ⓐ하ᄂᆞᆯ히 ᄆᆞᅀᆞ믈 뮈우시니 (하늘이 마음을 움직이게 하시니)
• ⓑ하ᄂᆞᆶ 光明中에 드러 (하늘의 광명 가운데에 들어)
• ⓒ하ᄂᆞᆯ 셤기ᅀᆞᆸ둧 ᄒᆞ야 (하늘 섬기듯 하여)
• ⓓ하ᄂᆞᆯ토 뮈며 (하늘도 움직이며)
• ⓔ하ᄂᆞᆯ콰 ᄯᅡ과를 니르니라 (하늘과 땅을 이르니라)

① ⓐ에서는 연음되어 음운의 개수에 변동이 없지만, ⓓ에서는 음운 변동이 일어나 음운의 개수가 줄어들었음을 알 수 있다.
② ⓑ에서는 'ㅎ'이 다른 음운으로 교체되었음을 알 수 있고, ⓒ에서는 'ㅎ'이 실현되지 않았다.
③ ⓑ에서는 체언 말음 'ㅎ'의 존재를 알 수 있지만, ⓓ에서는 체언 말음 'ㅎ'의 존재를 알 수 없다.
④ ⓑ와 ⓒ에서 동일한 체언이 단독으로 쓰일 때, 서로 다른 형태로도 실현되었음을 알 수 있다.
⑤ ⓓ와 ⓔ에서 체언에 현대 국어에 존재하지 않는 조사 '토', '콰'가 결합했음을 알 수 있다.

단어의 형성

고난도 해결 TIP ①

형태소의 이형태
• 하나의 형태소이지만, 다른 형태를 가진 형태소

음운론적 이형태	앞, 뒤의 음운 환경에 따라 그 이형태가 결정되는 유형 ⓐ 주격 조사 '이/가': 자음+'이', 모음+'가'
형태론적 이형태	특정한 형태소 앞에서만 일어나는 변이 형태 ⓐ 명령형 어미 '어라/너라': 먹어라/오너라

01 형태소

(1) 형태소의 뜻

• 일정한 뜻을 가지고 있으면서 더 이상 나눌 수 없는 말의 단위

ⓐ

꽃이 피다			
꽃	이	피-	-다
명사	조사	동사 어간	종결 어미

→ 모든 자립 형태소는 실질 형태소이고, 의존 형태소 중에서는 용언의 어간만 실질 형태소임.

↳ 동사, 형용사가 활용할 때 변하지 않는 부분

(2) 형태소의 종류

① 자립성의 유무에 따라

• 자립 형태소: 혼자서 쓰일 수 있는 형태소 ⓐ 꽃
• 의존 형태소: 반드시 다른 말에 기대어 쓰이는 형태소 ⓐ 이, 피-, -다

② 실질적인 뜻의 유무에 따라

• 실질 형태소: 구체적인 대상이나 구체적인 상태를 나타내는 실질적인 의미를 가지고 있는 형태소 ⓐ 꽃, 피-
• 형식 형태소: 실질적인 의미 없이 문법적인 의미만을 표시하는 형태소 ⓐ 이, -다

02 단어

• 자립할 수 있는 말이나, 자립할 수 있는 형태소에 붙어서 쉽게 분리할 수 있는 말
– 최소 자립 단위로서 혼자서 쓰일 수 있는 말
– 자립 형태소는 그대로 하나의 단어가 됨.
– 의존 형태소는 서로 어울려야 비로소 자립할 수 있는 하나의 단어가 됨.(단, 조사는 자립할 수 없지만 단어로 인정함.)
   ⓐ '피-+-다 → 피다'에서 '피-'와 '-다'는 의존 형태소이므로 단어가 될 수 없고, 서로 어울린 형태인 '피다' 가 하나의 단어가 됨.

03 단어의 종류

• 단일어: 하나의 어근으로 된 단어
• 복합어: 둘 이상의 어근이나, 어근과 접사로 이루어진 단어

(1) 단일어

• 하나의 어근만으로 이루어진 단어

(2) 복합어

• 둘 이상의 어근이 결합하거나 어근과 접사가 결합하여 이루어진 단어

① 파생어: 어근의 앞이나 뒤에 접사가 붙어서 만들어진 단어

- 어근: 단어에서 실질적인 의미를 나타내며 변하지 않는 부분

- 접사: 단독으로 쓰이지 않고 항상 다른 어근이나 단어에 붙어 새로운 단어를 구성하는 부분

㉠ 접두사

• 어근의 앞에 붙는 접사로 뜻을 한정하는 의미적 기능을 함.

• 대부분 어근의 품사를 바꿀 수 없으나, 예외적으로 어근의 품사를 바꾸는 접두사가 있음.

예 헛-(접두사)+되다(동사) → 헛되다(형용사)

접두사	의미와 기능	예시
군-	쓸데없는	군침, 군살
날-	㉠ 말리거나 익히거나 가공하지 않은 ㉡ 지독한	㉠ 날것, 날고기 ㉡ 날강도, 날건달
홀-	짝이 없이 혼자뿐인	홀몸, 홀아비
맨-	다른 것이 없는	맨발, 맨땅, 맨다리
짓-	마구, 함부로, 몹시	짓밟다, 짓누르다
풋-	㉠ 처음 나온, 덜 익은 ㉡ 미숙한, 깊지 않은	㉠ 풋콩, 풋김치 ㉡ 풋잠, 풋사랑

㉡ 접미사

• 어근의 뒤에 붙는 접사로, 뜻을 더하는 의미적 기능뿐만 아니라 어근의 품사를 바꾸는 문법적 기능도 담당함.

• 어근의 품사가 바뀌지 않는 경우 예 더욱(부사)+-이(접미사) → 더욱이(부사)

• 어근의 품사가 바뀌는 경우

형성 방법	예시
명사+접미사 → 동사 / 형용사 / 부사	생각+-하다 → 생각하다(동사) 가난+-하다 → 가난하다(형용사) 정성+-껏 → 정성껏(부사)
동사 어근+접미사 → 명사 / 형용사 / 부사 / 조사	지우-+-개 → 지우개(명사) 믿-+-업다 → 미덥다(형용사) 맞-+-우 → 마주(부사) 붙-+-어 → 부터(조사)
형용사 어근+접미사 → 명사 / 동사 / 부사 / 조사	넓-+-이 → 넓이(명사) 밝-+-히다 → 밝히다(동사) 많-+-이 → 많이(부사) 같-+-이 → 같이(부사 / 조사)
부사+접미사 → 동사 / 형용사	반짝+-거리다 → 반짝거리다(동사) 차근차근+-하다 → 차근차근하다(형용사)

헷갈려요 Q&A

Q 어근과 접사를 어떻게 구분하나요?

A 어근은 실질적 의미를 지니고, 접사는 어근에 붙어 단어의 뜻을 더해 주는 기능을 해요. 단어의 형성 순서를 먼저 파악한 후, 어근에는 실질적인 의미를 가진 여러 품사가 포함된다는 걸 알면 구분할 수 있어요.

고난도 해결 TIP ②

한정적 접사와 지배적 접사

• 한정적 접사: 문장의 구조나 단어의 품사에 영향을 미치지 않고 실질적 의미에 제한적인 의미만을 덧붙이는 접사
예 드높다, 애호박

• 지배적 접사: 문장의 구조를 바꾸거나 단어의 품사를 바꾸는 접사
예 많-(형용사)+-이(접사) → 많이(부사)

합성어와 구(句)의 구별

• 두 어근이 결합할 때 의미의 변화가 없으면 구, 의미의 변화가 있으면 합성어

  예 ┌ 큰 잡: 크기가 큰 집 → 구
     └ 큰집: 집안의 맏이가 사는 집
        → 합성어

• 두 어근 사이에 다른 성분이 들어갈 수 있으면 구, 없으면 합성어

  예 ┌ 큰 잡: 큰 우리 집(○) → 구
     └ 큰집: 큰 우리 집(×) → 합성어

② 합성어

• 둘 이상의 어근이 결합하여 하나의 단어가 된 말

㉠ 배열 관계에 따른 합성어

• **통사적 합성어**: 우리말의 일반적인 어순이나 단어 배열법과 일치하는 합성어

  – 명사 + 명사 예 논밭, 집안, 돌다리　　　　– 관형사 + 명사 예 새해, 첫사랑, 옛날

  – 부사 + 용언 예 잘하다　　　　　　　　　– 부사 + 부사 예 더욱더, 이리저리

  – 주어 + 서술어 예 힘들다　　　　　　　　– 목적어 + 서술어 예 본받다

  – 용언의 어간 + 관형사형 어미 + 명사 예 큰형, 작은집

  – 용언의 어간 + 연결 어미 + 용언 예 돌아가다, 걸어가다

• **비통사적 합성어**: 우리말의 일반적인 어순이나 단어 배열법에서 벗어난 합성어

형성 방법	예시
용언의 어간 + 명사	덮밥: 덮-(동사 '덮다'의 어간) + 밥(명사) → 관형사형 어미가 생략됨.
용언의 어간 + 용언	검붉다: 검-(형용사 '검다'의 어간) + 붉다 → 연결 어미가 생략됨.
부사 + 명사	척척박사: 척척(부사) + 박사(명사) → 부사가 명사와 결합함.
우리말 어순과 다른 한자어	독서: 讀(읽을 독) 書(글 서) → '목적어 + 서술어'의 순서에 어긋남.

㉡ 결합 관계에 따른 합성어

• **대등 합성어**: 앞뒤 어근의 의미가 대등하게 결합한 합성어

  예 흑백, 남녀, 안팎, 여닫다

• **종속 합성어**: 한쪽 어근이 다른 한쪽 어근의 의미에 종속되어 결합된 합성어

  예 꽃병, 종이컵, 밤나무, 고무신

• **융합 합성어**: 어근과 어근이 결합하여 원래의 의미를 잃어버리고 새로운 의미를 나타내는 합성어

  예 춘추(연세), 돌아가다(죽다)

○ **이것만은 꼭!**

합성어와 파생어는 수능에서 자주 출제되는 개념입니다. 우선 각각의 개념과 형성 원리를 정확히 알아두는 것이 중요합니다. 특히 접두사와 접미사에 의해 파생된 말들과 배열 관계에 따른 합성 방법은 출제 빈도가 매우 높으므로 잘 기억하도록 합시다.

기출 선택지 OX

1 '박박이, 쓱쓱이'는 부사 어근에 접사를 결합하여 만든 파생어이다.　　　　　　　　○ | ×

2 '지난달'은 어근들의 결합 방식이 일반적인 문장 구성 방식과 다른 합성어이다.　　　　○ | ×

3 '빛나다, 돌아서다'는 두 단어의 어간이 연결 어미로 연결되어 형성된 한 단어이다.　　　○ | ×

01 형태소의 특성 [고난도 해결 TIP ❶] | 수능 |

다음의 (가)에 들어갈 말로 가장 적절한 것은?

선생님: 지금까지 형태소의 개념 및 유형 그리고 특성에 대해 공부했지요? 그럼, 다음 자료에서 밑줄 친 말들이 가진 공통점이 무엇인지 한번 찾아보세요.

• 하늘은 맑고 바다는 푸르다.
• 그의 말은 듣지 말고 내 말을 들어라.
• 나는 물고기를 잡았지만 놓아주었다.

학생: 밑줄 친 말들은 모두 [(가)   ]

① 단어의 자격을 가지고 반드시 다른 말과 결합하여 쓰이는군요.
② 단어의 자격을 가지고 실질적 의미가 아닌 문법적 의미를 나타내는군요.
③ 반드시 다른 말과 결합하여 쓰이고 음운 환경에 따라 그 형태가 바뀌는군요.
④ 음운 환경에 따라 형태가 바뀌고 실질적 의미가 아닌 문법적 의미를 나타내는군요.
⑤ 실질적 의미가 아닌 문법적 의미를 나타내고 반드시 다른 말과 결합하여 쓰이는군요.

02 접사의 특징과 기능 | 고3 모의평가 |

〈보기〉의 ㉮에 들어갈 말로 적절하지 않은 것은?

┤ 보기 ├

선생님: 다음은 접사의 특징을 확인하기 위해 수집한 파생어들이에요. ㉠~㉤에서 각각 확인되는 접사의 공통점을 설명해 보세요.

㉠ 넓이, 믿음, 크기, 지우개
㉡ 끄덕이다, 출렁대다, 반짝거리다
㉢ 울보, 낚시꾼, 멋쟁이, 장난꾸러기
㉣ 밀치다, 살리다, 입히다, 깨뜨리다
㉤ 부채질, 풋나물, 휘감다, 빼앗기다

학생: 예, 접사가 [㉮   ]는 공통점이 있습니다.

① ㉠에서는 용언에 결합하여 명사를 만든다
② ㉡에서는 부사에 결합하여 동사를 만든다
③ ㉢에서는 사람을 가리키는 의미의 단어를 만든다
④ ㉣에서는 주동사에 결합하여 사동사를 만든다
⑤ ㉤에서는 어근과 품사가 동일한 단어를 만든다

03 비통사적 합성어의 예 [내신 빈출 유형]

밑줄 친 부분이 〈보기〉의 ㉠의 예로 적절한 것은?

┤ 보기 ├

합성어는 배열 관계에 따라 통사적 합성어와 비통사적 합성어로 나뉜다. 통사적 합성어는 우리말의 일반적인 어순이나 단어 배열법과 일치하는 합성어이며, ㉠비통사적 합성어는 우리말의 일반적인 어순이나 단어 배열법에서 벗어난 합성어를 뜻한다.

① 시꺼먼 연기가 하늘로 올라갔다.
② 우리 반은 책상 정리가 잘되었다.
③ 그는 계단을 뛰어내리기 시작했다.
④ 초가을 농촌에서는 고추잠자리를 볼 수 있다.
⑤ 서해안은 검붉은 노을을 볼 수 있는 곳으로 유명하다.

01 어근과 접사의 구분 | 고3 학력평가 |

〈보기〉는 학생들이 작성한 탐구 보고서의 일부이다. [가]에 들어갈 내용으로 적절한 것은?

┤ 보기 ├

• 탐구 개요

　학생들은 형태가 동일한 두 형태소가 하나는 어근, 하나는 접사로 사용되는 경우 이를 구분할 때 어려움을 겪는 경향이 있다. 그래서 우리 반 학생들을 대상으로 관련 사례에 대한 반응을 조사한 후 이를 토대로 결과를 분석하고 추가 예시 자료를 제시하여 학생들의 이해를 돕고자 한다.

• 사례　　　　　　　　　• 학생들의 반응

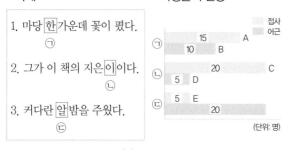

1. 마당 한 가운데 꽃이 폈다.
　　　 ㉠

2. 그가 이 책의 지은 이다.
　　　　　　　　 ㉡

3. 커다란 알 밤을 주웠다.
　　　　　 ㉢

（단위: 명）

• 결과 분석 및 추가 예시 자료 제시

　　　　　　　　　[가]

① '사례 1'에 대해 ㉠을 잘못 알고 있는 학생들이 더 많다. 이에 따라 'A 집단'의 이해를 돕기 위해 ㉠이 쓰인 예로 '한번'을 제시한다.

② '사례 1'에 대해 ㉠을 잘못 알고 있는 학생들이 더 적다. 이에 따라 'B 집단'의 이해를 돕기 위해 ㉠이 쓰인 예로 '한복판'을 제시한다.

③ '사례 2'에 대해 ㉡을 잘못 알고 있는 학생들이 더 많다. 이에 따라 'C 집단'의 이해를 돕기 위해 ㉡이 쓰인 예로 '먹이'를 제시한다.

④ '사례 2'에 대해 ㉡을 잘못 알고 있는 학생들이 더 적다. 이에 따라 'D 집단'의 이해를 돕기 위해 ㉡이 쓰인 예로 '미닫이'를 제시한다.

⑤ '사례 3'에 대해 ㉢을 잘못 알고 있는 학생들이 더 적다. 이에 따라 'E 집단'의 이해를 돕기 위해 ㉢이 쓰인 예로 '알사탕'을 제시한다.

02 +킬러문항
합성어와 파생어의 구분 | 고3 모의평가 |

〈보기〉의 ㉠과 ㉡을 모두 충족하는 예로 적절한 것은?

┤ 보기 ├

　'붙잡다'의 어간 '붙잡-'은 어근 '붙-'과 어근 '잡-'으로 나뉘고, '잡히다'의 어간 '잡히-'는 어근 '잡-'과 접사 '-히-'로 나뉜다. 이렇듯 어떤 말을 둘로 나누었을 때 나누어진 두 요소 각각을 직접 구성 요소라 하는데, 어근과 어근으로 분석되는 말을 합성어라 하고 어근과 접사로 분석되는 말을 파생어라 한다.

　그런데 ㉠어간이 3개 이상의 구성 요소로 이루어진 경우가 있다. 이때 ㉡직접 구성 요소가 먼저 어근과 어근으로 분석되면 합성어이고 어근과 접사로 분석되면 파생어이다. 예컨대 '밀어붙이다'는 직접 구성 요소가 먼저 어근과 어근으로 분석되므로 합성어이다.

① 밤새 거센 비바람이 내리쳤다.
② 책임을 남에게 떠넘기면 안 된다.
③ 차바퀴가 진흙 바닥에서 헛돌았다.
④ 거리에는 매일 많은 사람이 오간다.
⑤ 그들은 끊임없이 짓밟혀도 굴하지 않았다.

03 비통사적 합성어의 예 | 고3 모의평가 |

〈보기〉의 ㉠에 해당하는 예로 적절한 것은?

┤ 보기 ├

합성어는 어근과 어근이 결합하여 형성되는데, 어근들의 결합 방식에 따라 다음과 같이 둘로 나눌 수 있다.

• **통사적 합성어**: 어근들의 결합 방식이 일반적인 문장 구성 방식과 같은 합성어
• ㉠**비통사적 합성어**: 어근들의 결합 방식이 일반적인 문장 구성 방식과 다른 합성어

① 아이들이 뛰노는 소리가 밖에서 들렸다.
② 서로 몰라볼 정도로 세월이 많이 흘렀다.
③ 저마다의 타고난 소질을 계발하는 것이 중요하다.
④ 지난달부터 공부를 열심히 했더니 자신감이 생겼다.
⑤ 망치질을 자주 하다 보니 손바닥에 굳은살이 박혔다.

04 고난도 해결 TIP ❷ 내신 빈출 유형
접사의 기능

〈보기〉의 ㉠과 ㉡에 해당하는 예로 적절하지 않은 것은?

┤ 보기 ├

어근의 앞이나 뒤에 접사가 붙어서 만들어진 단어를 파생어라고 한다. 접사에는 접두사와 접미사가 있는데, 접두사는 어근의 앞에 붙어 ㉠특정한 뜻을 더하거나 강조한다. 접미사는 접두사보다 그 수가 많고, 다양한 어근과 결합하여 특정한 뜻을 더하거나 강조한다. 뿐만 아니라 ㉡어근의 품사를 바꾸기도 한다.

① ㉠: 동생의 볼이 유난히 새빨갛다.
② ㉠: 뒤에서 자꾸 군소리를 하면 좋지 않다.
③ ㉡: 새집으로 이사를 가게 되어 무척 행복하다.
④ ㉡: 주번은 복도에서 지우개를 깨끗이 털고 있었다.
⑤ ㉡: 시간표를 잘못 보는 바람에 새벽 기차를 놓쳤다.

05 문장의 형태소 분석

〈보기〉의 선생님이 제시한 문장을 형태소로 분석한 것으로 적절한 것은?

┤ 보기 ├

학생: 선생님, 저는 형태소를 구분하는 것이 늘 어려워요. 쉽게 구분할 수 있는 방법이 없을까요?
선생님: 우선, 형태소를 분류할 때 어느 기준에 따라 분류하는지 알아야 합니다. 아래와 같이 정리하여 알아 두면 쉽게 구분할 수 있겠죠.

• **자립성의 유무에 따라**
 - **자립 형태소**: 혼자서 쓰일 수 있는 형태소
 - **의존 형태소**: 반드시 다른 말에 기대어 쓰이는 형태소

• **실질적인 뜻의 유무에 따라**
 - **실질 형태소**: 구체적인 대상이나 구체적인 상태를 나타내는 실질적인 의미를 가지고 있는 형태소
 - **형식 형태소**: 실질적인 의미 없이 문법적인 의미만을 표시하는 형태소

선생님: 자아, 그럼 아래의 문장을 형태소로 분석해 볼까요?

"꽃이 피는 날씨, 봄이구나!"

① 꽃이/피는/날씨/봄이구나
② 꽃/이/피는/날씨/봄/이구나
③ 꽃/이/피는/날씨/봄/이/구나
④ 꽃/이/피/는/날씨/봄/이구나
⑤ 꽃/이/피/는/날씨/봄/이/구나

06 단어의 형성 방법

단어의 형성법에 따라 〈보기〉의 단어들을 분류했을 때, ⓐ~ⓒ에 들어갈 단어로 적절한 것은?

	ⓐ	ⓑ	ⓒ
①	마을	개꿈, 부엉이	밤낮, 잘못
②	마을, 부엉이	개꿈, 잘못	밤낮
③	부엉이	마을, 잘못	개꿈, 밤낮
④	부엉이	개꿈, 잘못	마을, 밤낮
⑤	개꿈, 밤낮	마을, 부엉이	잘못

07 합성어의 형태 변화

〈보기〉의 ㉠~㉤에 해당하는 예로 가장 적절한 것은?

───┤ 보기 ├───

　　합성어는 어근과 어근이 결합하여 만들어진 단어를 말한다. 합성어는 결합 전후의 형태 변화에 따라 ㉠형태를 유지하는 경우와 ㉡형태가 바뀌는 경우로 구분할 수 있다. 또한 어근 간의 의미 관계에 따라 어근이 동일한 자격으로 결합되는 ㉢대등, 한쪽이 다른 한쪽을 꾸며 주는 ㉣종속, 어근들이 합쳐져서 새로운 뜻을 갖게 되는 ㉤융합 등으로 나뉜다.

① ㉠, ㉢: 봄이 되면 돌다리부터 보수 공사를 해야 한다.
② ㉠, ㉣: 날씨가 차가워지니 손발부터 시린 것 같다.
③ ㉠, ㉤: 우리 모두는 우리의 강산을 수호해야 할 책임이 있다.
④ ㉡, ㉢: 온 마당에 부삽과 곡괭이, 호미 등이 흩어져 있다.
⑤ ㉡, ㉤: 건너편 산의 소나무가 오늘 따라 창창하게 빛난다.

[01~02] 다음 글을 읽고 물음에 답하시오.

둘 이상의 어근이 결합하여 형성된 단어를 합성어라고 한다. 합성어는 '어근들의 결합 방식'과 '어근들 간의 의미 관계'에 따라 분류할 수 있다.

어근들의 결합 방식이 일반적인 문장 구성 방식과 같은 합성어를 통사적 합성어라고 하고 그렇지 않은 합성어를 비통사적 합성어라고 한다. 예를 들어, ㉠둘 이상의 용언이 연결 어미로 이어지는 것, 용언의 관형사형이 명사를 수식하는 것, 주어나 목적어 뒤에 서술어가 결합하는 것, ㉡명사나 관형사가 명사를 수식하는 것, 부사가 용언을 수식하는 것 등은 일반적인 문장 구성 방식이므로 이러한 방식으로 어근들이 결합한 합성어는 통사적 합성어이다. 따라서 '산나물', '바로잡다'는 통사적 합성어이고 '뾰족구두', '높푸르다'는 비통사적 합성어이다.

합성어를 구성하는 어근들 간의 의미 관계에 따르면, 합성어는 대등 합성어와 종속 합성어로 나뉜다. 대등 합성어는 '높푸르다'처럼 두 어근의 의미가 동등한 관계를 보이는 합성어이다. 종속 합성어는 '산나물'처럼 선행 어근이 후행 어근을 의미상 수식하는 합성어이다. 대등 합성어와 종속 합성어는 합성어를 구성하는 어근들의 의미만으로 이들 합성어의 의미를 대체로 파악할 수 있다. 한편 어근들의 의미만으로는 합성어의 의미를 파악하기 어려워, 합성어를 구성하는 어근들 간의 의미 관계를 따지기 힘든 합성어를 융합 합성어라고 한다. 예를 들어, '가위바위보'는 '손을 내밀어 그 모양에 따라 순서나 승부를 정하는 방법'이라는 의미를 가지므로 융합 합성어이다.

그런데 여러 의미를 가지는 합성어는 그 의미에 따라 서로 다른 합성어의 유형에 속하는 경우도 있다. 가령 '찬밥'은 '지은 지 오래되어 식은 밥'이라는 의미를 가질 때에는 종속 합성어이고, '중요하지 아니한 하찮은 인물이나 사물'이라는 의미를 가질 때에는 융합 합성어이다.

이처럼 의미에 따라 합성어가 어떠한 유형에 속하는지 판단하기 어려울 때에는, 합성어와 그 합성어를 구성하는 후행 어근 간의 의미 관계, 그중에서도 상하 관계를 살펴보는 것이 도움이 된다. 예를 들어, '지은 지 오래 되어 식은 밥'이라는 의미를 가지는 '찬밥'은 의미상 '밥'에 포함되므로 '밥'의 하의어이고, 이러한 의미 관계를 보이는 '찬밥'은 종속 합성어이다. 그러나 '찬밥'이 융합 합성어일 때에는 '찬밥'과 '밥'이 상하 관계를 보이지 않는다. 또한 '논밭'과 같은 대등 합성어도, 합성어와 그 합성어를 구성하는 후행 어근이 상하 관계를 맺지 않는다.

01 합성어의 결합 방식　　　　　　　　　　| 수능 예시 |

㉠, ㉡에 해당하는 예끼리 짝지어진 것은?

	㉠	㉡
①	먹고살다	새색시
②	뛰놀다	먹거리
③	갈라서다	척척박사
④	걸어오다	큰아버지
⑤	빛나다	돌다리

02 합성어의 유형　　　　　　　　　　| 수능 예시 |

윗글을 바탕으로 〈보기〉에 대해 이해한 내용으로 적절한 것은?

┤ 보기 ├

ⓐ 나는 그저께 막내딸을 보름 만에 만났다.
ⓑ 바깥에 오래 있었더니 손발이 차가워졌다.
ⓒ 며칠째 밤낮이 바뀐 날이 계속되고 있다.
ⓓ 시간만 잡아먹는 일은 하지 말아야 한다.
ⓔ 가을이 되자 철새들이 남쪽으로 날아갔다.

① ⓐ의 '막내딸'은 그 의미를 어근들의 의미만으로 파악할 수 있으며, '딸'의 하의어가 아니므로 대등 합성어이겠군.

② ⓑ의 '손발'은 그 의미를 어근들의 의미만으로 파악할 수 있으며, '발'의 하의어이므로 종속 합성어이겠군.

③ ⓒ의 '밤낮'은 그 의미를 어근들의 의미만으로 파악하기 어려우므로 융합 합성어이겠군.

④ ⓓ의 '잡아먹는'은 그 의미를 어근들의 의미만으로 파악할 수 있고, '먹다'의 하의어가 아니므로 대등 합성어이겠군.

⑤ ⓔ의 '날아갔다'는 그 의미를 어근들의 의미만으로 파악할 수 있고, '가다'의 하의어이므로 종속 합성어이겠군.

04 강 품사 ①

01 품사

단어를 문법적 성질에 따라 나누어 갈래를 지어 놓은 것

형태	기능	의미
가변어	용언	동사
		형용사
불변어	체언	명사
		대명사
		수사
	관계언	조사
	수식언	관형사
		부사
	독립언	감탄사

변하는 말이 붙어 성격을 바꾸는 것

→ 형태에 따라 활용을 하는 가변어와 활용을 하지 않는 불변어로 분류함. 서술격 조사 '이다'는 활용을 하므로 가변어에 속함.

→ 기능에 따라 용언, 체언, 관계언, 수식언, 독립언으로 분류하고, 의미에 따라 동사, 형용사, 명사, 대명사, 수사, 조사, 관형사, 부사, 감탄사로 분류함.

02 체언

• 문장에서 주로 주체적인 성분(주어, 목적어, 보어)을 이루는 단어
• 조사와 결합할 수 있으며, 문장에서 쓰일 때 형태가 변하지 않음.

[1] 명사

• 사람이나 사물, 장소 등의 이름을 나타내는 단어

사용 범위에 따라	고유 명사	특정한 하나의 개체를 다른 개체와 구별하기 위해 붙인 이름 ⓔ 부산, 이순신
	보통 명사	어떤 속성을 지닌 대상들에 두루 쓰이는 이름 ⓔ 산, 사람, 고양이
자립성 여부에 따라	자립 명사	다른 말의 도움을 받지 아니하고 단독으로 쓰일 수 있는 명사 ⓔ 꽃, 바다, 사랑
	의존 명사	혼자서 자립적으로 쓰일 수 없어서 앞에 꾸며 주는 말이 있어야만 쓰일 수 있는 명사 ⓔ 것, 뿐, 따름

고난도 해결 TIP ❶

의존 명사의 특징

• 의존 명사의 성격: 의존 명사는 다른 말에 기대어 쓰이지만 형태소 구분을 할 때에는 자립 형태소로 구분함.
• 의존 명사와 조사의 구분: 관형사가 앞에 오면 의존 명사이고, 체언이 앞에 오면 조사임.

(2) 대명사

• 사람이나 사물의 이름(명사), 장소 등을 대신 나타내는 단어

① 지시 대명사: 사물이나 장소의 이름을 대신하여 가리키는 대명사

　예 이, 그, 저, 이것, 그것, 저것, 여기, 무엇

② 인칭 대명사: 사람의 이름을 대신하여 가리키는 대명사

1인칭	화자가 자기 또는 자기의 무리를 가리키는 인칭	예 나, 저, 우리, 저희
2인칭	청자를 가리키는 인칭	예 너, 너희, 자네, 그대, 당신, 여러분
3인칭	화자와 청자 이외의 사람을 가리키는 인칭	예 이, 그, 저, 그이, 저이, 이분, 그분

(3) 수사

• 사물의 수량이나 순서를 나타내는 단어

① 양수사: 수량을 나타내는 수사　예 하나, 둘, 일, 이

② 서수사: 순서를 나타내는 수사　예 첫째, 둘째, 제일(第一), 제이(第二)

03 관계언

• 문장에 쓰인 단어들의 관계를 나타내는 기능을 하는 단어(=조사)

• 주로 체언 뒤에 붙어 그 말과 다른 말과의 문법적 관계를 표시하거나 그 말의 뜻을 도와주는 말

• 문장에서 쓰일 때 형태가 변하지 않지만, 서술격 조사 '이다'와 같이 예외적으로 변하는 경우도 있음.

(1) 격 조사

• 체언이나 체언 구실을 하는 말 뒤에 붙어 앞말이 다른 말에 대하여 가지는 일정한 자격을 나타내는 조사

주격 조사	체언이 행위나 현상의 주체가 되게 함.	예 이/가, 에서, 께서
목적격 조사	체언이 행위의 대상이 되게 함.	예 을/를
서술격 조사	체언을 문장의 서술어로 만듦.	예 이다
관형격 조사	체언을 관형어로 만듦.	예 의
부사격 조사	체언을 부사어로 만듦.	예 에, 에서, (으)로, 와/과, 보다, 로서
보격 조사	체언을 '되다, 아니다' 앞에서 보어 자격을 갖게 함.	예 이/가
호격 조사	체언을 부름의 자리에 놓이게 하여 독립어로 만듦.	예 아, 야, (이)여

고난도 해결 TIP ❷

또 다른 대명사

재귀 대명사	앞에 나온 대상을 도로 나타내는 삼인칭 대명사
미지칭	모르는 사물이나 사람을 가리키는 대명사
부정칭	정해지지 않은 사람, 물건, 방향, 장소 따위를 가리키는 대명사

고난도 해결 TIP ❸

수사와 수 관형사의 차이

• 수사는 체언이고, 수 관형사는 체언을 꾸며 주는 관형사임. 수사는 체언이므로 조사가 붙을 수 있지만, 수 관형사는 조사가 붙지 않고 체언을 꾸며 주는 역할을 함.

접속 조사 '와/과'와 부사격 조사 '와/과'

• 부사격 조사 '와/과'는 다른 것과 비교하거나 기준으로 삼는 대상임을 나타내거나, 일 따위를 함께 함을 나타낼 때, 그리고 상대로 하는 대상임을 나타낼 때 쓰임.

• 접속 조사 '와/과'가 쓰인 경우에는 문장을 나눌 수 있지만, 부사격 조사 '와/과'가 쓰인 경우에는 두 문장 이상으로 나눌 수 없음.

Q 관형사와 접두사는 어떻게 구분하나요?

A 관형사는 하나의 단어이므로 띄어쓰기를 할 수 있으며 그 사이에 다른 말이 들어갈 수 있어요. 반면에 접두사는 어떤 단어의 앞에 붙어 새로운 단어가 되게 하는 말로 분리하여 사용할 수 없어요.

---

(2) 보조사

• 앞말에 특별한 의미를 더하여 주는 조사

은/는	대조	만, 뿐	한정
부터	시작	도	더함
밖에	한계	마다	낱낱이 모두
까지	끝, 극단	요	높임

(3) 접속 조사

• 둘 이상의 단어나 구를 같은 자격으로 이어 주는 조사
  예 와/과, (이)랑, 하고

04 수식언

문장에서 뒤에 오는 말을 수식하거나 한정하는 기능을 하는 단어

(1) 관형사

• 체언 앞에 놓여 그 체언을 꾸며 주는 단어

① **성상 관형사**: 사람이나 사물의 모양, 성질, 상태를 나타내는 관형사 예 새, 헌

② **지시 관형사**: 특정한 대상을 가리키는 관형사 예 이, 그, 저, 무슨

③ **수 관형사**: 수량이나 순서를 나타내는 관형사 예 한, 두, 여러, 모든

(2) 부사

• 용언이나 문장, 다른 부사 등을 꾸며 주는 단어

① **성분 부사**: 문장의 한 성분만 꾸며 주는 부사

성상 부사	사람, 사물의 성질이나 상태를 한정하여 꾸며 주는 부사	예 아주 쉽다.
지시 부사	장소, 시간을 가리켜 한정하거나 앞의 이야기에 나온 사실을 가리키는 부사	예 이리 와 봐.
부정 부사	용언 앞에 놓여 그 내용을 부정하는 부사	예 못 먹었다.

② **문장 부사**: 뒤에 오는 문장 전체를 꾸며 주는 부사

양태 부사	화자의 심리적 태도를 나타내는 부사	예 제발 그만해.
접속 부사	체언과 체언, 문장과 문장을 이어 주는 부사	예 딸기 또는 사과

품사는 향후 배우게 될 문장 단원의 밑바탕이 되기 때문에 매우 중요합니다. 따라서 품사의 개념 및 특성을 정확하게 알아두어야 합니다. 특히 형태는 같지만 품사가 다른 단어들에 대한 학습이 철저하게 이루어져야 합니다.

기출 선택지 OX

1 '명호는 바둑을 다섯 판이나 두었다.'에서 '다섯'은 수 관형사이다. ○ | ×

2 '은주는 시장에서 토마토를 하나 사 왔다.'에서 '하나'는 수사이다. ○ | ×

3 '국수라도 먹으렴.'에서의 '라도'와 '그는 아이처럼 순진하다.'에서의 '처럼'은 보조사이다. ○ | ×

4 '그곳에서는 빵을 아주 쉽게 구울 수 있다.'에서 '그곳'은 장소를 지시하는 대명사이고, '아주'는 용언 앞에서 그 뜻을 한정하는 부사이다. ○ | ×

01 자립 명사가 단위를 나타내는 경우 ｜고3 모의평가｜

밑줄 친 부분이 〈보기〉의 ㉠에 해당하지 않는 것은?

┤ 보기 ├

국어에서는 의존 명사가 수량을 표현하는 말 뒤에 쓰여 수효나 분량 따위의 단위를 나타내는 경우가 일반적이지만, ㉠자립 명사가 단위를 나타내는 경우도 있다. 예를 들어 '사람'은 자립 명사로 쓰이기도 하지만 수량을 표현하는 말 뒤에 쓰여 사람을 세는 단위를 나타낼 수도 있다.

• 의존 명사: 그 아이는 올해 아홉 살이다.
• 자립 명사: 그는 사람을 부리는 재주가 있다.
• 자립 명사가 단위를 나타내는 경우
: 친구 다섯 사람과 함께 도서관에 갔다.

① 이 글에는 여러 군데 잘못이 있다.
② 앉은자리에서 밥 두 그릇을 다 먹었다.
③ 시장에서 수박 세 덩어리를 사 가지고 왔다.
④ 할아버지께서는 밥을 몇 숟가락 겨우 뜨셨다.
⑤ 나는 서너 발자국 뒤로 물러서다가 냅다 도망쳤다.

02 의존 명사와 접사 ｜고3 학력평가｜

〈보기〉를 참고할 때, 밑줄 친 부분이 바르게 쓰인 것은?

┤ 보기 ├

채 「의존 명사」
이미 있는 상태 그대로 있다는 뜻을 나타내는 말.

체 「의존 명사」
그럴듯하게 꾸미는 거짓 태도나 모양.

-째 「접사」
'그대로', 또는 '전부'의 뜻을 더하는 접미사.

① 사과를 껍질째로 먹었다.
② 나는 앉은 체로 잠이 들었다.
③ 그녀는 혼자 똑똑한 채를 한다.
④ 사나운 멧돼지를 산 째로 잡았다.
⑤ 곰이 다가오자 그는 죽은 채를 했다.

03 （내신 빈출 유형） 수사의 종류

〈보기〉에서 설명한 단어의 예로 적절하지 않은 것은?

┤ 보기 ├

말을 하거나 글을 쓰다 보면 사물의 수량이나 순서를 가리켜야 하는 경우가 있는데, 이때 쓰이는 단어들을 수사라고 한다. 수사에는 수량을 나타내는 양수사와 순서를 나타내는 서수사가 있다.

① 그는 아들 셋과 딸 둘을 두었다.
② 이(二) 더하기 삼(三)은 오(五)이다.
③ 신발은 첫째로 발이 편안해야 한다.
④ 이번 달에 읽을 책이 여섯이나 된다.
⑤ 우리의 이념은 제일은 진리이고 제이는 정의이다.

01 관형어의 특징 | 고3 학력평가 |

〈보기〉의 밑줄 친 관형어에 대해 탐구한 내용으로 적절하지 <u>않</u>은 것은?

├── 보기 ──┤

나의 일기장에는 "일에는 정해진 시기가 있는 법이니 그 시기를 놓치면 안 된다."라고 적혀 있다. 이 구절은 온갖 시련으로 방황했던 사춘기의 나를 반성하게 만든다.

① '그', '이', '온갖'은 관형사가 그대로 관형어로 쓰인 경우에 해당한다.
② '정해진', '있는', '방황했던'은 용언의 관형사형이 관형어로 쓰인 경우에 해당한다.
③ '그', '이'는 앞에서 이미 언급된 것을 가리키며 뒤에 있는 말을 꾸며 주는 역할을 한다.
④ '나의', '사춘기의'는 체언에 관형격 조사가 결합된 형태가 관형어로 쓰인 경우에 해당한다.
⑤ '정해진', '있는', '온갖', '방황했던'은 각각 문장에서 생략할 수 없는 필수 성분에 해당한다.

02 보조사의 쓰임 | 고3 모의평가 |

다음의 밑줄 친 부분에 해당하는 예로 적절하지 <u>않은</u> 것은?

국어의 조사 중에는 결합하는 앞말과 다른 말과의 문법적인 관계를 표시하는 격 조사와 특별한 뜻을 더해 주는 보조사가 있다. 격 조사는 특정한 문장 성분에만 쓰인다. 가령 주격 조사는 주어에, 목적격 조사는 목적어에 쓰인다. 반면 보조사는 하나의 문장 성분에만 쓰이는 것이 아니라 여러 문장 성분에 쓰일 수 있다.

① '삼촌이 밤에[만] 글을 썼다.'에서의 '만'.
② '선수들이 오늘[은] 간식을 먹었다.'에서의 '은'.
③ '내가 친구[한테] 가방을 선물했다.'에서의 '한테'.
④ '아이들이 유치원에서 악기[도] 연주한다.'에서의 '도'.
⑤ '누나가 일기를 책으로[까지] 만들었다.'에서의 '까지'.

03 †길러문항 품사의 문장 성분 실현 | 고3 모의평가 |

〈학습 활동〉을 수행한 결과로 적절한 것은?

├── 학습 활동 ──┤

품사는 다양한 방식을 통해 문장 성분으로 실현된다. 품사가 어떻게 문장 성분으로 실현되는지 다음 밑줄 친 부분을 중심으로 알아보자.

ⓐ 빵은 동생이 간식으로 제일 좋아한다.
ⓑ 형은 아주 옛 물건만 항상 찾곤 했다.
ⓒ 나중에 어른 돼서 우리 다시 만나자.
ⓓ 친구가 내게 준 선물은 장미였다.
ⓔ 다람쥐 세 마리가 나무를 오른다.

① ⓐ: 명사가 격 조사와 결합해 목적어로 쓰였다.
② ⓑ: 부사가 관형사를 수식하는 부사어로 쓰였다.
③ ⓒ: 명사가 조사와 결합 없이 주어로 쓰였다.
④ ⓓ: 명사가 어미와 직접 결합해 서술어로 쓰였다.
⑤ ⓔ: 수사가 명사를 수식하는 관형어로 쓰였다.

04 고난도 해결 TIP ❶
의존 명사의 격 조사 결합 제약

〈보기〉를 바탕으로 의존 명사에 대해 이해한 내용으로 적절하지 않은 것은?

─── 보기 ───

대부분의 명사는 거의 모든 조사와 결합될 수 있으나, 의존 명사와 일부 자립 명사 가운데에는 격 조사와 결합될 때 제약을 받는 경우가 있다. 의존 명사 '나위'는 주로 주격 조사와 어울려 '나위가'와 같이 제한된 형태로 사용된다. 한편 의존 명사 '마리'는 다양한 조사와 어울려 '마리가, 마리를, 마리만' 등의 형태로 사용된다.

① '먹을 것'에서 '것'은 뒤에 다양한 조사가 붙을 수 있는 의존 명사로 볼 수 있겠군.
② '그럴 리'에서 '리'는 뒤에 주로 목적격 조사 '을/를'이 붙는 의존 명사로 볼 수 있겠군.
③ '한 켤레'에서 '켤레'는 의존 명사 '마리'와 같이 뒤에 다양한 조사가 붙을 수 있겠군.
④ '웃는 통'에서 '통'은 뒤에 주로 부사격 조사 '에'가 붙는 의존 명사로 볼 수 있겠군.
⑤ '웃을 따름'에서 '따름'은 주로 뒤에 서술격 조사 '이다'가 붙을 수 있는 의존 명사로 볼 수 있겠군.

05 고난도 해결 TIP ❹
조사의 특징

〈보기〉를 통해 조사에 대해 탐구 학습을 진행하였다. 이에 대한 설명으로 적절하지 않은 것은?

─── 보기 ───

㉠ 동생이 방에서 언니의 책을 읽고 있다.
㉡ 이 옷을 한번 입어만 보아라.
㉢ 꽃이 예쁘게도 피었구나.
㉣ 물이 얼음이 되었다.
㉤ 나는 사과와 배를 좋아한다.
㉥ 배는 사과와 다르다.

① ㉠의 '이', '에서', '의', '을'을 보니 모두 명사와 결합하고 있군.
② ㉡의 '만'과 ㉢의 '도'를 보니 조사는 어미 뒤에 붙기도 하는군.
③ ㉡의 '을'과 ㉤의 '를'을 보니 서로 형태는 다르지만 기능이 동일함을 알 수 있군.
④ ㉢의 '이'와 ㉣ '얼음이'의 '이'는 명사와 결합하고 형태가 동일하지만 서로의 기능은 다름을 알 수 있군.
⑤ ㉤과 ㉥의 '와'를 보니 조사는 앞뒤에 오는 단어나 구를 연결해 주는 기능을 함을 알 수 있군.

06 내신 빈출 유형
품사의 특징

〈보기〉를 통해 품사에 관해 살펴본 결과로 적절하지 않은 것은?

─── 보기 ───

㉠ 서울에서 부산까지는 너무 멀다.
㉡ 옥수수가 매우 잘 익었다.
㉢ 그녀의 집은 우리 집 바로 뒤야.
㉣ 언니는 아주 새 가방을 가지고 다닌다.
㉤ 다행히 다친 사람은 아무도 없었다.

① ㉠의 '너무', ㉡의 '매우', ㉣의 '아주', ㉤의 '다행히'를 보니 부사가 꾸며 주는 대상이 다양하군.
② ㉠의 '까지는'을 보니 조사끼리의 결합도 가능함을 알 수 있군.
③ ㉢의 '바로'가 명사인 '뒤'를 꾸며 주는 것으로 보아 관형사임을 알 수 있군.
④ ㉢의 '우리'와 ㉤의 '아무'는 누군가를 대신 가리키고 있다는 점에서 같은 성질의 단어라고 할 수 있겠군.
⑤ ㉢의 '의'가 '그녀'를 관형어로 만드는 기능을 하는 조사인 것으로 보아, '우리'의 뒤에도 같은 기능을 하는 '의'가 올 수 있음을 추론할 수 있군.

07 고난도 해결 TIP ❸
관형사의 종류

〈보기 1〉을 참고하여 〈보기 2〉의 ㉠~㉡에 대해 설명한 것으로 적절하지 <u>않은</u> 것은?

┤ 보기 1 ├

체언 앞에 놓여서 체언, 주로 명사를 꾸며 주는 단어를 관형사(冠形詞)라고 한다. 관형사는 조사와 결합할 수 없으며, 형태가 변하지도 않는다. 관형사의 종류로는 어떤 대상을 가리키는 지시 관형사, 사물의 성질이나 상태를 나타내는 성상 관형사, 그리고 수량이나 순서라는 수 개념을 나타내는 수 관형사가 있다.

┤ 보기 2 ├

• ㉠그 사람들도 따뜻한 마음을 가진 사람들이다.
• ㉡그는 따뜻한 마음을 가진 사람이다.
• ㉢새 책은 제목이 무엇이더라?
• ㉣새까맣게 그을린 얼굴로 그녀는 활짝 웃었다.
• 농구는 ㉤다섯 사람이 하는 경기이다.
• 농구는 사람 ㉥다섯이 하는 경기이다.

① ㉠은 조사와 결합할 수 없으니 관형사이고, ㉡은 조사와 결합한 것으로 보아 대명사이다.
② ㉢은 ㉣과 달리 사물의 성질이나 상태를 나타내는 성상 관형사이다.
③ ㉤과 ㉥은 형태는 동일하지만 단어의 성질은 다르다.
④ ㉠, ㉢, ㉤은 뒤에 오는 말을 꾸미고 있다는 점에서 동일한 기능을 한다고 할 수 있다.
⑤ ㉡, ㉣, ㉥은 뒤에 오는 말과 붙여 써야만 하므로 동일한 성질의 말이라고 할 수 있다.

08 부사의 쓰임

〈보기 1〉의 ㉠~㉢에 해당하는 단어를 〈보기 2〉의 ⓐ~ⓗ에서 골라 적절하게 짝지은 것은?

┤ 보기 1 ├

용언이나 문장을 수식하는 것을 본래의 기능으로 하는 단어를 부사(副詞)라고 한다. 그러나 ㉠다른 부사를 수식하는 것이나, ㉡일부 체언 앞에 와서 그 체언에 특별한 뜻을 더하여 주는 단어들도 부사로 인정한다.
부사는 문장에서의 역할에 따라 성분 부사와 문장 부사로 나뉜다. 성분 부사는 문장의 어느 한 성분만을 수식하는 부사이고, 문장 부사는 ㉢뒤에 오는 문장 전체를 수식하는 부사이다.

┤ 보기 2 ├

• 올해는 눈이 ⓐ참 ⓑ많이 내린다.
• 요즘은 ⓒ너무 바빠서 등산을 못 간다.
• 내가 좋아하는 사람은 ⓓ바로 너야.
• 우리나라에서는 ⓔ특히 학생들이 부지런하다.
• ⓕ과연 이 일이 앞으로 어떻게 될 것인가?
• 정치, 경제, 사회 ⓖ및 문화를 알아야 한다.
• 그녀는 그를 간절히 기다렸다. ⓗ그러나 그는 오지 않았다.

	㉠	㉡	㉢
①	ⓐ, ⓒ	ⓓ	ⓔ, ⓕ, ⓖ
②	ⓐ	ⓓ	ⓔ, ⓕ
③	ⓐ	ⓓ, ⓔ	ⓕ, ⓗ
④	ⓑ, ⓒ	ⓓ, ⓔ	ⓕ, ⓗ
⑤	ⓑ, ⓒ	ⓓ	ⓔ, ⓕ, ⓗ

[01~02] 다음 글을 읽고 물음에 답하시오.

(1) 영수는 서울에서/서울에 산다.
(2) 민수는 방에서/*방에 공부하고 있다.
(3) 학교에서 체육 대회를 열었다.

(1)에서는 '에'와 '에서'를 다 쓸 수 있는데, 왜 (2)에서는 '에서'를 쓰고 '에'는 쓸 수 없을까? 또 왜 (3)에서는 '에서'를 주격 조사로 쓸 수 있을까?

'에'와 '에서'는 모두 '장소'를 의미하는 말에 붙지만, (1)에서 '서울'은 '에'가 붙어 위치를 나타내는 [지점]의 의미가 되고, '에서'가 붙어 행위를 하거나 일이 발생하는 [공간]의 의미가 된다. 즉, 똑같은 장소라도 지점으로 인식되면 '에'를 쓰고, 공간으로 인식되면 '에서'를 쓴다. (2)에서 '방에'를 쓸 수 없는 이유는 '공부'라는 행위를 하는 장소인 '방'은 지점이 아니라 공간의 의미를 가져야 하기 때문이다. 이렇듯 '에'와 '에서'의 쓰임이 구분되는 것은 '에서'의 중세 국어 형태인 '에셔'의 형성 과정에 기인한다.

중세 국어에서는 부사격 조사 '애/에/예, ᄋᆡ/의'와 '이시다(현대 국어 '있다')'의 활용형인 '이셔'가 결합된 말들이 줄어서 '애셔/에셔/예셔, ᄋᆡ셔/의셔'가 되었다. 그런데 이들은 본래 '이시다'를 포함하므로, 그 의미상 어떤 공간 속에 있음을 전제한다. 따라서 '애셔/에셔/예셔, ᄋᆡ셔/의셔' 앞의 명사는 공간으로 인식되었다. 그런데 이렇게 새로운 형태가 만들어졌지만 중세 국어에서는 현대 국어와 달리 이 새로운 형태가 쓰일 자리에 '애/에/예, ᄋᆡ/의'가 쓰이는 경우가 많았다. 이는 '애/에/예, ᄋᆡ/의'가 현대 국어의 '에'와 '에서'의 쓰임을 모두 지니고 있었음을 의미한다.

한편, '애셔/에셔/예셔, ᄋᆡ셔/의셔' 앞의 명사가 어떤 구성원으로 이루어진 공간이나 집단을 나타내면, 그 공간이나 집단 속에 있는 구성원의 행위를 그 공간이나 집단의 행위로 표현하는 것이 가능해진다. 그에 따라 중세 국어에서 '애셔/에셔/예셔, ᄋᆡ셔/의셔'가 주격 조사로도 쓰인 경우가 있다. 이들은 현대 국어의 '에서'로 이어지는데 (3)과 같은 예에서 그러한 쓰임을 확인할 수 있다.

현대 국어의 '에서'가 주격 조사로 쓰일 때에는 '에서' 앞에 공간이나 집단을 나타내는 명사가 오고 유정 명사는 올 수 없다. 부사격 조사 '에'에 '서'가 붙은 '에서'가 주격 조사로 쓰인 것처럼 부사격 조사 '께'에 '서'가 붙은 '께서'도 주격 조사로 쓰인다. '께서'의 중세 국어 형태인 부사격 조사 'ᄭᅴ셔' 역시 'ᄭᅴ'와 '셔'가 결합하여 형성되었는데, 근대 국어를 거치면서 주격 조사로 변화하여 현대 국어의 '께서'로 이어졌다. 중세 국어의 '에셔', 현대 국어의 '에서'와 달리 중세 국어의 'ᄭᅴ셔', 현대 국어의 '께서'는 높임의 유정 명사 뒤에 나타난다.

01 조사의 특징 | 고3 모의평가 |

윗글의 내용과 일치하는 것은?

① 중세 국어에서 '에' 앞의 명사는 공간의 의미를 나타낼 수 있었다.
② 현대 국어에서 '에' 앞에 붙을 수 있는 명사는 '에서' 앞에 붙을 수 없다.
③ 중세 국어의 '애/에/예'는 'ᄋᆡ/의'와 달리 주격 조사로 쓰일 수 있었다.
④ 현대 국어 '에서'의 중세 국어 형태인 '에셔'에서 '셔'는 지점의 의미를 나타냈다.
⑤ 중세 국어 '에셔'가 주격 조사로 쓰일 수 있었던 이유는 '에셔' 앞에 유정 명사가 오기 때문이다.

02 주격 조사와 부사격 조사의 쓰임 | 고3 모의평가 |

윗글을 바탕으로 〈보기〉를 이해한 내용으로 적절하지 않은 것은?

┌─────── 보기 ├───────

현대 국어의 예
㉠ 그 지역에서 공룡 화석이 발견되었다.
㉡ 정부에서 홍수 대책안을 발표하였다.
㉢ 할머니께서 저녁 늦게 식사를 하셨다.

중세 국어의 예
㉣ 一物이라도 그위예셔 다 아ᅀᆞ물 슬노라
  (물건 하나라도 관청에서 다 빼앗음을 슬퍼하노라.)
㉤ 부텨ᄭᅴ셔 十二部經이 나시고
  (부처님으로부터 12부의 경전이 나오고)

① ㉠: 공간을 의미하는 '그 지역'에 주격 조사 '에서'가 붙었군.
② ㉡: 집단을 의미하는 '정부'에 주격 조사 '에서'가 붙었군.
③ ㉢: 높임의 유정 명사인 '할머니'에 주격 조사 '께서'가 붙었군.
④ ㉣: '그위예셔'는 '그위'에 주격 조사 '예셔'가 붙었군.
⑤ ㉤: 높임의 유정 명사인 '부텨'에 부사격 조사 'ᄭᅴ셔'가 붙었군.

품사 ②

01 용언

↱ 술어가 나타내는 동작이나 상태의 주체가 되는 말
- 문장에서 주어를 서술하는 기능을 하는 단어로, 동사와 형용사가 있음.
- 어간과 어미로 이루어져 있고, 형태가 변하는 가변어로서 활용을 함.

(1) 동사

- 대상의 동작이나 작용을 나타내는 단어

① **자동사**: 동사가 나타내는 동작이나 작용이 주어에만 미치는 동사
　　　예) 꽃이 <u>피다</u>. / 해가 <u>솟다</u>.

② **타동사**: 동작이나 작용이 다른 대상, 즉 대상인 목적어를 필요로 하는 동사
　　　예) 희연이가 밥을 <u>먹다</u>. / 가수가 노래를 <u>부르다</u>.

(2) 형용사

- 사람이나 사물의 성질이나 상태를 나타내는 단어

① **성상 형용사**: 성질이나 상태를 나타내는 형용사　예) 젊다, 즐겁다, 고요하다

② **지시 형용사**: 성질, 시간, 수량 따위가 어떠하다는 것을 형식적으로 나타내는 형용사
　　　예) 이러하다, 그러하다, 어떠하다

02 용언의 구분

(1) 뜻과 쓰임에 따라

- **본용언**: 문장의 주체를 주되게 서술하면서 보조 용언의 도움을 받는 용언으로 보조 용언의 앞에 위치함.
- **보조 용언**: 혼자는 쓰이지 못하고, 본용언과 연결되어 본용언의 뜻을 보충하는 역할을 하는 용언임.

① **보조 동사**: 본동사와 연결되어 그 풀이를 보조하는 동사
　　　예) 소감을 적어 <u>두다</u>. / 홍연이는 학교에 가 <u>보았다</u>.

② **보조 형용사**: 본용언과 연결되어 의미를 보충하는 역할을 하는 형용사　예) 먹고 <u>싶다</u>.

(2) 성질에 따라

동사	자동사	동작이나 작용이 그 주어에만 관련되는 동사
	타동사	동작이나 작용이 다른 대상(목적어)에 미치는 동사
형용사	성상 형용사	성질이나 상태를 나타내는 형용사
	지시 형용사	지시성을 나타내는 형용사

고난도 해결 TIP ①

본용언과 보조 용언의 차이
- '본용언+본용언'인 경우와 달리 '본용언+보조 용언'인 경우에는 그 사이에 다른 문장 성분이 들어갈 수 없음.
　예) 라면을 끓여 (맛있게) 먹었다. (O)
　　　└─ 본용언 ─┘
　라면을 먹어 (*맛있게) 치웠다. (×)
　　　　본용언　　　　보조 용언

---

(3) 활용 여부에 따라

• 규칙 활용 용언: 용언이 활용할 때 어간이나 어미의 형태가 변하지 않거나 규칙에 따라 변하는 것
• 불규칙 활용 용언: 용언이 활용할 때 어간이나 어미의 형태가 규칙으로 설명이 불가능하게 변하는 것

03 용언의 구성

용언은 어간과 어미가 결합하여 만들어짐.

(1) 어간

• 용언이 활용할 때 형태가 변하지 않는 부분 예 <u>가</u>다, <u>가</u>고, <u>가</u>서, <u>가</u>라

(2) 어미

• 용언이 활용할 때 어간 뒤에 붙어서 형태가 변하는 부분으로, 여러 문법적인 의미를 더해 줌.

① 어말 어미: 단어의 끝에 와서 단어를 끝맺는 어미

종결 어미	– 문장을 끝맺어 주는 어미 – 평서형, 감탄형, 의문형, 명령형, 청유형 어미 예 –다, –습니다, –구나, –(느)냐, –아/–어라, –자
연결 어미	– 대등적 연결 어미: 두 문장을 대등하게 연결해 주는 어미 예 –고, –(으)며 – 종속적 연결 어미: 앞의 문장을 뒤의 문장에 종속시키는 연결 어미 예 –면, –니까 – 보조적 연결 어미: 본용언과 보조 용언을 연결해 주는 어미 예 –아/–어, –게, –지
전성 어미	– 용언의 어간에 붙어 다른 품사의 기능을 수행하게 하는 어미 – 명사형 전성 어미, 관형사형 전성 어미, 부사형 전성 어미 예 –(으)ㅁ, –기, –ㄴ, –ㄹ, –는, –게, –도록, –던

② 선어말 어미: 어말 어미의 앞에 오는 어미

– 그 자체만으로는 단어를 끝맺을 수 없고 반드시 어말 어미가 있어야 하는 어미

높임 관련	– 서술어의 주체를 높이거나, 상대방에 대한 공손의 뜻을 표시함. 예 –시–, –옵–
시제 관련	– 현재 시제 선어말 어미 예 –는– – 과거 시제 선어말 어미 예 –았–/–었– – 미래 시제 선어말 어미 예 –겠–

04 용언의 활용

용언의 어간에 어미가 다양한 모습으로 결합하여 그 기능을 달리하는 것

(1) 규칙 활용

• 용언이 활용할 때 어간과 어미의 형태가 모두 변하지 않는 활용
• 어간과 어미의 형태가 변화하더라도 보편적 음운 규칙으로 설명할 수 있는 활용
  예 따르–+–아 → 따라('으' 탈락), 울–+–는 → 우는('ㄹ' 탈락)

고난도 해결 TIP ②

어간과 어근의 구분

• 어간: 활용어가 활용할 때 변하지 않는 부분
  예 '보다', '보니', '보고'의 '보–', '먹다', '먹니', '먹고'에서 '먹–' 등
• 어근: 단어를 분석할 때 실질적 의미를 나타내는 중심이 되는 부분
  예 '덮개'의 '덮–', '어른스럽다'의 '어른' 등

(2) 불규칙 활용

- 용언이 활용할 때 어간이나 어미의 기본 형태가 바뀌는 현상을 일정한 규칙으로 설명할 수 없는 활용

① 어간의 불규칙성에 의한 활용

불규칙 활용			규칙 활용
구분	내용	예시	예시
'ㅅ' 불규칙	'ㅅ'이 모음 어미 앞에서 탈락함.	잇-+-어 → 이어 짓-+-어 → 지어	벗-+-어 → 벗어 솟-+-아 → 솟아
'ㄷ' 불규칙	'ㄷ'이 모음 어미 앞에서 'ㄹ'로 변함.	듣-+-어 → 들어 걷-+-어 → 걸어	얻-+-어 → 얻어 묻[埋]-+-어 → 묻어
'ㅂ' 불규칙	'ㅂ'이 모음 어미 앞에서 '오/우'로 변함.	눕-+-어 → 누워 덥-+-어 → 더워	잡+아 → 잡아 뽑+아 → 뽑아
'ㄹ' 불규칙	'르'가 모음 어미 앞에서 'ㄹㄹ' 형태로 변함.	흐르-+-어 → 흘러 빠르-+-아 → 빨라	따르+아 → 따라 치르+어 → 치러
'우' 불규칙	'우'가 모음 어미 앞에서 탈락함.	푸-+-어 → 퍼	누-+-어 → 누어

② 어미의 불규칙성에 의한 활용

불규칙 활용			규칙 활용
구분	내용	예시	예시
'여' 불규칙	어간 '하-' 뒤에 오는 어미 '-아/-어'가 '-여'로 변함.	공부하-+-어 → 공부하여	사-+-아 → 사
'러' 불규칙	어간이 '르'로 끝나는 일부 용언의 어미 '-어'가 '-러'로 변함.	푸르-+-어 → 푸르러 이르[至]-+-어 → 이르러	치르-+-어 → 치러
'오' 불규칙	'달다'의 명령형 어미가 '-오'로 변함.	달-+-아라 → 다오	주-+-어라 → 주어라

③ 어간과 어미의 불규칙성에 의한 활용

불규칙 활용			규칙 활용
구분	내용	예시	예시
'ㅎ' 불규칙	'ㅎ'으로 끝나는 어간에 '-아/-어'가 오면 'ㅎ'이 없어지고 어미도 변함.	파랗-+-아서 → 파래서 하얗-+-아서 → 하얘서	좋-+-아서 → 좋아서

05 독립언

- 문장에서 다른 문장 성분에 얽매이지 않고 독립적으로 쓰이는 단어로 감탄사를 이르는 말
- 말하는 이의 부름, 느낌, 대답, 놀람 따위를 나타내는 단어 ⓔ 여보(부름), 어머나(놀람)

고난도 해결 TIP ❸

'우' 불규칙과 '오' 불규칙

- 다른 불규칙 활용이 여러 가지 예로 나타나는 반면 '우' 불규칙과 '오' 불규칙은 한 가지로만 나타남.
- '우' 불규칙: '푸-+-어 → 퍼'
- '오' 불규칙: '달-+-아라 → 다오'

이것만은 꼭!

동사와 형용사는 자주 출제될 뿐만 아니라, 고난도로 출제되는 경향이 있습니다. 특히 중요한 용언의 불규칙 활용은 세 가지 유형을 표로 제시하였으니, 반드시 익혀서 어려움이 없도록 하길 바랍니다.

기출 선택지 OX

1 '이렇게 일찍 가는 이유가 뭐니?'의 '-는'은 두 문장을 연결해 주는 기능을 하는 어미이다. ○ | ✕

2 '멋진 형이 식당에서 밥을 지어 왔다.'에서 '멋진'은 대상의 성질을 나타내는 형용사이고, '지어'는 용언의 어간이 불규칙적으로 활용되는 동사이다. ○ | ✕

01 용언 활용의 예　　　　　　　　　　　　　　　| 수능 |

ⓐ～ⓔ는 잘못된 표기를 바르게 고친 것이다. 고치는 과정에서 해당 단어에 적용된 용언 활용의 예로 적절하지 <u>않은</u> 것은?

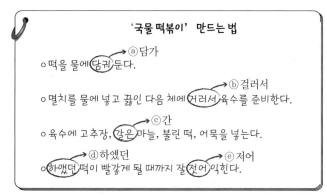

> **'국물 떡볶이' 만드는 법**
>
> ○ 떡을 물에 담궈 → ⓐ담가 둔다.
>
> ○ 멸치를 물에 넣고 끓인 다음 체에 거러서 → ⓑ걸러서 육수를 준비한다.
>
> ○ 육수에 고추장, 갖은 → ⓒ간 마늘, 불린 떡, 어묵을 넣는다.
>
> ○ 하얬던 → ⓓ하얬던 떡이 빨갛게 될 때까지 잘 저어 → ⓔ저어 익힌다.

① ⓐ: 예쁘-+-어도 → 예뻐도

② ⓑ: 푸르-+-어 → 푸르러

③ ⓒ: 살-+-니 → 사니

④ ⓓ: 동그랗-+-아 → 동그래

⑤ ⓔ: 긋-+-은 → 그은

02 용언의 불규칙 활용

〈보기〉의 ㉠에 해당하는 예로 적절한 것은?

> **보기**
>
> 용언 중에는 활용할 때 어간이나 어미의 모습이 달라지는 경우가 있다. 이처럼 용언이 활용할 때 어간이나 어미의 기본 형태가 달라지는 경우를 불규칙 활용이라고 하며, 이러한 용언을 불규칙 용언이라고 한다. 불규칙 용언에는 어간이 바뀌는 것, ㉠어미가 바뀌는 것, 어간과 어미 모두가 바뀌는 것이 있다.

① 이 강물은 흘러 어디로 갑니까?

② 하늘이 파래서 바다도 하늘과 한 빛이구나!

③ 박사님의 명성에 대해서는 이미 들었습니다.

④ 그는 두 시간 만에 산 입구 매표소에 이르렀다.

⑤ 그는 잔디에 누워 높은 가을 하늘을 바라보았다.

03 （내신 빈출 유형） 품사의 특성

〈보기〉의 밑줄 친 단어의 품사에 대한 설명으로 적절하지 <u>않은</u> 것은?

> **보기**
>
> 나는 내가 지구 바깥의 다른 세계<u>에서</u> 온 것처럼 느껴지는 때가 있다. 아, 인간은 얼마나 외로운 존재인가.

① '는'과 '에서'는 모두 조사에 해당하지만, '에서'와 달리 '는'은 문법적 기능을 하지 않으며 의미를 더해 주는 기능을 한다.

② '지구'와 '것'은 사람이나 사물과 같은 대상의 이름을 나타내는 단어로, 문장 안에서 홀로 쓰일 수 있다.

③ '온'은 동사에 해당하며, 문장 안에서 형태를 바꾸어 다양한 문장 성분으로 쓰일 수 있다.

④ '아'는 느낌을 나타내는 감탄사로, 문장 안에서 다른 성분과 관계를 맺지 않고 독립적으로 쓰인다.

⑤ '외로운'은 상태나 성질을 나타내는 품사로, 품사의 특성상 명령형이나 청유형으로는 쓰이지 않는다.

01 [고난도해결] TIP ①
보조 용언의 띄어쓰기 | 고3 학력평가 |

〈보기 1〉을 바탕으로 〈보기 2〉의 ㉠~㉤에 대해 이해한 내용으로 적절하지 <u>않은</u> 것은?

┤ 보기1 ├

　보조 용언도 하나의 단어이므로 띄어 쓰는 것이 원칙이나 경우에 따라서는 붙여 쓰는 것도 허용한다. 다만 본용언에 조사가 붙거나 본용언이 합성 용언인 경우, 본용언이 파생어인 경우는 그 뒤에 오는 보조 용언은 붙여 쓰지 않는다. 그런데 본용언이 합성어나 파생어라도 그 활용형이 2음절인 경우에는 본용언과 보조 용언을 붙여 쓰는 것도 허용한다. 그리고 본용언 뒤에 보조 용언이 거듭 나타나는 경우는 앞의 보조 용언만을 본용언에 붙여 쓸 수 있다.

┤ 보기 2 ├

• 그가 이 자리를 ㉠빛내 준다.
• 오늘 일은 일기에 ㉡적어 둘 만하다.
• 나는 어제 그 책을 ㉢읽어는 보았다.
• 아마도 이런 기회는 ㉣다시없을 듯하다.
• 이번에는 제발 열심히 ㉤공부해 보아라.

① ㉠은 본용언이 합성어이지만 활용형이 2음절인 경우이므로 '빛내'와 '준다'를 붙여 쓸 수 있다.
② ㉡은 본용언 뒤에 보조 용언이 거듭 나타나는 경우이므로 '둘'과 '만하다'를 붙여 쓸 수 있다.
③ ㉢은 본용언에 조사가 붙은 경우이므로 '읽어는'과 '보았다'를 붙여 쓰지 않는다.
④ ㉣은 본용언이 합성 용언인 경우이므로 '다시없을'과 '듯하다'를 붙여 쓰지 않는다.
⑤ ㉤은 본용언이 파생어인 경우이므로 '공부해'와 '보아라'를 붙여 쓰지 않는나.

02 [고난도해결] TIP ② ⁺킬러문항
선어말 어미와 어말 어미 | 고3 모의평가 |

〈보기〉의 ㉠~㉤에 쓰인 ⓐ, ⓑ에 대한 설명으로 옳지 <u>않은</u> 것은?

┤ 보기 ├

　용언은 어간에 어미가 붙어 다양한 의미를 나타내며 활용된다. 어미는 ⓐ선어말 어미와 ⓑ어말 어미로 나뉜다. 어말 어미는 다시 종결 어미, 연결 어미, 전성 어미로 나뉜다. 용언의 활용형에서 선어말 어미는 없는 경우가 있어도 어말 어미는 반드시 있어야 한다.

㉠ 민수가 그 나무를 심었구나!
㉡ 저기서 청소하는 아이가 내 동생이야.
㉢ 그 친구가 설마 그 음식을 다 먹었겠니?
㉣ 그가 나에게 권한 책은 이미 읽은 책이다.
㉤ 주말에 바람은 불겠지만 비는 오지 않을 것이다.

① ㉠에는 과거 시제를 나타내는 '–었–'이 ⓐ로 쓰였고, 감탄형 종결 어미 '–구나'가 ⓑ로 쓰였다.
② ㉡에는 ⓐ는 없고 동사의 현재 시제를 나타내는 관형사형 전성 어미 '–는'이 ⓑ로 쓰였다.
③ ㉢에는 과거 시제를 나타내는 '–었–'과 주체의 의지를 나타내는 '–겠–'이 ⓐ로 쓰였고, 의문형 종결 어미 '–니'가 ⓑ로 쓰였다.
④ ㉣에는 ⓐ는 없고 동사의 과거 시제를 나타내는 관형사형 전성 어미 '–은'이 ⓑ로 쓰였다.
⑤ ㉤에는 추측의 의미를 나타내는 '–겠–'이 ⓐ로 쓰였고, 대등적 연결 어미 '–지만'이 ⓑ로 쓰였다.

03 규칙 활용과 불규칙 활용 | 고3 학력평가 |

〈보기 1〉의 ㉠~㉣에 해당하는 가장 적절한 예를 〈보기 2〉에서 고른 것은?

---- 보기 1 ----

용언의 활용은 규칙 활용과 불규칙 활용으로 나눌 수 있다. ㉠규칙 활용은 용언이 활용될 때 어간과 어미의 기본 형태가 바뀌지 않거나, 어간이나 어미의 기본 형태가 바뀌는 모습을 일정한 규칙으로 설명할 수 있다. 한편 불규칙 활용은 용언이 활용될 때 어간이나 어미의 기본 형태가 바뀌는 이유를 일정한 규칙으로 설명할 수 없다. 불규칙 활용에는 ㉡어간이 불규칙적으로 바뀌는 경우, ㉢어미가 불규칙적으로 바뀌는 경우, ㉣어간과 어미가 모두 불규칙적으로 바뀌는 경우가 있다.

---- 보기 2 ----

• 놀이터에서 놀다 보니 옷에 흙이 묻었다.
• 나는 동생에게 출발 시간을 일러 주었다.
• 우리는 한라산 정상에 이르러 잠시 쉬었다.
• 드디어 사람들은 그를 우러러 섬기게 되었다.
• 하늘은 맑고 강물은 파래 기분이 정말 상쾌했다.

	㉠	㉡	㉢	㉣
①	묻었다	이르러	일러, 우러러	파래
②	일러	이르러, 파래	묻었다	우러러
③	이르러	묻었다, 우러러	파래	일러
④	묻었다, 우러러	일러	이르러	파래
⑤	일러, 우러러	묻었다	파래	이르러

04 동사와 형용사의 구분

〈보기 1〉의 '동사와 형용사를 구분하는 기준'에 따라 〈보기 2〉의 밑줄 친 단어들을 구분해 보았다. 이에 대한 설명으로 적절하지 않은 것은?

---- 보기 1 ----

동사와 형용사를 구분하는 기준에는 여러 가지가 있다.

첫째, 동사는 주어의 동작이나 작용(과정)을, 형용사는 성질이나 상태를 나타낸다. ⋯⋯⋯⋯⋯⋯⋯⋯⋯ ⓐ

둘째, 기본형에 현재 시제 선어말 어미 '-ㄴ-/-는-', 관형사형 어미 '-는'을 결합할 수 있으면 동사이고, 결합할 수 없으면 형용사이다. ⋯⋯⋯⋯⋯⋯⋯⋯ ⓑ

셋째, '의도'를 뜻하는 어미 '-려'나 '목적'을 뜻하는 어미 '-러'와 함께 쓰일 수 있으면 동사, 함께 쓰일 수 없으면 형용사이다. ⋯⋯⋯⋯⋯⋯⋯⋯⋯⋯ ⓒ

넷째, 동사는 명령형 어미 '-어라'와 청유형 어미 '-자'와 결합할 수 있는 데 반해 형용사는 이러한 어미와 결합할 수 없다. ⋯⋯⋯⋯⋯⋯⋯⋯⋯⋯⋯ ⓓ

---- 보기 2 ----

㉠ 그녀가 자리에서 일어난다.
㉡ 정원의 꽃이 매우 아름답다./*아름답는다.
㉢ 산을 보는 친구, 산을 타는 친구
㉣ 맛이 단/*달는 과일, 매우 아름다운/*아름답는 꽃
㉤ 철수는 영희를 때리려 한다.
㉥ 영자는 *아름다우려 화장을 한다.
㉦ 아, 예뻐라. 사랑해줘야지.

※ '*'는 비문임을 나타냄.

① ㉠의 '일어난다'와 ㉡의 '아름답다'는 ⓐ에 의하여 각각 동사와 형용사임을 알 수 있다.

② ㉡의 '아름답다'는 ⓑ에 의하여 기본형에 현재 시제 선어말 어미 '-ㄴ-/-는-'이 결합할 수 없기 때문에 형용사임을 알 수 있다.

③ ⓑ에 의하여 관형사형 어미 '-는'과 결합할 수 있는 ㉢의 '보는'과 '타는'은 동사이고, 결합할 수 없는 ㉣의 '단'과 '아름다운'은 형용사임을 알 수 있다.

④ ㉤의 '때리려'와 ㉥의 '아름다우려'는 ⓒ에 의하여 각각 동사와 형용사임을 알 수 있다.

⑤ ㉦의 '예뻐라'는 ⓓ에 의하여 명령형 어미 '-어라'와 결합할 수 있으므로 동사임을 알 수 있다.

05 고난도 해결 TIP ❸
용언의 규칙 활용

〈보기 1〉의 ⓐ에 해당하는 예를 〈보기 2〉에서 골라 묶은 것은?

┤ 보기 1 ├

규칙 활용은 동사와 형용사가 활용을 할 때 어간과 어미의 형태가 규칙적인 것으로, 어간과 어미의 모습이 달라지는 것을 국어의 일반적인 음운 규칙으로 설명할 수 있다. 예를 들어 '으' 탈락은 어말 어미 '-아/-어'의 앞, 어미의 첫소리 '-아/-어'의 앞, 선어말 어미 '-았-/-었-'의 앞에서 ⓐ'으'가 규칙적으로 탈락하는 것이고, 'ㄹ' 탈락은 어미의 첫소리 'ㄴ, ㅂ, ㅅ' 및 '-(으)오, -(으)ㄹ'의 앞에서 'ㄹ'이 규칙적으로 탈락하는 것이다.

┤ 보기 2 ├

• 우리는 3일 동안 중간고사를 ㉠치렀다.
• 여인은 가격이 얼마인지 점원에게 ㉡물었다.
• 아이들은 선생님을 ㉢따라 운동장으로 갔다.
• 그는 물을 ㉣퍼서 실어 나르는 일을 담당하였다.

① ㉠, ㉡ 　② ㉠, ㉢ 　③ ㉡, ㉢
④ ㉡, ㉣ 　⑤ ㉢, ㉣

06 내신 빈출 유형
용언의 활용

〈보기〉를 통해 용언의 활용을 이해한 것으로 적절하지 않은 것은?

┤ 보기 ├

동사, 형용사는 어간에 여러 어미가 번갈아 결합하는 활용을 통해 문장에서 여러 성분으로 기능한다. 이처럼 활용할 때 어간이나 어미의 형태가 바뀌는 현상을 규칙에 의해 설명할 수 없다면 불규칙 활용으로, 어간이나 어미의 형태가 바뀌지 않거나 혹은 바뀌더라도 규칙으로 설명할 수 있다면 규칙 활용으로 간주한다.

① '흐르다'가 '흘러'와 같이 활용할 때 어간의 형태가 바뀌는 것을 음운의 규칙으로 설명할 수 없으므로 불규칙 활용이다.
② '잡다'가 '잡아'와 같이 활용하는 것은 어간과 어미의 형태가 모두 변하지 않으므로 규칙 활용이다.
③ '모으다'가 '모아라'와 같이 활용하는 것은 음운 규칙으로 설명할 수 없는 변화이므로 불규칙 활용이다.
④ '(그곳에) 이르다'가 '이르러'와 같이 활용할 때 어미의 형태가 바뀌는 것을 음운의 규칙으로 설명할 수 없으므로 불규칙 활용이다.
⑤ '파랗다'가 '파래'와 같이 활용할 때 어간과 어미의 형태가 모두 바뀌는 것을 음운의 규칙으로 설명할 수 없으므로 불규칙 활용이다.

07
본용언과 보조 용언

〈보기〉를 이해한 내용으로 적절하지 않은 것은?

┤ 보기 ├

본용언은 단독으로 쓰여도 서술어로서의 기능을 가질 수 있는 용언을 말한다. 이에 반해 보조 용언은 본래의 어휘적 의미를 잃어버리고 본용언 뒤에서 동작의 완료, 진행, 유지 등의 문법적 의미를 더해 주는 용언을 말한다. 예를 들면 '잡고 있던 손을 놓았다.'의 '놓았다'는 본용언으로 쓰여 '손으로 무엇을 쥐거나 잡거나 누르고 있는 상태에서 손을 펴거나 힘을 빼서 잡고 있던 물건이 손 밖으로 빠져나가게 하다.'라는 어휘적 의미를 나타낸다. 반면, '문을 열어 놓았다.'의 '놓았다'는 '앞말이 뜻하는 행동을 끝내고 그 결과를 유지함을 나타내는 말'로서 본래의 어휘적 의미는 잃고 문법적 의미만을 지닌다. 한편 본용언과 보조 용언이 연결될 때는 이 두 용언을 연결해 주는 어미가 본용언에 결합되어야 하는데, 이를 '보조적 연결 어미'라고 한다. 동일한 보조 용언이더라도 어떤 보조적 연결 어미에 의해 결합되는지에 따라 다른 의미로 쓰이기도 한다.

① '버스가 떠나 버렸다.'의 '버렸다'는 앞의 용언 '떠나'에 완료의 의미를 더해 주는 기능을 한다.
② '형광등을 켜 두었다.'의 '두었다'는 '일정한 곳에 놓다.'라는 어휘적 의미 대신 문법적 의미로 쓰이는 경우에 해당한다.
③ '그에게 관심을 주었다.'의 '주었다'는 '숙제를 대신 해 주었다.'의 '주었다'와는 달리 단독으로 서술어의 기능을 하고 있다.
④ '점차 날이 밝아 왔다.'의 '-아'와 '아기가 나를 향해 기어 왔다.'의 '-어'는 모두 본용언과 보조 용언을 연결하는 기능을 한다.
⑤ '찬우는 의자에 앉고 있다.'의 '있다'는 '-고' 뒤에서 '앉다'라는 동작의 진행을, '영우는 의자에 앉아 있다.'의 '있다'는 '-아' 뒤에서 '앉다'라는 동작의 완료를 나타낸다.

[01~02] 다음 글을 읽고 물음에 답하시오.

단어를 공통된 성질에 따라 분류한 것을 '품사'라 한다. 품사 분류의 기준으로는 일반적으로 '형태, 기능, 의미'가 있다. '형태'는 단어가 활용하느냐 활용하지 않느냐에 관한 것이고 '기능'은 단어가 문장에서 하는 역할과 관련된다. '의미'는 단어의 구체적인 의미가 아니라 단어 부류가 가지는 추상적인 의미를 말한다.

이러한 기준의 전체 혹은 일부를 적용하여 ㉠활용하지 않으며 사물의 이름을 나타내는 말, ㉡활용하고 사물의 동작이나 작용을 나타내는 말, ㉢활용하지 않으며 수량이나 순서를 나타내는 말, ㉣활용하지 않으며 앞말에 붙어 앞말과 다른 말의 문법적 관계를 나타내거나 특수한 의미를 덧붙이는 말, ㉤활용하지 않으며 뒤에 오는 체언을 수식하는 말 등으로 개별 품사를 분류할 수 있다.

[A] ┌ 그런데 실제로 단어의 품사를 분류할 때에는 분류가 쉽지 않은 것들도 있다. 동사와 형용사의 구별이 대표적인데 사물의 속성이나 상태를 나타내는 형용사와 사물의 작용의 일종인 상태 변화를 나타내는 일부 동사는 의미상 매우 밀접하여 좀 더 세밀하게 구분하여야 한다. 가령 '햇살이 밝다'에서의 '밝다'는 상태를 나타내는 형용사이고, '날이 밝는다'에서의 '밝다'는 상태의 변화를 나타내는 동사이다. 동사와 형용사를 구별하는 또 다른 기준으로 활용 양상을 내세우기도 한다. 동사와 달리 형용사는 원칙적으로 선어말 어미 '-ㄴ/는-', 관형사형 어미 '-는', 명령형·청유형 종결 어미, 의도나 목적을 나타내는 연결 어미 등과 결합하여 쓰이지 않는다.

다만, '있다'의 경우는 품사를 분류할 때 더욱 주의해야 한다. '존재', '소유'와 같이 상태의 의미를 나타내는 '있다'는 형용사로, '한 장소에 머묾'의 의미인 '있다'는 동사로 분류되는데, 동사 '있다'뿐만 아니라 형용사의 '있다'가 관형사형 어미 '-는'과 결합하기 때문이다. 형용사 '없다'의 경우도 반의어인 형용사 '있다'와 동일한 활용 양상을 보여 └ 준다.

---

01 품사의 분류 | 고3 모의평가 |

다음 문장에서 ㉠~㉤에 해당하는 예를 찾아 이를 설명한 내용으로 적절하지 않은 것은?

> 옛날 사진을 보니 즐거운 기억 하나가 떠올랐다.

① '옛날, 사진, 기억'은 ㉠에 해당하고 명사이다.
② '보니, 떠올랐다'는 ㉡에 해당하고 동사이다.
③ '하나'는 ㉢에 해당하고 수사이다.
④ '을, 가'는 ㉣에 해당하고 조사이다.
⑤ '즐거운'은 ㉤에 해당하고 관형사이다.

---

02 동사와 형용사의 구별 | 고3 모의평가 |

[A]를 참고하여 〈보기〉를 이해한 내용으로 적절하지 않은 것은?

> ───── 보기 ─────
>
> ⓐ ┌ 영희가 밥을 먹었다. / 꽃이 예뻤다.
>   └ 영희가 밥을 먹는다. / *꽃이 예쁜다.
>
> ⓑ ┌ 영희야, 밥 먹어라. / *영희야, 좀 예뻐라.
>   └ 영희야, 밥 먹자. / *우리 좀 예쁘자.
>
> ⓒ ┌ 밥 먹으려고 식당으로 갔다. / *예쁘려고 미용실에 갔다.
>   └ 밥 먹으러 식당에 갔다. / *예쁘러 미용실에 갔다.
>
> ⓓ ┌ 나에게는 돈이 있다. / 돈이 있는 사람
>   └ 나에게는 돈이 없다. / 돈이 없는 사람
>
> ⓔ ┌ 나무가 크다. / 나무가 쑥쑥 큰다.
>   └ 머리카락이 길다. / 머리카락이 잘 긴다.
>
> ※ '*'는 비문임을 나타냄.

① ⓐ: 동사와는 달리 형용사는 현재를 나타내는 선어말 어미와 결합할 수 없다.
② ⓑ: 동사와는 달리 형용사는 명령형·청유형 어미와 결합할 수 없다.
③ ⓒ: 동사와는 달리 형용사는 의도·목적을 나타내는 연결 어미와 결합할 수 없다.
④ ⓓ: '있다'와 '없다'는 상태의 의미를 나타내지만 동사로 쓰이고 있다.
⑤ ⓔ: '크다'와 '길다'는 형용사, 동사로 모두 쓰이고 있다.

06강 단어의 의미

01 언어의 의미

고난도 해결 TIP ①

언어의 역사성

· 언어는 시간의 흐름에 따라 있던 말이 사라지거나, 새로운 말이 생기기도 하고, 소리나 의미가 변하기도 한다는 본질

⑩ 사라진 말: 미르(용), 즈믄(천)
새로 생긴 말: 인공 지능
소리나 의미가 변한 말: 어리다(어리석다 → 나이가 적다)

언어는 말소리와 의미로 이루어짐.

말소리		의미(意味)
언어의 형식	+	언어의 내용

· 의미의 속성
- 표현과 그 표현이 지시하는 대상 사이의 관계가 반드시 일대일 관계인 것은 아님.
- 지시하는 대상의 의미 영역은 그 경계선이 분명하지 않은 경우가 있을 뿐 아니라, 그 의미의 속성이 고정되어 있지 않고 변하는 경우도 있음.
- 어떤 표현은 관습, 상황, 그리고 말하는 이의 의도나 심리적 태도에 따라 기본 의미와 전혀 다른 것을 의미하는 경우도 있음.

02 단어의 의미 종류

(1) 중심적 의미와 주변적 의미

① 중심적 의미: 한 단어의 가장 기본적이며 핵심적인 의미

② 주변적 의미: 한 단어의 중심적 의미가 확장되어 다르게 쓰이는 의미

⑩
먹다	중심적 의미	밥을 먹다.(음식 따위를 입을 통하여 배 속에 들여보내다.)
	주변적 의미	앙심을 먹다.(어떤 마음이나 감정을 품다.) 나이를 먹다.(일정한 나이에 이르거나 나이를 더하다.)

(2) 사전적 의미와 함축적 의미

① 사전적 의미
- 단어가 지니고 있는 가장 기본적이고 객관적인 의미
- 사전에 등재된 의미 = 개념적 의미, 외연적 의미
  ↳ 일정한 개념이 적용되는 사물의 전 범위

② 함축적 의미
- 사전적 의미에 덧붙여서 연상이나 관습 등에 의하여 형성되는 의미
- 함축적 의미 = 연상적 의미, 내포적 의미
  ↳ 어떤 성질이나 뜻을 속에 품음.

⑩
국화	사전적 의미	국화과의 여러해살이풀
	함축적 의미	절개, 의지

(3) 사회적 의미와 정서적 의미

① 사회적 의미
- 언어를 사용하는 사람의 사회적 환경과 관련되는 의미
- 말하는 사람의 출신 지역, 사회적 지위, 교양 수준 등을 알 수 있음.

② 정서적 의미

– 말하는 사람의 태도나 감정 등을 드러내는 의미

– 말하는 사람의 심리적 상태에 따라 말하는 어조, 세기, 길이가 달라짐.

03 단어 간의 의미 관계

(1) 유의 관계

- 유의어(類義語): 말소리는 다르지만 의미가 서로 비슷한 단어로, 기본 의미는 비슷하지만 가리키는 대상의 범위가 다름.

- 유의 관계: 의미가 같거나 비슷한 둘 이상의 단어가 맺는 의미 관계

  예 가끔 – 더러 – 이따금 – 드문드문 – 때로 – 간혹 – 자주

– 유의 관계의 대부분은 개념적 의미의 동일성을 전제로 함.

– 유의 관계를 이루는 단어들은 기본 의미는 비슷하지만, 어느 경우에나 서로 바꾸어 쓸 수 있는 것은 아님.

예

단어 결합할 수 있는 말	잡다	쥐다
공을	○	○
도둑을	○	×
손끝으로	○	×

→ '잡다'와 '쥐다'는 유의 관계에 놓여 있지만 표에서 보는 바와 같이 미묘한 의미의 차이가 있어 쓰임이 다름.

(2) 반의 관계

- 반의어(反義語): 그 뜻이 서로 정반대되는 관계에 있는 단어

- 반의 관계: 둘 이상의 단어에서 의미가 서로 짝을 이루어 대립하는 관계

  예

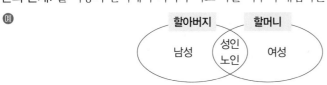

  → '할아버지'와 '할머니'는 '성인'이고 '노인'이라는 공통되는 의미 요소가 있지만, 남성과 여성이라는 '성별'의 차이가 있음.

– 한 쌍의 말 사이에 서로 공통되는 의미 요소가 있으면서 동시에 서로 다른 한 개의 의미 요소가 있어야 함.

– 반의어는 반드시 한 쌍으로만 존재하는 것이 아니라, 한 단어에 여러 개의 단어가 대립하는 경우도 있음.

  예 '서다'는 의미에 따라 '눕다', '가다'와 대립함.

고난도 해결 TIP ②

단어의 의미 자질

• 단어는 '의미 자질'의 결합으로 분석하여 설명할 수 있음.

– 어떤 속성을 가지고 있거나(+), 가지고 있지 않음(–)을 표시함.

– 하나의 단어는 여러 개의 의미 자질의 합으로 표현할 수 있음.

  예 총각: [+미혼][+성인][–여성]

(3) 상하 관계

- 상의어(上義語): 상하 관계의 단어 중 다른 단어를 포함하는 단어
- 하의어(下義語): 상하 관계의 단어 중 다른 단어에 포함되는 단어
- 상하 관계: 한쪽이 의미상 다른 쪽을 포함하거나 다른 쪽에 포함되는 의미 관계
  - 상하 관계를 형성하는 단어들은 상의어일수록 일반적이고 포괄적인 의미를 지니며, 하의어일수록 개별적이고 한정적인 의미를 지님.
  - 하의어는 상의어가 가지고 있는 의미 특성을 자동적으로 가지게 됨.

(4) 다의 관계

- 다의어(多義語): 하나의 단어가 둘 이상의 의미를 가지는 단어
- 다의 관계: 둘 이상의 뜻을 가진 단어들의 의미 관계
  - 다의어의 의미는 중심적 의미와 주변적 의미로 나눌 수 있음.
    - 예) '다리' ─ 중심적 의미: 사람이나 동물의 몸통 아래 붙어 있는 신체 부분
      └ 주변적 의미: 물체의 아래쪽에 붙어서 그 물체를 받치거나 직접 땅에 닿지 아니하게 하거나 높이 있도록 버티어 놓은 부분

(5) 동음이의 관계

- 동음이의어(同音異義語): 소리는 같으나 의미가 다른 단어
- 동음이의 관계: 소리는 같으나 의미가 서로 다른 단어들의 의미 관계
  - 다의어는 서로 다른 의미 사이에 공통점을 찾을 수 있지만 동음이의어는 그들 의미 사이에 공통점을 찾을 수 없음.

예)

감다¹ 「동사」	감다² 「동사」
【…을】((주로 '눈'과 함께 쓰여)) 눈꺼풀을 내려 눈동자를 덮다.	【…을】머리나 몸을 물로 씻다.

→ '감다¹'과 '감다²'는 동음이의어임.
→ 동음이의어는 사전에서 별개의 단어로 등재되며, '감다¹', '감다²'…와 같이 순서를 매겨 제시함.

하의어의 의미적 함의 ← 같은 계층에 있는 하의어들

- 같은 계층에 있는 공하의어 사이에는 비양립 관계가 성립하며 하의어들은 상의어를 의미적으로 함의함.
  - 예) ┌ 상의어: 구기
    └ 공하의어: 축구, 야구, 배구 …
  - → 어떤 구기가 축구이면서 동시에 야구이거나 배구일 수 없는 비양립적 관계가 성립
- 한 상의어가 두 단어만을 공하의어로 포함할 경우 공하의어들 사이에는 상보적 반의 관계가 성립함.
  두 개념이 양분적 대립 관계를 갖는 것
  - 예) ┌ 상의어: 꿩
    └ 공하의어: 장끼, 까투리
  - → 꿩의 수컷인 '장끼'와 암컷인 '까투리'는 상보적 반의 관계가 성립

헷갈려요 Q&A

Q 다의어와 동음이의어는 어떻게 구분하나요?

A 두 단어가 의미상 연상이나 발전 관계라면 다의어로 볼 수 있고, 두 단어가 의미상 연관이 없다면 동음이의어로 볼 수 있어요.

이것만은 꼭!

'단어의 의미'와 관련해서는 '사전 활용하기' 문제가 수능 모의평가 및 수능에서 빠지지 않고 출제되고 있습니다. 이 부분을 잘하기 위해서는 다의어를 중심으로 어휘의 의미를 평소에 꾸준히 익히는 훈련을 하는 것이 최선의 방법입니다. 또한 '단어들의 의미 관계'에서는 각각의 의미 관계에 대한 개념을 명확히 알아두는 것이 문제 해결에 도움이 됩니다.

기출 선택지 OX

1 '타악기'는 '실로폰'의 상의어로서 '실로폰'보다 포괄적인 의미를 갖겠군.   ○ | ×

2 '그 아이는 학교에서 성적이 중간은 간다.'에서 '가다'는 '어떤 현상이나 상태가 유지되다.'의 의미로 사용되었다.   ○ | ×

3 '건물 {속/안}으로 들어가다.'를 통해 '속'과 '안'은 '사물이나 영역의 내부'라는 공통 의미를 지닌 유의어임을 알 수 있다.   ○ | ×

4 '환경에 대한 관심도가 낮다.'에서 '낮다'는 본래 공간과 관련된 중심적 의미를 지니던 것이 추상화되어 주변적 의미도 지니게 된 것이다.   ○ | ×

01 중심적 의미와 주변적 의미　　｜ 고3 모의평가 ｜

〈보기〉를 바탕으로 할 때, ㉠~㉢에 해당하는 단어가 사용된 예로 적절한 것은?

┌─ 보기 ┐

선생님: 신체 관련 어휘는 ㉠신체 부위를 나타내는 중심적 의미가 ㉡주변적 의미로 확장될 수 있어요. 이때 ㉢소리는 같지만 중심적 의미가 다른 단어와 잘 구분해야 합니다. 그럼 아래에서 이러한 의미 관계를 확인해 봅시다.

코¹
• 포유류의 얼굴 중앙에 튀어나온 부분.
• 콧구멍에서 흘러나오는 액체.
코²
• 그물이나 뜨개질한 물건의 눈마다의 매듭.

└─────┘

① ㉠: 묽은 코가 옷에 묻어 휴지로 닦았다.
② ㉠: 어부가 쳐 놓은 어망의 코가 끊어졌다.
③ ㉡: 코끼리는 긴 코를 자유자재로 사용한다.
④ ㉡: 동생이 갑자기 코를 다쳐서 병원에 갔다.
⑤ ㉢: 어머니께서 목도리를 한 코씩 떠 나가셨다.

02 다의어의 의미

〈보기〉의 ㉠~㉤에 들어갈 예문으로 적절하지 않은 것은?

┌─ 보기 ┐

단어	의미	예문
보다	눈으로 대상의 존재나 형태적 특징을 알다.	㉠
	눈으로 대상을 즐기거나 감상하다.	㉡
	상대편의 형편 따위를 헤아리다.	㉢
	어떤 관계의 사람을 얻거나 맞다.	㉣
	음식상이나 잠자리 따위를 채비하다.	㉤

└─────┘

① ㉠: 길을 건널 때에는 신호등을 잘 보고 건너야 한다.
② ㉡: 유진이는 텔레비전을 보다가 잠이 들었다.
③ ㉢: 그녀의 사정을 보니 딱하게 되었다.
④ ㉣: 그는 늦게나마 손자를 보게 되었다.
⑤ ㉤: 여보, 찌개 맛 좀 봐 주세요.

03 (내신 빈출 유형) 단어의 의미 종류와 의미 관계

〈보기〉에 제시된 단어들에 대한 설명으로 적절하지 않은 것은?

┌─ 보기 ┐

배¹ 명
　1 사람이나 동물의 몸에서 위장, 창자, 콩팥 따위의 내장이 들어 있는 곳으로 가슴과 엉덩이 사이의 부위.
　2 긴 물건 가운데의 볼록한 부분.

배³ 명 배나무의 열매.

과일 명 나무 따위를 가꾸어 얻는, 사람이 먹을 수 있는 열매.

└─────┘

① 배¹은 배¹1과 배¹2의 두 가지 의미를 가지는 다의어이다.
② 배¹1은 중심적 의미, 배¹2는 배¹1에서 파생된 주변적 의미이다.
③ 배¹1과 배¹2는 유의 관계에 있으므로 배¹1의 반의어를 배¹2의 반의어로 쓸 수 있다.
④ 배¹과 배³은 형태와 발음은 같으나 의미 간의 공통점이 없는 동음이의 관계에 있다.
⑤ 배³은 단어 '과일'의 의미 요소를 모두 포함하여 가지며, 과일의 하의어에 해당한다.

01 중심적 의미와 주변적 의미 | 고3 모의평가 |

〈보기〉의 ㉠, ㉡에 해당하는 예로 적절하지 <u>않은</u> 것은?

───── 보기 ─────

단어는 다양한 맥락에서 사용되면서 ㉠중심적 의미가 ㉡주변적 의미로 확장되어 다의 관계를 이루기도 한다. 일례로 자연과 관련된 단어가 자연물이나 자연현상을 그대로 나타내는 중심적 의미로 쓰이다가 비유적으로 확장되어 주변적 의미로 사용되기도 한다.

(가) 여름이 오기 전에 홍수를 대비한다.
(나) 우리는 정보의 홍수 시대에 살고 있다.

(가)의 '홍수'는 중심적 의미로, (나)의 '홍수'는 주변적 의미로 사용되었다.

①
┌ ㉠: 천체 망원경으로 밤하늘의 별을 관찰했다.
└ ㉡: 어제 물리학계의 큰 별이 졌다.

②
┌ ㉠: 천둥과 번개를 동반한 비가 내렸다.
└ ㉡: 그는 도망가는 데만큼은 정말 번개야.

③
┌ ㉠: 그는 자신의 뿌리를 찾고자 노력한다.
└ ㉡: 잡초가 다시 자라지 않도록 뿌리를 뽑았다.

④
┌ ㉠: 일출을 기다리는 우리 앞에 붉은 태양이 떠올랐다.
└ ㉡: 그녀는 그가 자기 마음의 태양이라고 말했다.

⑤
┌ ㉠: 들판에는 풀잎마다 이슬이 맺혔다.
└ ㉡: 그녀의 두 눈에 맺힌 이슬이 뜨겁게 흘러내렸다.

02 ⁺킬러문항 국어사전의 표제어와 예문 | 수능 |

〈보기〉를 활용하여 국어사전을 만드는 활동을 하였다. 표제어 ⓐ와 예문 ⓑ, ⓒ에 들어갈 말로 적절한 것은?

───── 보기 ─────

㉠ 약속 날짜를 너무 밭게 잡았다.
㉡ 서로 밭게 앉아 더위를 참기 어려웠다.
㉢ 시간이 더 필요한데 제출 기한을 너무 바투 잡았다.
㉣ 어머니는 아들에게 바투 다가가 두 손을 움켜쥐었다.
⋮

┌─────────────────────────────┐
│ ┌─── ⓐ ───┐   │
│ ① 두 대상이나 물체의 사이가 썩 가깝게. │
│   ¶ ┌─── ⓑ ───┐   │
│ ② 시간이나 길이가 아주 짧게.   │
│   ⋮   │
│   │
│ 밭다 [형]   │
│ ① 시간이나 공간이 다붙어 몹시 가깝다. │
│   ¶ ┌─── ⓒ ───┐   │
│ ② 길이가 매우 짧다.   │
│   ¶ 새로 산 바지가 **밭아** 발목이 다 보인다. │
│ ③ 음식을 가려 먹는 것이 심하거나 먹는 양이 적다. │
│   ¶ 우리 아들은 입이 너무 **밭아서** 큰일이야. │
│   ⋮   │
└─────────────────────────────┘

	ⓐ	ⓑ	ⓒ
①	밭게 [부]	㉠	㉡
②	밭게 [부]	㉡	㉢
③	밭게 [부]	㉡	㉣
④	바투 [부]	㉢	㉠
⑤	바투 [부]	㉣	㉠

03 언어의 의미 변화 〔고난도 해결 TIP ①〕

| 고3 학력평가 |

〈보기 1〉을 참고하여 〈보기 2〉를 이해한 내용으로 적절하지 않은 것은?

---- 보기 1 ----

언어의 의미는 끊임없이 변화한다. 원래 '주책'은 '일정하게 자리 잡힌 주장이나 판단력'이라는 의미였다. 그런데 '주책없다'처럼 '주책'이 주로 '없다'와 함께 쓰이다 보니 부정적인 의미도 갖게 되었다. 즉, '주책'은 '일정한 줏대가 없이 되는 대로 하는 짓'이란 의미도 갖게 되어 '주책없다'와 '주책이다'가 같은 의미로 쓰이게 되었다. 한편 '에누리'는 상인과 소비자가 물건값을 흥정하는 상황에서 자주 쓰이다 보니 '값을 올리는 일'이라는 의미뿐만 아니라 '값을 내리는 일'이라는 의미로도 쓰이게 되었다.

---- 보기 2 ----

ㄱ. 다른 사람의 말에 쉽게 흔들리는 것을 보니 그는 주책이 없구나.
ㄴ. 뜬금없이 그런 말을 하다니 그도 참 주책이다.
ㄷ. 에누리를 해 주셔야 다음에 또 오지요.
ㄹ. 그 가게는 에누리 없이 장사를 해서 적게 팔고도 많은 이윤을 남긴다.

① ㄱ의 '주책'은 '일정하게 자리 잡힌 주장이나 판단력'의 의미로 쓰였군.
② ㄴ의 '주책'은 부정적인 의미로 쓰였군.
③ ㄴ의 '주책이다'는 '주책없다'로도 바꿔 쓸 수 있겠군.
④ ㄷ의 '에누리'는 '값을 올리는 일'의 의미로 쓰였군.
⑤ ㄹ의 '에누리'는 '값을 내리는 일'의 의미로 볼 수 있겠군.

04 사전적 의미와 함축적 의미 〔내신 빈출 유형〕

〈보기〉의 ㉠과 ㉡에 해당하는 예로 적절하지 않은 것은?

---- 보기 ----

어떤 낱말이 지니고 있는 가장 기본적이고 객관적인 의미를 ㉠사전적 의미라고 한다. 즉, '여성'이라고 했을 때, '사람, 남성과 대립되는 말' 등과 같이 가장 먼저 기본적으로 생각할 수 있는 의미가 바로 사전적인 의미이다. 정보 전달이 주가 되는 설명문 같은 경우에는 주로 이러한 사전적 의미로 의사소통이 이루어진다.

한편, 사전적 의미에 덧붙어서 연상이나 관습 등에 의하여 형성되는 의미를 ㉡함축적 의미라고 한다. 예를 들어, '여성'이라는 단어를 접할 때에 '꼼꼼하다, 섬세하다' 등의 생각을 떠올릴 수 있는데, 이러한 의미들이 바로 함축적 의미이다. 특히 시 같은 문예문의 경우, 주로 이러한 함축적 의미에 의지하여 작품을 창작하고 이해하며 감상하곤 한다.

① ㉠: 생물의 몸은 70% 이상이 물로 되어 있다.
 ㉡: 그는 서울 물이 들어 멋쟁이가 되었다.
② ㉠: 주희는 고기를 굽다가 불에 데었다.
 ㉡: 그들의 사랑에 불이 붙었다.
③ ㉠: 오늘은 바람이 세게 불겠습니다.
 ㉡: 그는 뱃속에 바람이 잔뜩 들었다.
④ ㉠: 내 마음은 호수요.
 ㉡: 이 호수의 깊이는 얼마나 될까?
⑤ ㉠: 인선이의 어머니는 정말 미인이시다.
 ㉡: 노력은 성공의 어머니다.

05 주변적 의미의 구별

〈보기〉의 ㉠에 대한 이해를 바탕으로 밑줄 친 부분의 의미를 파악한 내용으로 적절하지 않은 것은?

---- 보기 ----

'가다'의 중심적인 의미는 '한곳에서 다른 곳으로 장소를 이동하다.'이다. 이는 여러 주변적 의미들이 공통으로 가지고 있는 가장 기본적인 의미로, 사전에서 제일 먼저 풀이되는 것이 상례이다. '가다'의 경우에는 앞서 언급한 중심적 의미 외에 많은 ㉠주변적 의미를 가지고 있다.

- 집에 갈거야?
- 눈가에 주름이 가다.
- 혁이는 성적이 중간은 간다.

위 예문에서 '집에 갈거야?'의 '가다'는 중심적 의미를 나타내고 있는 반면, '눈가에 주름이 가다.'와 '혁이는 성적이 중간은 간다.'의 '가다'는 각각 '금, 줄, 주름살, 흠집 따위가 생기다.'와 '어떤 대상을 기준으로 해서 어느 정도까지 이르다.'라는 주변적 의미를 나타낸다.

① 그 대답은 수긍이 간다.
→ 어떤 일에 대하여 납득이나 이해, 짐작 따위가 되다.
② 이 세제는 얼룩이 잘 간다.
→ 때나 얼룩이 잘 빠지다.
③ 나물이 시큼하게 맛이 갔다.
→ 그러한 상태가 생기거나 일어나다.
④ 농사일에는 품이 많이 간다.
→ 어떤 일을 하는 데 수고가 많이 들다.
⑤ 관절에 무리가 가는 운동은 삼가시오.
→ 건강에 해가 되다.

06 국어사전의 활용

다음에 제시된 국어사전의 정보를 완성한다고 할 때, ㉠~㉤에 대한 설명으로 적절하지 않은 것은?

무르다¹「동사」〔 ㉠ 〕
1【…을】
「1」사거나 바꾼 물건을 원래 임자에게 도로 주고 돈이나 물건을 되찾다.
¶ (㉡   )
「2」이미 행한 일을 그 전의 상태로 돌리다.
2【…으로】
있던 자리에서 뒤로 옮기다.

무르다²「 ㉢ 」〔물러, 무르니〕
1 여리고 단단하지 않다.
¶ 무른 뼈가 굳어지기 전에 자세를 잡아야 한다.
2 물기가 많아서 단단하지 않다. ·····················㉣
3 (㉤   )
¶ 그 친구 그렇게 물러서 이 험한 세상을 어찌 살까?
4 일 처리나 솜씨가 야무지지 못하다.
¶ 그렇게 무르게 일을 처리한단 말이오?

① ㉠에 들어갈 활용형은 '물러, 무르니'이다.
② ㉡에는 '한번 저지른 실수는 처음대로 무를 수가 없다.'를 넣을 수 있다.
③ ㉢에 들어갈 말은 '형용사'이다.
④ '굳은 땅과 진 땅'의 '굳은'은 ㉣과 반의 관계이다.
⑤ ㉤에 들어갈 말은 '마음이 여리거나 힘이 약하다.'이다.

복합으로 완성하기

[01~02] 다음 글을 읽고 물음에 답하시오.

다의어란 두 가지 이상의 의미를 가진 단어를 말한다. 다의어에서 기본이 되는 핵심 의미를 중심 의미라고 하고, 중심 의미에서 확장된 의미를 주변 의미라고 한다. 중심 의미는 일반적으로 주변 의미보다 언어 습득의 시기가 빠르며 사용 빈도가 높다. 그러면 다의어의 특징에 대해 좀 더 알아보자.

첫째, 주변 의미로 사용되었을 때는 문법적 제약이 나타나기도 한다. 예를 들면 '한 살을 먹다'는 가능하지만 '한 살이 먹히다'나 '한 살을 먹이다'는 어법에 맞지 않는다. 또한 '손'이 '노동력'의 의미로 쓰일 때는 '부족하다, 남다' 등 몇 개의 용언과만 함께 쓰여 중심 의미로 쓰일 때보다 결합하는 용언의 수가 적다.

둘째, 주변 의미는 기존의 의미가 확장되어 생긴 것으로서, 새로 생긴 의미는 기존의 의미보다 추상성이 강화되는 경향이 있다. '손'의 중심 의미가 확장되어 '손이 부족하다', '손에 넣다'처럼 각각 '노동력', '권한이나 범위'로 쓰이는 것이 그 예이다.

셋째, 다의어의 의미들은 서로 관련성을 갖는다.

줄 명

① 새끼 따위와 같이 무엇을 묶거나 동이는 데에 쓸 수 있는 가늘고 긴 물건. 예 줄로 묶었다.

② 길이로 죽 벌이거나 늘여 있는 것. 예 아이들이 줄을 섰다.

③ 사회생활에서의 관계나 인연. 예 내 친구는 그쪽 사람들과 줄이 닿는다.

예를 들어 '줄'의 중심 의미는 위의 ①인데 길게 연결되어 있는 모양이 유사하여 ②의 의미를 갖게 되었다. 또한 연결이라는 속성이나 기능이 유사하여 ③의 뜻도 지니게 되었다. 이때 ②와 ③은 '줄'의 주변 의미이다.

그런데 ㉠다의어의 의미들이 서로 대립적 관계를 맺는 경우가 있다. 예를 들어 '앞'은 '향하고 있는 쪽이나 곳'이 중심 의미인데 '앞 세대의 입장', '앞으로 다가올 일'에서는 각각 '이미 지나간 시간'과 '장차 올 시간'을 가리킨다. 이것은 시간의 축에서 과거나 미래 중 어느 방향을 바라보는지에 따른 차이로서 이들 사이의 의미적 관련성은 유지된다.

---

01 고난도 해결 TIP ③
다의어의 의미 이해 | 수능 |

윗글을 참고하여 추론한 내용으로 적절하지 않은 것은?

① 대부분의 아이들이 '별'의 의미 중 '군인의 계급장'이라는 의미보다 '천체의 일부'라는 의미를 먼저 배우겠군.

② '앉다'의 의미 중 '착석하다'의 의미로 쓰이는 빈도가 '요직에 앉다'처럼 '직위나 자리를 차지하다'의 의미로 쓰이는 빈도보다 더 높겠군.

③ '결론에 이르다'와 '포기하기에는 아직 이르다'에서 '이르다'의 의미들은 서로 관련성이 없으니, 이 두 의미는 중심 의미와 주변 의미의 관계로 볼 수 없겠군.

④ '팽이를 돌리다'는 어법에 맞는데 '침이 생기다'라는 의미의 '돌다'는 '군침을 돌리다'로 쓰이지 않으니, '군침이 돌다'의 '돌다'는 주변 의미로 사용된 것이겠군.

⑤ 사람의 감각 기관을 뜻하는 '눈'의 의미가 '눈이 나빠져서 안경의 도수를 올렸다'에서의 '눈'의 의미로 확장되었으니, '눈'의 확장된 의미는 기존 의미보다 더 구체적이겠군.

---

02 다의어의 대립적 관계 | 수능 |

밑줄 친 단어들의 의미를 고려하여 ㉠의 예에 해당하는 것만을 〈보기〉에서 있는 대로 고른 것은?

보기

영희: 자꾸 말해 미안한데 모둠 발표 자료 좀 줄래?

민수: 너 빚쟁이 같다. 나한테 자료 맡겨 놓은 거 같네.

영희: 이틀 뒤에 발표 사전 모임이라고 금방 문자 메시지가 왔었는데 지금 또 왔어. 근데 빚쟁이라니, 내가 언제 돈 빌린 것도 아니고……

민수: 아니, 꼭 빌려 준 돈 받으러 온 사람 같다고. 자료 여기 있어. 가현이랑 도서관에 같이 가자. 아까 출발했다니까 금방 올 거야.

영희: 그래. 발표 끝난 뒤에 다 같이 밥 먹자.

---

① 빚쟁이

② 빚쟁이, 금방

③ 뒤, 돈

④ 뒤, 금방, 돈

⑤ 빚쟁이, 뒤, 금방

07강 문장 성분

이 문장

(1) 문장의 특징

- 생각이나 감정을 완결된 내용으로 나타내는 최소의 언어 형식
- 주어와 서술어의 관계를 갖춤.
- 문장이 끝났음을 나타내는 표지가 있음.
  └→ 어떤 사물을 다른 것과 구별하게 하는 것

(2) 문장의 단위

① 어절(語節): 문장을 구성하고 있는 각각의 마디 <예> 나는 학교에 간다. → 3개의 어절
   - 문장 성분의 최소 단위로서 띄어쓰기의 단위가 됨.
   - 조사나 어미와 같이 문법적 기능을 하는 요소들은 앞말에 붙어서 한 어절을 이룸.

② 구(句): 둘 이상의 단어가 모여 절이나 문장의 일부분을 이루는 토막
   - 두 개 이상의 어절이 모여 하나의 단어와 동등한 기능을 함.
   - 주어와 서술어 관계를 가지지 못함.

③ 절(節): 주어와 서술어를 갖추었으나 독립하여 쓰이지 못하고 다른 문장의 한 성분으로 쓰이는 단위
   - 두 개 이상의 어절이 모여 하나의 의미 단위를 이룸.
   - 주어와 서술어의 관계를 갖는 단위를 설정할 수 있음.

명사절	나는 동생이 오기를 기다린다.	관형절	그것은 내가 보던 책이다.
부사절	영수는 밤이 새도록 공부했다.	서술절	철수는 다리가 길다.
인용절	그는 영희가 예쁘다고 말했다. / 그는 "영희가 예쁘다."라고 말했다.		

02 문장 성분

문장 안에서 문장을 구성하면서 일정한 문법적 기능을 하는 부분

(1) 주성분

- 문장을 이루는 데 골격이 되는 문장 성분으로, 주어, 서술어, 목적어, 보어가 있음.

① 주어
- 동작이나 상태, 성질의 주체가 되는 문장 성분
- 문장에서 '누가', '무엇이'에 해당하는 말
  - 체언+주격 조사(이/가, 께서, 에서 등) <예> 경배가 밥을 먹는다.
  - 체언+보조사(은, 는, 도, 만 등) <예> 영기는 어디 갔니?
  - 체언(주격 조사 생략) <예> 너 공부 좀 해라.

절(節), 구(句), 그리고 문장의 공통점과 차이점

- 공통점: 두 개 이상의 어절이 모여 하나의 의미 단위를 이룬다는 점에서 절은 구와 비슷함.
- 차이점: 절은 주어와 서술어를 갖고 있다는 점에서 구와 구별되고, 더 큰 문장 속에 들어 있다는 점에서 문장과 구별됨.

② 서술어

- 주어의 동작, 상태, 성질 등을 서술하는 문장 성분
- 문장에서 '어찌하다', '어떠하다', '무엇이다'에 해당하는 말
 – 동사/형용사 예 수민이가 달린다. / 바다가 깨끗하다.
 – 체언＋서술격 조사(이다) 예 정현이는 학생이다.
 – 체언(서술격 조사 생략) 예 인선이가 성공!
- 서술어의 자릿수: 서술어가 그 성격에 따라서 필요로 하는 문장 성분들의 개수

종류	필요한 문장 성분	예시
한 자리 서술어	주어	그녀는 예뻤다.
두 자리 서술어	주어＋목적어 주어＋보어 주어＋부사어	그는 연극을 보았다. 물이 얼음이 되었다. 우정은 보석과 같다.
세 자리 서술어	주어＋목적어＋부사어 주어＋부사어＋목적어	동생은 귤을 바구니에 넣었다. 할아버지께서 우리들에게 세뱃돈을 주셨다.

③ 목적어

- 서술어의 동작 대상이 되는 문장 성분
- 문장에서 '누구를', '무엇을'에 해당하는 말
 – 체언＋목적격 조사(을/를) 예 차가 도로를 달린다.
 – 체언＋보조사(도, 만 등) 예 우리 과일도 먹을까?
 – 체언＋보조사＋목적격 조사 예 나는 너만을 사랑해!
 – 체언(목적격 조사 생략) 예 난 튤립 좋아해.

④ 보어

- 주어와 서술어만으로는 뜻이 완전하지 못한 문장에서, 그 불완전한 곳을 보충하여 뜻을 완전하게 하는 수식어
- '되다', '아니다' 앞에 보격 조사 '이', '가'를 취하여 나타나는 문장 성분
 – 체언＋보격 조사(이/가) 예 성미가 반장이 되었다. 소희는 대학생이 아니다.

(2) 부속 성분

- 주로 주성분의 내용을 수식하는 문장 성분으로, 관형어와 부사어가 있음.

① 관형어

- 체언 앞에서 체언을 꾸며 주는 문장 성분
 – 관형사 예 아기가 새 옷을 입었다.
 – 체언＋관형격 조사(의) 예 나는 너의 미소를 좋아해.
 – 체언(관형격 조사 생략) 예 소녀는 시골 생활에 만족한다.
 – 용언 어간＋관형사형 어미(–(으)ㄴ, –는, –던, –(으)ㄹ) 예 원지는 작은 꿈을 꾸었다.

고난도 해결 TIP ②

목적어의 파악

- 목적어는 목적격 조사 '을', '를'과 결합함. 이때 목적격 조사가 생략되는 경우도 있고, 보조사가 결합하는 경우도 있으므로 임의로 '을', '를'을 넣어서 말이 되는지 살펴보면 목적어를 쉽게 찾을 수 있음.

헷갈려요 Q&A

Q 서술어 '되다/아니다' 앞에는 보어만 오나요?

A 일반적으로 서술어 '되다, 아니다' 앞에 오는 문장 성분을 보어라고 생각해요. 하지만 앞에 오는 말이 반드시 보격 조사 '이/가'를 가지고 있어야만 보어라고 할 수 있어요. 다만 견해에 따라 체언에 보조사가 붙은 말도 보어로 보기도 해요.
예 물이 얼음이 되었다.
       보어
    물이 얼음으로 되었다.
       부사어

② 부사어

• 주로 용언이나 다른 부사, 관형어, 문장 전체를 꾸며 주는 문장 성분

- 부사 예 그 꽃은 참 예쁘다.

- 부사＋보조사 예 딸기가 무척이나 맛있다.

- 체언＋부사격 조사(에, 에서, (으)로, 와/과 등) 예 나는 집으로 갔다.

- 용언 어간＋부사형 어미(−게, −도록) 예 시간이 빠르게 흘러간다.

• 필수적 부사어: 문장을 구성하는 데 꼭 필요해서 생략할 수 없는 부사어

체언＋와/과＋대칭 동사	같다, 닮다, 다르다, 틀리다, 비슷하다 예 당근은 양파와 다르다.
체언＋에/에게＋일부 동사	넣다, 드리다, 주다 예 태호가 주연이에게 선물을 주었다.
체언＋에게＋사동사	먹이다, 입히다 예 아빠가 아이에게 옷을 입혔다.

(3) 독립 성분

• 문장의 주성분이나 부속 성분과 밀접한 관계를 맺지 않는 문장 성분으로, 독립어가 있음.

• 독립어: 문장의 다른 성분과 밀접한 관계없이 독립적으로 쓰는 문장 성분

- 감탄사 예 어머나, 세상에!

- 체언＋호격 조사(아, 야 등) 예 다혜야, 산에 가자.

- 제시어 예 봄, 이것은 듣기만 해도 가슴이 뛰는 말이다.

- 대답하는 말 예 네, 맞습니다.

기출 선택지 OX

1 '그가 마침내 대학생이 되었다.'와 '이 전시장은 창문이 아주 많다.'에는 부사어가 있다.	○ ㅣ ×
2 '아이들이 얼음을 빠르게 녹였다.'와 '그 산이 잘 보였다'는 서술어 자릿수가 서로 같다.	○ ㅣ ×
3 '바다가 눈이 부시게 파랗다.'에서 '바다가'는 주어, '눈이 부시게'는 관형어의 기능을 한다.	○ ㅣ ×
4 '아영이는 차마 친구에게 사실을 말하였다.'는 관형어와 서술어 간의 호응이 이루어지지 않는 문장이다.	○ ㅣ ×
5 '그는 위기를 기회로 삼았다.'의 '삼았다'는 주어 이외에도 두 개의 문장 성분을 필수적으로 요구한다.	○ ㅣ ×

01 부사어의 특성 　　　　　　　　　　　　　| 수능 |

다음은 부사어에 대해 탐구한 것이다. 탐구 내용으로 적절하지 않은 것은?

①
- 하늘이 눈이 부시게 푸른 날이다.
→ 절인 '눈이 부시게'가 부사어로 쓰였군.

②
- 함박눈이 하늘에서 펑펑 내리고 있다.
→ 부사격 조사가 결합한 '하늘에서'와 부사 '펑펑'이 부사어로 쓰였군.

③
- 그는 너무 헌 차를 한 대 샀다.
→ 부사어 '너무'가 서술어 '샀다'를 수식하는군.

④
- ㉠ 영이는 엄마와 닮았다. / *영이는 닮았다.
- ㉡ 영이는 취미로 책을 읽는다. / 영이는 책을 읽는다.
→ ㉠의 '엄마와', ㉡의 '취미로'는 둘 다 부사어인데, ㉠의 '엄마와'는 ㉡의 '취미로'와 달리 필수 성분이군.

⑤
- ㉠ 모든 것이 재로 되었다. / *모든 것이 되었다.
- ㉡ 모든 것이 재가 되었다. / *모든 것이 되었다.
→ ㉠의 '재로'는 부사어이고 ㉡의 '재가'는 보어로서, 문장 성분은 서로 다르지만 서술어가 반드시 필요로 하는 성분이라는 점에서는 같군.

※ '*'는 비문임을 나타냄.

02 문장 성분의 호응 　　　　　　　　　　　| 수능 |

〈보기〉의 ㉠에 들어갈 예로 가장 적절한 것은?

┤ 보기 ├

"확실한 사실은 그가 지금까지 성실하게 살아왔다."는 주어인 '사실은'과 호응하는 서술어가 없어서 잘못된 문장이다. 이와 같이 주어와 서술어 사이에 호응이 이루어지지 않은 또 다른 문장의 예는 다음과 같다.

㉠

① 회원들은 상품 구매를 싸게 구입할 수 있다.
② 이 글의 특징은 길이가 짧지만 인상은 강하다.
③ 아들의 성공 소식은 부모님께 여간한 기쁨이었다.
④ 새 기계는 유해 물질과 연료 효율을 높여 주었다.
⑤ 그는 자신의 행복한 마음을 형언할 방법을 찾았다.

03 (내신 빈출 유형) 관형어의 특성

〈보기〉는 '관형어'에 대한 설명이다. 밑줄 친 말 중, ㉠에 해당하는 예로 적절한 것은?

┤ 보기 ├

체언 앞에서 체언의 뜻을 꾸며 주는 구실을 하는 문장 성분을 관형어라고 한다. 관형어가 되는 경우는 관형사, 체언에 관형격 조사 '의'가 붙은 말, '의'가 생략되고 체언 단독, ㉠용언의 관형사형 등이 있다.

① 찬란한 문화의 꽃을 피우다.
② 다친 손톱이 빠지고 새 손톱이 돋다.
③ 우리 학교 교정은 넓지는 않지만 깨끗하다.
④ 그는 다른 곳에서 자라서 이곳 물정을 잘 모른다.
⑤ 요즘 젊은이들이 경제적 능력을 갖추는 것은 쉽지 않다.

01 주어의 형태와 기능 | 고3 학력평가 |

㉠~㉣에 대해 이해한 내용으로 적절한 것은?

> ㉠ 드디어 나도 일을 끝냈다.
> ㉡ 벌써 바깥이 칠흑같이 어둡다.
> ㉢ 신임 장관은 이번 회의에 참석한다.
> ㉣ 새 컴퓨터가 순식간에 고물이 되었다.

① ㉠과 ㉡에서 주어는 명사구에 조사가 붙은 형태이다.
② ㉠과 ㉢에서 격 조사가 문장의 주어를 나타내 주고 있다.
③ ㉡과 ㉢에서 주어는 서술어가 나타내는 동작의 주체이다.
④ ㉢과 ㉣에서 주어는 체언 구실을 하는 구에 조사가 붙은 형태이다.
⑤ ㉣에서는 상태의 변화를 의미하는 서술어의 영향으로 주어가 두 번 쓰였다.

02 †길러문항 서술어의 필수 성분 | 수능 |

밑줄 친 서술어가 요구하는 필수 성분의 개수와 종류가 〈보기〉의 문장과 같은 것은?

> ┤ 보기 ├
> 이곳의 지형은 외적의 침입을 막기에 <u>유리하다.</u>

① 그 광물이 원래는 귀금속에 <u>속했다.</u>
② 그는 바람이 불기에 옷깃을 <u>여몄다.</u>
③ 우리는 원두막을 하루 만에 <u>지었다.</u>
④ 나는 시간이 남았기에 그와 <u>걸었다.</u>
⑤ 나는 구호품을 수해 지역에 <u>보냈다.</u>

03 고난도해결 TIP ❷ 문장의 짜임새 파악 | 고3 모의평가 |

〈보기〉의 ㉠~㉢에 해당하는 예로 적절하지 <u>않은</u> 것은?

> ┤ 보기 ├
> (가)~(다)는 관형절을 안은문장이고 [A]~[C]는 안긴문장인 관형절을 완결된 문장으로 바꾼 것이다. 이를 보면 (가)의 '동생', (나)의 '책', (다)의 '도서관'은 완결된 문장 [A], [B], [C]에서 뒤에 붙는 조사와 함께 각각 ㉠주어, ㉡목적어, ㉢부사어로 기능을 하고 있다.
>
> (가) 어제 책만 읽은 동생에게 오늘은 쉬라고 했다.
>   [A] 동생이 어제 책만 읽었다.
> (나) 아이가 읽은 책은 동화책이다.
>   [B] 아이가 책을 읽었다.
> (다) 형이 책을 읽은 도서관은 집 근처에 있다.
>   [C] 형이 도서관에서 책을 읽었다.

① ㉠ ┌ 어제 결혼한 그들에게 나는 미리 선물을 주었다.
     └ 누나를 많이 닮은 친구를 우리는 오늘도 만났다.
② ㉠ ┌ 나무로 된 탁자에 동생이 낙서를 하고 있다.
     └ 그들은 시대에 뒤떨어진 생각을 여전히 하고 있다.
③ ㉡ ┌ 두 사람이 어제 헤어진 공원이 지금 공사 중입니다.
     └ 나는 어제 부모님이 시키신 일을 오늘에야 다 끝냈다.
④ ㉡ ┌ 친구가 나에게 준 옷이 나는 마음에 든다.
     └ 누나는 털실로 짠 장갑도 내게 주었습니다.
⑤ ㉢ ┌ 아이들이 운동장에서 공을 찬 주말을 기억해 보세요.
     └ 그는 관중이 쓰레기를 남긴 경기장을 열심히 청소했다.

04 서술어의 자릿수

〈보기〉의 ㉠~㉤에 대한 탐구로 적절하지 않은 것은?

| 보기 |

서술어의 자릿수란 서술어가 필수적으로 요구하는 문장 성분의 개수를 의미한다. 그런데 서술어는 문장에서 사용되는 의미에 따라 필수적으로 요구하는 문장 성분이 달라지기도 한다.

	의미	예문
살다	불 따위가 타거나 비치고 있는 상태에 있다.	바람 때문에 불씨가 다시 ㉠살았다.
	본래 가지고 있던 특징 따위가 그대로 있거나 뚜렷이 나타나다.	이 한 구절로 글이 ㉡살았다.
	어떤 직분이나 신분의 생활을 하다.	그는 조선 시대에 오랫동안 벼슬을 ㉢살았다.
놓다	계속해 오던 일을 그만두고 하지 아니하다.	그는 잠시 일손을 ㉣놓았다.
	잡거나 쥐고 있던 물체를 일정한 곳에 두다.	형은 책을 책상 위에 ㉤놓았다.

① ㉠은 주어만 필수적으로 요구하는 한 자리 서술어이군.
② ㉡은 주어와 부사어를 필수적으로 요구하는 두 자리 서술어이군.
③ ㉢은 주어와 목적어를 필수적으로 요구하는 두 자리 서술어이군.
④ ㉣은 주어와 목적어를 필수적으로 요구하는 두 자리 서술어이군.
⑤ ㉤은 주어, 목적어, 부사어를 필수적으로 요구하는 세 자리 서술어이군.

05 서술어의 자릿수

〈보기〉는 서술어의 자릿수에 대한 설명이다. 밑줄 친 ㉠~㉤이 몇 자리 서술어인지 바르게 연결된 것은?

| 보기 |

서술어는 그 성격에 따라서 필요로 하는 문장 성분들의 개수가 다른데, 이를 서술어의 자릿수라고 한다. 예를 들어, 주어 하나만을 필요로 하는 서술어를 (가) 한 자리 서술어라고 하고, 주어와 목적어, 주어와 보어, 그리고 주어와 부사어를 필요로 하는 서술어를 (나) 두 자리 서술어라고 한다. 또 주어와 목적어, 그리고 부사어를 요구하는 서술어를 (다) 세 자리 서술어라고 한다.

• 그는 부당한 요구를 단호하게 ㉠잘랐다.
• 진영아, 이것 좀 가져다 아버지께 ㉡드려라.
• 그 학생이 너를 한참 기다리다 방금 ㉢갔어.
• 덩굴장미의 붉은 꽃잎들이 흐드러지게 ㉣피었다.
• 그녀는 구두와 양말을 벗고 바위에 앉아서 물에 발을 ㉤넣었다.

	(가)	(나)	(다)
①	㉢	㉠, ㉡, ㉣	㉤
②	㉢	㉣, ㉤	㉠, ㉡
③	㉤	㉡, ㉢	㉠, ㉣
④	㉢, ㉣	㉠	㉡, ㉤
⑤	㉢, ㉣	㉠, ㉡	㉤

06 고난도 해결 TIP ❷
명사절의 역할

〈보기〉의 ㉠~㉢에 해당하는 예로 적절하지 않은 것은?

─┤ 보기 ├─

선생님: 명사절은 '-(으)ㅁ', '-기'의 명사형 어미가 결합하는 절차에 의해 만들어집니다. 이렇게 만들어진 명사절은 문장에서 ㉠주어, ㉡목적어, ㉢관형어, 부사어 등 다양한 문장 성분의 역할을 하게 됩니다.

(가) 우리는 그가 성실한 사람임을 알았다.

(가)에서 명사절로 안긴 '그가 성실한 사람임'은 이어지는 서술어 '알았다'의 목적어 역할을 합니다. 특히, '-(으)ㅁ'과는 달리 '-기'가 결합되는 경우에는 격 조사가 생략될 수도 있기 때문에 그 문장 성분의 역할을 잘 살펴봐야 합니다.

① ㉠: 어린이가 그 일을 하기 쉽지 않다.
② ㉡: 가족들은 형이 수능을 잘 보기 바랐다.
③ ㉡: 올해는 너의 일이 술술 풀리기 기대한다.
④ ㉢: 그녀는 정말로 밤에 치킨 시켜먹기 대장이다.
⑤ ㉢: 내가 들어서니까 사람들이 막 웃기 시작했다.

07 문장 성분의 특징

〈보기〉의 ㉠~㉢에 대한 이해로 적절하지 않은 것은?

─┤ 보기 ├─

㉠ 그녀의 마음은 비단결처럼 곱더라.
㉡ 윤주야, 그 사람 참 착하게 생겼어.
㉢ 할머니께서만 나에게 큰 사랑을 주신다.

① ㉠의 '그녀의'와 ㉢의 '큰'은 모두 문장 안에서 명사를 수식하는 기능을 한다.
② ㉠의 '곱더라'는 주어의 상태를, ㉢의 '주신다'는 주어의 행위를 서술하는 성분이다.
③ ㉠의 '비단결처럼'과 ㉢의 '나에게'는 모두 서술어를 수식하는 부속 성분이므로 생략하는 것이 가능하다.
④ ㉡의 '윤주야'와 같이 명사와 호격 조사가 결합한 형태는 다른 문장 성분과 관계를 맺지 않는 문장 성분으로 쓰인다.
⑤ ㉡의 '그 사람'과 ㉢의 '할머니께서만'으로 보아 주어는 조사 없이, 혹은 주격 조사와 보조사 모두와 결합하여 나타나기도 한다.

08 내신 빈출 유형
필수적 부사어

〈보기〉의 ㉠에 해당하는 예로 적절하지 않은 것은?

─┤ 보기 ├─

학생: 선생님, '형이 동생에게 생일 선물을 주었다.'에서 서술어인 '주었다'가 세 자리 서술어라고 배웠는데요. 왜 그런지 잘 이해가 가질 않습니다.
선생님: '형이 동생에게 생일 선물을 주었다.'라는 문장에서 '주었다'는 주어인 '형이'와 목적어인 '생일 선물을'뿐만 아니라 '동생에게'와 같은 부사어도 필수적으로 요구하는 서술어입니다. 따라서 '주었다'는 세 자리 서술어가 맞아요.
학생: 그렇군요. 그렇다면 '부사어'를 반드시 필요로 하는 서술어에는 어떤 것들이 있나요?
선생님: 음, ㉠부사어가 필수 성분으로 쓰인 문장들을 예로 들면서 '부사어'를 반드시 필요로 하는 서술어에는 어떤 것이 있는지 찾아볼까요?

① 아버지는 할아버지와 많이 닮았다.
② 그는 낯선 사람을 친구처럼 대했다.
③ 나는 먹을 것을 놓고 동생과 다퉜다.
④ 우리 큰삼촌은 마지못해 변호사가 되었다.
⑤ 그녀는 고향 친구의 딸을 며느리로 삼았다.

복합으로 완성하기

[01~02] 다음 글을 읽고 물음에 답하시오.

관형어는 체언을 수식하는 문장 성분으로 관형사나 체언이 그대로 관형어가 되기도 하며, 체언에 관형격 조사 '의'가 결합된 형태나 용언의 관형사형으로도 나타난다. 또한 관형절도 관형어의 기능을 한다. 관형어는 필수적인 성분은 아니지만 수식을 받는 체언이 의존 명사이면 그 앞에 반드시 관형어가 와야 한다. 한편 관형격 조사 '의'는 앞과 뒤의 체언을 의미상으로 어떤 관계에 놓이도록 연결하는 역할을 한다. 예를 들어 '조국 통일의 위업'은 앞 체언과 뒤 체언이 ㉠'의미상 동격'의 관계, '나의 옷'은 '소유주-대상'의 관계, '우리의 각오'는 ㉡'주체-행동'의 관계, '조카의 아들'은 '사회적·친족적' 관계로 연결된 것이다.

중세 국어의 관형어도 현대 국어와 같은 방식으로 실현되는 경우가 많았다. 하지만 현대 국어에서는 자주 나타나지 않거나 현대 국어의 관형어와 구별되는 특이한 현상도 있었다.

(가) 사ᄅᆞ미 몸 (사람의 몸)

(나) 불휘 기픈 남ᄀᆞᆫ (뿌리가 깊은 나무는)

(다) 前生앳 이리 (전생에서의 일이)

(라) 아비의 便安히 안존 둘 (아비가 편안히 앉은 것을)

(가)에는 관형격 조사 '익'의 결합에 의한, (나)에는 관형사형 어미 '-(ㅇ/으)ㄴ'이 붙어서 만들어진 관형절에 의한 관형어가 나타난다. 이와 달리 (다)의 '前生앳'은 '체언+부사격 조사'로 이루어진 부사어에 관형격 조사 'ㅅ'이 붙어 관형어가 된 경우이다. (라)의 '아비의'는 '아비가'로 해석되는데, '안존'의 의미상 주어인 '아비'에 주격 조사가 붙지 않고 관형격 조사 '의'가 붙은 것으로 안긴문장의 의미상 주어가 관형격 형태로 나타나는 경우에 해당한다. (다)와 (라) 같은 용법들은 현대 국어에도 일부 남아 있다.

01 관형격 조사의 쓰임 | 고3 학력평가 |

윗글을 참고할 때, ㉠, ㉡에 해당하는 예끼리 묶인 것으로 적절한 것은?

	㉠	㉡
①	너의 부탁	친구의 자동차
②	자기 합리화의 함정	친구의 사전
③	회장의 칭호	영희의 오빠
④	은호의 아버지	친구의 졸업
⑤	질투의 감정	국민의 단결

02 관형어의 특성 | 고3 학력평가 |

윗글을 바탕으로 〈보기〉의 밑줄 친 관형어를 탐구한 내용으로 적절하지 않은 것은?

┌─────── 보기 ───────┐

〈중세 국어의 예〉

ⓐ부텻 것 도족혼 罪   (부처의 것을 도둑질한 죄)

ⓑ시미 기픈 므른   (샘이 깊은 물은)

〈현대 국어의 예〉

ⓒ어머니의 낡은 지갑은

ⓓ저자와의 대화

└────────────────────┘

① ⓐ의 '부텻'은 의존 명사 앞에 쓰여 생략할 수가 없군.

② ⓑ의 '시미 기픈'은 현대 국어와 같은 관형사형 어미가 쓰인 것이군.

③ ⓐ의 '부텻'은 체언에 관형격 조사가 결합한 형태가, ⓑ의 '시미 기픈'은 관형절이 관형어의 기능을 하고 있군.

④ ⓒ의 '어머니의'는 관형절의 의미상 주어가 관형격으로 실현된 것으로 중세 국어의 용법과 관련이 있는 표현이군.

⑤ ⓓ의 '저자와의'는 부사어 뒤에 관형격 조사가 붙어 관형어가 된 것으로 중세 국어에서도 찾을 수 있는 용법이군.

08강 문장 구조

01 문장의 구조

(1) 홑문장

- 문장에서 주어와 서술어의 관계가 한 번만 나타나는 문장
- 절이 아닌 관형어나 부사어가 아무리 많이 나타난다 하더라도 그 문장은 홑문장임.

  예 <u>꽃이</u> <u>예쁘다.</u>
  　　(주어) (서술어)

  　우리 집 정원에 드디어 <u>장미꽃이</u> <u>피었어.</u>
  　　　　　　　　　　　　(주어) 　(서술어)

(2) 겹문장

- 문장에서 주어와 서술어가 두 번 이상 나타나는 문장

  예 이 <u>안개만</u> <u>걷히면</u> <u>비행기가</u> <u>출발한다.</u>
  　　(주어) (서술어) 　(주어) 　(서술어)

- 겹문장에는 홑문장이 다른 문장 속에 한 성분으로 들어가 있는 '안은문장'과 홑문장이 서로 나란히 이어져 있는 '이어진문장'이 있음.
- 홑문장들이 모여 하나의 겹문장이 되는 과정을 문장의 확대라고 함.

  예 <u>꽃이</u> <u>피었다.</u> + <u>꽃이</u> <u>예쁘다.</u> → 예쁜 꽃이 피었다.
  　(주어) (서술어) 　(주어) (서술어)

02 안은문장과 안긴문장

- **안은문장**: 한 문장이 다른 홑문장을 한 성분으로 안아 겹문장이 된 문장
- **안긴문장**: 안은문장 속에 들어가 하나의 성분처럼 쓰이는 문장

(1) 명사절을 안은문장

- **명사절**: 문장에서 명사의 역할을 하는 절
- 명사절은 명사형 전성 어미 '-(으)ㅁ, -기'가 붙어서 만들어짐.
- 명사절은 문장에서 주어, 목적어, 부사어 등 다양한 역할을 함.

  예 그 일은 <u>하기</u>가 쉽지 않다.(주어 역할)
  　우리는 <u>그가 정당했음</u>을 깨달았다.(목적어 역할)
  　지금은 <u>집에 가기</u>에 이른 시간이다.(부사어 역할)

(2) 관형절을 안은문장

- 관형절: 문장에서 관형사형 어미와 결합하여 관형어의 역할을 하는 절
- 관형절은 관형사형 전성 어미 '-(으)ㄴ', '-는', '-(으)ㄹ', '-던' 등이 붙어서 만들어짐.

> 예 네가 좋아할 일이 생겼다.
> 재현이가 온다는 소식을 들었다.

(3) 부사절을 안은문장

- 부사절: 문장에서 부사어의 역할을 하는 절
- 부사절은 부사 파생 접미사 '-이'나 부사형 전성 어미 '-게', '-도록', '-(아/어)서', '-듯이' '-ㄹ수록' 등이 붙어서 만들어짐.

> 예 혜은이는 발에 땀이 나도록 뛰었다.
> 그는 아는 것도 없이 잘난 척을 한다.
> 그곳은 그림이 아름답게 장식되어 있다.

(4) 서술절을 안은문장

- 서술절: 문장에서 절 전체가 서술어의 역할을 하는 절
- 서술절을 안은문장은 한 문장에 주어가 두 개 있는 것처럼 보이는데, 앞에 나오는 주어를 제외한 나머지 부분이 서술절에 해당함.
- 서술절은 절 표지가 따로 없다는 점에서 다른 안긴문장과 차이를 보임.

> 예 현민이는 키가 매우 크다.
> 할아버지께서는 인정이 많으시다.

(5) 인용절을 안은문장

- 인용절: 다른 사람의 말이나 글에서 직접 또는 간접으로 따온 절
- 인용절은 주어진 문장에 인용의 부사격 조사 '고', '라고'가 붙어서 만들어짐.

| 간접 인용절 | 말하는 사람의 표현으로 바꾸어서 간접 인용할 때 | '고'가 붙음. |
| 직접 인용절 | 주어진 문장을 그대로 직접 인용할 때 | '라고'가 붙음. |

> 예 우리는 인간이 누구나 존귀하다고 믿는다.(간접 인용절)
> 아영이는 당황한 어조로 "무슨 일이지?"라고 말하였다.(직접 인용절)

고난도 해결 TIP 2

관형절을 안은문장의 종류
① 관계 관형절: 관형절로 안긴문장에서 안은문장과의 공통 성분이 생략된 관형절
예 어제 내가 본 영화가 참 재밌었다.
(→ 영화가 참 재밌었다.+어제 내가 (영화를) 보았다.) 생략
② 동격 관형절: 관형절로 안긴문장에 생략된 성분이 없는 관형절
예 나는 그가 대학에 합격했다는 소식을 들었다. (→ 나는 소식을 들었다.+그가 대학에 합격했다.)

고난도 해결 TIP 3

관형사형 전성 어미
- 관형사형 전성 어미 '-(으)ㄴ', '-는', '-(으)ㄹ', '-던'은 과거, 현재, 미래, 회상의 시간을 표현하는 데에 사용됨.
예 이 책은 내가 〈읽은/읽는/읽을/읽던〉 책이다. 과거 현재 미래 회상

03 이어진문장

- 둘 이상의 홑문장이 연결 어미에 의해 결합된 문장
- 문장이 이어지는 방법에 따라 대등하게 이어진문장과 종속적으로 이어진문장으로 나뉨.

(1) 대등하게 이어진문장

- 이어지는 홑문장들의 의미 관계가 대등한 관계로 이어진 문장

의미	연결 어미	예시
나열	-고, -(으)며	낮말은 새가 듣고, 밤말은 쥐가 듣는다.
대조	-지만, -(으)나	나는 채소는 싫어하지만, 과일은 좋아해.
선택	-든(지), -거나	내일 소풍을 가든지, 영화를 보든지 하자.

(2) 종속적으로 이어진문장

↗ 어떤 것에 딸려 붙어 있는 것

- 앞 절과 뒤 절의 의미가 독립적이지 못하고 종속적인 관계로 이어진 문장
- 종속적으로 이어진문장에서 앞뒤 문장의 주어가 같을 경우에는 한쪽을 생략해야 자연스러운 문장이 됨.

의미	연결 어미	예시
원인	-(으)니까, -(으)므로, -아서/-어서, -(으)니	비가 와서 길이 질다. 운동을 하니까 살이 빠졌다.
조건	-거든, -(으)면	기업이 없으면 근로자도 없다.
의도	-(으)려고, -도록	한라산 등반을 하려고 우리는 아침 일찍 일어났다.
배경	-는데, -(으)ㄴ데	내가 집에 가는데, 저쪽에서 누군가 달려왔다.
양보	-어도/-아도, -더라도	비가 오더라도, 우리는 내일 출발한다.

기출 선택지 OX

1 '아버지가 만든 책꽂이가 제일 멋있다.'의 안긴문장에는 생략된 문장 성분이 있다.　○ㅣ×

2 '나는 그가 범인이 아니었음에 안도했다.'에는 서술어의 기능을 하는 안긴문장이 있다.　○ㅣ×

3 '동주는 반짝이는 별을 응시했다.'의 '별을'은 안긴문장의 목적어이면서 안은문장의 목적어이다.　○ㅣ×

4 '우리는 봄이 어서 오기를 기다렸다.'에는 목적어의 기능을 하는 안긴문장이 있고 안긴문장 속에 부사어가 있다.　○ㅣ×

5 '형은 머리가 덜 마른 상태로 국어 교과서를 읽었다.'는 관형사절이 꾸미고 있는 명사에 부사격 조사가 붙은 형태이다.　○ㅣ×

이것만은 꼭!

문장의 구조 강에서 안은문장에서는 각 절을 나타내는 표지와 그 절의 문장 속 기능을 알아야 합니다. 그리고 이어진문장에서는 앞 절과 뒤 절이 어떤 의미 관계로 연결되어 있는지를 아는 것이 중요합니다.

01 안긴문장의 분류 | 고3 모의평가 |

〈학습 활동〉을 수행한 결과로 적절한 것은?

┤ 학습 활동 ├

아래 그림에 따라 [자료]의 ㉮~㉱를 분류할 때, ⓒ에 해당하는 것만을 있는 대로 찾아보자.

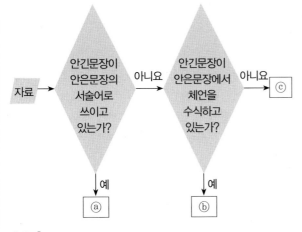

[자료]

㉮ 노래를 <u>부르기</u>가 쉽지가 않다.

㉯ 마당에 <u>아무도 모르게</u> 꽃이 피었다.

㉰ 나는 <u>동생이 오기</u> 전에 학교에 갔다.

㉱ 내 동생은 <u>누구보다 마음씨가</u> 착하다.

① ㉮ ② ㉮, ㉯ ③ ㉰, ㉱

④ ㉮, ㉯, ㉰ ⑤ ㉯, ㉰, ㉱

02 관형절의 부사어 생략

〈보기〉의 선생님의 질문에 해당하는 용례로 가장 적절한 것은?

┤ 보기 ├

선생님: 국어의 문장에서 관형절은 뒤에 오는 명사를 꾸미는 기능을 합니다. 그런데 관형절에서 생략된 성분이 피수식어와 같을 때는 두 번 쓸 필요가 없어서 그 성분을 생략합니다. 예를 들어, '집에 아무도 없다.'와 '집에서 뭐하니?'를 한 문장으로 만들면 '아무도 없는 집에서 뭐하니?'가 되는데 이때 '집에'나 '집에서'는 부사어로 같은 성분이므로 하나가 생략됩니다. 그러면 여러분! 관형절에서 '부사어'가 생략된 문장은 어떤 것인지 찾아볼까요?

① 책이 많은 도서관에서 책을 많이 읽었다.

② 민희는 내가 자기를 사랑한다는 사실을 모른다.

③ 나는 창밖으로 짙푸른 호수를 내려다보고 있다.

④ 민수가 그린 그림이 국전에서 특선으로 입상했다.

⑤ 재래시장 언저리에서 방망이를 깎던 노인이 있었다.

03 내신 빈출 유형 문장 구조의 이해

〈보기〉의 ㉠~㉤을 통해 문장 구조를 이해한 것 중, 적절하지 <u>않은</u> 것은?

┤ 보기 ├

㉠ <u>비가 소리도 없이</u> 내린다.

㉡ <u>그 사람이 범인임</u>이 밝혀졌다.

㉢ 그는 <u>그녀가 약속 장소로 갔다고</u> 말했다.

㉣ 어머니께서는 <u>우리가 먹을</u> 반찬을 사러 가셨다.

㉤ 선생님은 <u>여러분이 모두 합격하기</u>를 기원합니다.

① ㉠~㉤의 밑줄 친 부분은 모두 다른 문장 속에 안긴문장이다.

② ㉠과 ㉡의 밑줄 친 부분은 모두 문장 속에서 주어의 기능을 하고 있다.

③ ㉡의 밑줄 친 부분은 완료된 일을, ㉤은 완료되지 않은 일을 표현한 것이다.

④ ㉢의 밑줄 친 부분은 남의 말이나 글에서 간접으로 따온 것이다.

⑤ ㉣의 밑줄 친 부분에는 목적어가 생략되어 있다.

01 홑문장과 겹문장

| 고3 모의평가 |

〈보기〉의 ㉠~㉤에 해당하는 문장으로 적절하지 <u>않은</u> 것은?

┤ 보기 ├

[학습 활동]

 겹문장은 홑문장보다 복잡한 생각을 효과적으로 표현할 수 있는 장점이 있다. 〈자료〉에 제시된 홑문장을 활용하여 〈조건〉에 해당하는 겹문장을 만들어 보자.

〈자료〉	〈조건〉
• 날씨가 춥다.	㉠ 명사절을 안은문장
• 형은 물을 마셨다.	㉡ 관형절을 안은문장
• 동생은 얼음을 먹었다.	㉢ 부사절을 안은문장
• 동생은 추위와 상관없다.	㉣ 인용절을 안은문장
• 형은 동생에게 불평을 했다.	㉤ 대등하게 이어진문장

① ㉠: 동생은 추운 날씨에도 얼음을 먹었다.

② ㉡: 형은 얼음을 먹는 동생에게 불평을 했다.

③ ㉢: 동생은 추위와 상관없이 얼음을 먹었다.

④ ㉣: 형은 동생에게 날씨가 춥다고 불평을 했다.

⑤ ㉤: 형은 물을 마셨지만 동생은 얼음을 먹었다.

02 명사절의 기능

고난도 해결 TIP ❶

| 고3 모의평가 |

〈보기〉의 ㉠~㉤과 관련된 설명으로 적절한 것은?

┤ 보기 ├

 주기적으로 운동하기가 ㉠건강의 첫걸음이다. 그것을 꾸준하게 ㉡실천하기 ㉢원한다면 제대로 ㉣된 계획 세우기가 ㉤선행되어야 한다.

① ㉠이 서술어인 문장에서 명사절이 주어 기능을 하고 있다.

② ㉡이 서술어인 문장에서 명사절이 목적어 기능을 하고 있다.

③ ㉢이 서술어인 문장에서 명사절이 부사어 기능을 하고 있다.

④ ㉣이 서술어인 문장에서 명사절이 보어 기능을 하고 있다.

⑤ ㉤이 서술어인 문장에서 명사절이 관형어 기능을 하고 있다.

03 안긴문장의 종류와 문장 성분

| 고3 모의평가 |

〈보기〉의 자료를 탐구한 결과로 적절한 것은?

┤ 보기 ├

○ 탐구 과제

 하나의 문장이 안긴문장으로 다른 문장에 안길 때, 원래 있던 문장 성분이 생략되는 경우가 있다. 아래의 각 문장에서 안긴문장을 파악한 후, 생략된 문장 성분이 있다면 무엇인지 확인해 보자.

○ 자료

 ㉠ 부모님은 자식이 건강하기를 바란다.

 ㉡ 그 친구는 연락도 없이 그곳에 안 왔다.

 ㉢ 동생은 자신의 판단이 옳았음을 깨달았다.

 ㉣ 그는 내가 늘 쉬던 공원에서 산책을 했다.

 ㉤ 그 사람들은 아주 어려운 과제를 금방 끝냈다.

		안긴문장의 종류	생략된 문장 성분
①	㉠	부사절	없음
②	㉡	명사절	없음
③	㉢	명사절	주어
④	㉣	관형절	부사어
⑤	㉤	관형절	목적어

04 겹문장의 쓰임
고난도 해결 TIP ❷ ⁺킬러문항

| 수능 |

〈학습 활동〉을 수행한 결과로 적절하지 않은 것은?

─┤ 학습 활동 ├─

겹문장은 다른 문장 속에 들어가 안긴문장으로 쓰일 수 있다. 또한 겹문장은 안은문장에서 다양한 문장 성분으로도 쓰인다. 다음 밑줄 친 겹문장 @~@의 쓰임을 설명해 보자.

• 기상청은 @내일은 따뜻하지만 비가 온다는 예보를 했다.
• 시민들은 ⓑ공원이 많고 거리가 깨끗한 도시를 만들었다.
• ⓒ바람이 거세지고 어둠이 내리기 전에 산에서 내려갔다.
• 나는 나중에야 ⓓ그녀는 왔으나 그가 안 왔음을 깨달았다.
• 삼촌은 주말에 ⓔ꽃이 피고 새가 지저귀는 들판을 거닐었다.

① @는 인용절로 쓰이고 있다.
② ⓑ는 관형절로 쓰이고 있다.
③ ⓒ는 명사절로 쓰이고 있다.
④ ⓓ는 조사와 결합하여 주성분으로 쓰이고 있다.
⑤ ⓔ는 조사와 결합 없이 부속 성분으로 쓰이고 있다.

05 종속적으로 이어진문장
내신 빈출 유형

〈보기 1〉을 바탕으로 〈보기 2〉의 문장들에 대해 설명한 것으로 적절하지 않은 것은?

─┤ 보기 1 ├─

종속적으로 이어진문장은 앞 절과 뒤 절의 의미가 독립적이지 못하고 종속적인 관계에 있는 문장이다. 종속적으로 이어진문장에서 앞 절과 뒤 절은 종속적 연결 어미 '-(아)서', '-(으)면', '-(으)려고', '-는데', '-(으)ㄹ지라도' 등에 의하여 이어지며, 앞 절은 뒤 절과 '원인, 조건, 의도, 배경, 양보' 등의 의미 관계를 가진다. 그리고 종속적으로 이어진문장에서는 앞 절과 뒤 절에 같은 말이 있으면 그 말이 다른 말로 대치되거나 생략되고, 앞 절이 뒤 절 속으로 이동하기도 한다.

─┤ 보기 2 ├─

㉠ 눈이 와서 길이 미끄럽다.
㉡ 누구나 부지런히 일하면 성공한다.
㉢ 그것이 금덩이라도 나는 안 가진다.
㉣ 집을 마련하려고 어머니는 저축을 하신다.

① ㉠~㉣은 모두 앞 절과 뒤 절의 의미가 종속적인 관계에 있는 문장이다.
② ㉠의 앞 절은 뒤 절 속으로 이동하기도 한다.
③ ㉡~㉣의 앞 절과 뒤 절에서 생략된 문장 성분은 모두 주어이다.
④ ㉢에서 앞 절과 뒤 절의 의미 관계를 나타내는 표지는 '-라도'이다.
⑤ ㉣에서 앞 절과 뒤 절은 '의도'의 의미 관계를 가진다.

06 이어진문장과 안은문장

〈보기〉를 참고하여 ㄱ~ㅁ의 문장에 대해 탐구한 내용으로 적절하지 않은 것은?

> ┤ 보기 ├
>
> 두 개 이상의 문장으로 이루어진 문장을 겹문장이라고 한다. 겹문장에는 문장들이 서로 나란히 이어지는 '이어진문장'과 한 문장이 다른 문장의 문장 성분이 되는 '안긴문장'을 포함한 '안은문장'이 있다. 이어진문장은 다시 나열, 대조, 선택의 의미를 지닌 '-고, -(으)며, -(으)나, -지만'의 연결 어미로 대등하게 이어진문장과 원인, 조건, 양보 등의 의미를 지닌 '-(으)므로, -(다)면, -더라도' 등의 연결 어미로 이어진 종속적으로 이어진문장으로 나뉜다.
>
> ㄱ. 나는 국어를 좋아하고 수학을 싫어한다.
> ㄴ. 그는 책을 보면서 밥을 먹는다.
> ㄷ. 인생은 짧고 예술은 길다는 말이 있다.
> ㄹ. 비가 많이 오면 과일의 당도가 떨어진다.
> ㅁ. 국제 대회에서 상을 받은 그 영화는 내일 개봉한다.

① ㄱ은 '나는 국어를 좋아한다.'와 '나는 수학을 싫어한다.'의 두 문장이 이어진문장이다.
② ㄴ은 앞 절과 뒤 절의 순서를 바꾸어도 의미가 동일하다.
③ ㄷ의 서술어는 '말이 있다'이므로 ㄷ은 서술절을 안은문장이다.
④ ㄹ은 '-면'이라는 연결 어미로 보아 종속적으로 이어진문장이다.
⑤ ㅁ에서는 관형절로 사용된 안긴문장의 주어가 생략되어 있다.

07 고난도 해결 TIP ②
관형절의 구성

〈보기〉의 선생님의 질문에 답한 내용으로 적절하지 않은 것은?

> ┤ 보기 ├
>
> **선생님:** 한 문장이 다른 문장을 안는 방식으로 문장을 구성할 때가 있습니다. 이때 문장 속에 들어가 하나의 문장 성분처럼 쓰이는 문장을 안긴문장이라고 하며, 이 안긴문장을 포함한 문장을 안은문장이라고 합니다. 안긴문장에는 명사절, 관형절, 부사절, 서술절, 인용절이 있는데 이 가운데 관형절은 서술어로 쓰이는 용언이 서술 기능을 그대로 유지하면서 안은문장의 체언을 수식하는 관형어로 쓰입니다.
>
> 그러면 이를 바탕으로 다음 문장들에 대해 설명해 볼까요?
>
> ---
>
> ㄱ. 독서를 하는 학생들이 점점 줄고 있다.
> ㄴ. 내가 어제 만난 친구는 농구 선수이다.
> ㄷ. 내가 살던 집은 지붕이 낡아서 위험하다.
> ㄹ. 나는 그 사실을 누나를 만난 다음에 깨달았다.
> ㅁ. 비가 소리도 없이 내려 굳어 있던 땅을 촉촉하게 적셨다.

① ㄱ은 '학생들이 독서를 한다.'라는 문장이 관형절로 안겨 있는 문장입니다.
② ㄴ은 '내가 어제 친구를 만났다.'라는 문장이 관형절로 안겨 있는 문장입니다.
③ ㄷ은 '내가 집에서 살았다.'라는 문장이 관형절로 안겨 있는 문장입니다.
④ ㄹ은 '내가 누나를 만났다.'라는 문장이 관형절로 안겨 있는 문장입니다.
⑤ ㅁ은 '비가 소리도 없다.'라는 문장이 관형절로 안겨 있는 문장입니다.

[01~02] 다음 글을 읽고 물음에 답하시오.

문장은 주어와 서술어 관계가 한 번 나타나는 홑문장과 두 번 이상 나타나는 겹문장으로 나뉘는데, 겹문장에는 이어진문장과 안은문장이 있다.

이어진문장은 둘 이상의 문장이 연결 어미에 의해 대등하게 혹은 종속적으로 결합된 문장을 말한다. 대등하게 이어진문장은 앞뒤 문장이 '나열', '대조' 등의 대등한 의미 관계를 가지며, '-고', '-지만' 등의 연결 어미에 의해 이어진다. 종속적으로 이어진문장은 앞 문장이 뒤 문장의 원인, 조건, 목적 등의 의미를 가지며, '-아서/-어서', '-(으)면', '-(으)러' 등의 연결 어미에 의해 이어진다.

[A]
한 문장이 하나의 성분처럼 기능하는 다른 문장을 안고 있을 때 그것을 안은문장이라 하고, 이때 하나의 성분처럼 기능하는 문장을 안긴문장이라 한다. 안긴문장에는 명사절, 관형절, 부사절, 서술절, 인용절이 있다. 명사절은 '-(으)ㅁ', '-기'가 붙어 만들어지며 문장 안에서 조사와 결합하여 주어, 목적어, 부사어와 같은 다양한 기능을 한다. 관형절은 '-(으)ㄴ', '-는', '-(으)ㄹ' 등이 붙어 뒤의 체언을 꾸민다. 부사어처럼 용언을 수식하는 기능을 하는 부사절은 '-이', '-게', '-도록' 등이 결합하여 이루어진다. 그리고 절 전체가 서술어의 기능을 하는 서술절은 다른 절들과 달리 특별한 표지(標識)가 붙지 않는다. 끝으로 다른 사람의 말이나 자신의 생각 등을 인용한 것을 인용절이라고 하는데, 문장을 그대로 인용하는 직접 인용절에는 '라고'나 '하고'와 같은 조사가, 말하는 사람의 표현으로 바꾸어 인용하는 간접 인용절에는 '고'와 같은 조사가 쓰인다. 한편 안긴문장의 한 요소가 안은문장의 요소와 동일한 경우 생략될 수 있으며, 하나의 안긴문장 안에 또 다른 문장이 안기기도 한다.

중세 국어의 문법 자료에서도 겹문장이 확인된다. 이어진문장은 현대 국어와 마찬가지로 둘 이상의 문장이 연결 어미에 의해 결합되는데, 현대 국어에 사용되지 않는 어미가 붙어 성립되기도 하였다. 안은문장의 경우 명사절이 '-옴/-움'이나 '-디', '-기'에 기대어 나타났으며, 관형절은 '-(으)ㄴ' 외에 'ㅅ'에 기대어 나타나는 경우가 있었다. 그리고 부사절은 현대 국어와 유사한 방식으로 나타났으며, 인용절이나 서술절은 조사나 어미와 같은 표지 없이 나타났다.

01 안은문장과 안긴문장 | 고3 학력평가 |

[A]를 바탕으로 〈보기〉를 이해한 내용으로 적절하지 <u>않은</u> 것은?

┤ 보기 ├

ㄱ. 잘 다져진 음식은 아이가 먹기에 알맞다.
ㄴ. 나는 그가 소리도 없이 사라졌음을 알았다.
ㄷ. 운동장을 달리는 나에게 그가 발밑을 조심하라고 외쳤다.

① ㄱ은 ㄴ과 달리, 명사절에 조사가 붙어 부사어로 기능하고 있다.
② ㄴ은 ㄱ과 달리, 부사절이 사용되어 용언을 수식하고 있다.
③ ㄷ은 ㄴ과 달리, 다른 사람의 말을 말하는 사람의 표현으로 바꾸어 인용한 절이 있다.
④ ㄱ과 ㄷ은 모두 체언을 수식하는 안긴문장의 주어가 생략되어 있다.
⑤ ㄴ과 ㄷ은 모두 하나의 안긴문장 안에 또 다른 문장이 안겨 있다.

02 겹문장의 형성 | 고3 학력평가 |

윗글을 바탕으로 〈보기〉를 탐구한 내용으로 적절하지 <u>않은</u> 것은?

┤ 보기 ├

(가) [중세] 무 술히 멀면 乞食ㅎ디 어렵고
　　 [현대어 풀이] 마을이 멀면 걸식하기 어렵고
　　　　　　　　　　　　　　　 –「석보상절」–
(나) [중세] 이 東山은 남기 됴홀씨 노니논 싸히라
　　 [현대어 풀이] 이 동산은 나무가 좋으므로 내가 노니는 땅이다.
　　　　　　　　　　　　　　　 –「석보상절」–
(다) [중세] 불휘 기픈 남군 부루매 아니 뮐씨 곶 됴코 여름 하느니
　　 [현대어 풀이] 뿌리가 깊은 나무는 바람에 아니 흔들리므로 꽃이 좋고 열매가 많으니
　　　　　　　　　　　　　　　 –「용비어천가」–

① (가)의 '乞食ㅎ디'를 보니 중세 국어에서는 현대 국어와 달리 명사절을 만들 때 '-디'가 사용되었군.
② (나)의 '남기 됴홀씨'가 '이 東山은'의 서술어로서 기능하는 것을 보니 중세 국어에서도 서술절이 사용되었음을 알 수 있군.
③ (다)의 '곶 됴코'를 보니 중세 국어에서도 대등하게 이어진 문장을 만들 때 '-고'를 사용하였음을 짐작할 수 있군.
④ (가)의 '무 술히 멀면'과 (다)의 '불휘 기픈'을 보니 '-(으)ㄴ'이 붙어 관형절이 되었음을 짐작할 수 있군.
⑤ (나)의 '됴홀씨'와 (다)의 '뮐씨'를 보니 현대 국어와 형태는 다르지만 문장을 종속적으로 연결해 주는 표지가 사용되었군.

문장 표현 ①

01 종결 표현

- 문장을 끝맺는 표현
- 국어의 문장은 종결 표현에 따라 전체 문장의 의미가 좌우되는데, 종결 표현을 구체적으로 결정하는 것은 '종결 어미'임.

(1) 평서문

- 화자가 사건의 내용이나 자신의 생각을 객관적으로 진술하는 문장

  → 자기와의 관계에서 벗어나 제삼자의 입장에서 생각하는 것

- 평서형 어미 '-다' 등으로 문장을 끝맺음.

  예 하얀 눈이 왔다. / 우리나라는 사계절이 뚜렷하다.

(2) 의문문

- 화자가 청자에게 질문하여 대답을 요구하는 문장
- 의문형 어미 '-(으)니, -ㄹ까, -(느)냐, -ㄴ가' 등으로 문장을 끝맺음.

설명 의문문	의문사를 사용하여 일정한 설명을 요구하는 의문문 예 어디에서 만나는 게 좋을까?
판정 의문문	의문사 없이 단순히 긍정이나 부정의 대답을 요구하는 의문문 예 지금 밖에 비가 오니?
수사 의문문	굳이 대답을 요구하지 않고, 서술이나 명령의 효과를 내는 의문문 예 그렇게만 되면 얼마나 좋을까?

(3) 명령문

- 화자가 청자에게 무엇을 시키거나 행동을 요구하는 문장
- 명령형 어미 '-(어/아)라, -게' 등으로 문장을 끝맺음.

  예 빗자루를 가져와 바닥을 쓸어라. / 휴지 좀 가져다주게.

(4) 청유문

- 화자가 청자에게 같이 행동할 것을 요청하는 문장
- 청유형 어미 '-자, -세, -ㅂ시다' 등으로 문장을 끝맺음.

  예 함께 밥 먹으러 가자. / 나가서 산책을 합시다.

(5) 감탄문

- 화자가 청자를 별로 의식하지 않거나 혼잣말로 자신의 느낌을 표현하는 문장
- 감탄형 어미 '-구나, -도다' 등으로 문장을 끝맺음.

  예 날씨가 좋구나! / 벚꽃이 매우 아름답도다!

헷갈려요 Q&A

Q 명령문이나 청유문을 만들 때 제약이 있나요?

A 명령문과 청유문은 공통적으로 서술어로 동사만 올 수 있고, 과거형과 함께 쓰일 수 없어요. 다만 명령문의 주어는 항상 청자가 되어야 하지만, 청유문의 주어는 화자와 청자가 함께 포함되어야 해요.

02 높임 표현

• 화자가 어떤 대상에 대해 그의 높고 낮은 정도에 따라 언어적으로 구별하는 표현
• 높임법은 높임의 대상에 따라 상대 높임법, <u>주체</u> 높임법, 객체 높임법으로 나뉨.

└→ 문장 내에서 서술어의 동작이나
상태를 나타내는 대상

(1) 상대 높임법

• 화자가 청자에 대하여 높이거나 낮추어 말하는 방법
• 상대 높임법은 종결 표현으로 실현되는데, 크게 격식체와 비격식체로 나뉨.

		평서형	의문형	명령형	청유형	감탄형
격식체	하십시오체(아주높임)	합니다	합니까?	하십시오	(하시지요)	–
	하오체(예사 높임)	하(시)오	하(시)오?	하시오	합시다	하는구려
	하게체(예사 낮춤)	하네	하나?	하게	하세	하는구먼
	해라체(아주낮춤)	한다	하니?	해(해)라, 하렴	하자	하는구나
비격식체	해요체(두루높임)	해요	해요?	해요	해요	해요
	해체(두루낮춤)	해	해?	해	해	해, 하는군

(2) 주체 높임법

• 서술의 주체를 높이는 방법
• 기본적으로 서술어에 선어말 어미 '-(으)시-'가 붙어 실현되나, 부수적으로 주격 조사 '이/가' 대신 '께서'가 쓰이기도 하고 주어인 명사에 접사 '-님'이 덧붙기도 함.
• '계시다, 주무시다' 등 일부 특수 어휘를 통해 실현되기도 함.

직접 높임	화자가 주어를 직접 높일 때에 사용함. 예 할아버지께서는 안방에 계신다.
간접 높임	주어와 관련된 대상을 높임으로써 주어를 간접적으로 높일 때에 사용함. 예 아버지께서는 걱정거리가 있으시다.

(3) 객체 높임법

• 목적어나 부사어에 해당하는 대상, 즉 서술의 객체를 높이는 방법
• 객체 높임법에서는 주로 부사격 조사 '께'와 특수 어휘 '모시다, 드리다, 여쭙다, 뵙다' 등을 사용함.
예 언니는 어머님께 용돈을 드렸다.

고난도 해결 TIP ❶

격식체와 비격식체
• 격식체: 형식과 격식을 갖춘 의례적인 문체로, 상대방과의 거리감을 형성하는 표현임.
• 비격식체: 표현이 부드럽고 주관적인 느낌을 주는 문체로, 친근한 사이일 때 주로 사용함.

고난도 해결 TIP ❷

주체 높임 선어말 어미 '-(으)시-'의 사용
• 높여야 할 주체가 주어와 밀접한 관련을 맺는 간접 높임의 경우에도 쓰임.
예 아버님의 의견이 타당하십니다.
선생님의 말씀이 있으시겠습니다.

고난도 해결 TIP ❸

시제 선어말 어미의 다양한 의미

① 과거 시제 선어말 어미 '-았-/-었-'은 완결된 상황을 지속하거나 미래에 실현될 것을 확신할 때 쓰이기도 함.
　예 너는 엄마를 닮았구나.(지속)
　　오늘 잠은 다 잤네.(확신)

② 과거 시제 선어말 어미 '-더-'는 새롭게 알게 된 내용을 서술할 때 쓰이기도 함.
　예 달력을 보니 내일 회의가 있더라.

③ 미래 시제 선어말 어미 '-겠-'은 추측, 의지, 가능성 등의 의미로 쓰이기도 함.
　예 지금 떠나면 새벽에 도착하겠구나.(추측)
　　우리는 우승을 하겠다.(의지)

03 시간 표현

시간을 구분하여 나타내기 위한 언어 표현

(1) 시제

- 어떤 사건이 일어난 순간(사건시)을 말하는 순간(발화시)을 기준으로 표현하는 것

① 과거 시제

- 사건시가 발화시보다 앞서 있는 시제
- 과거 시제 선어말 어미 '-았-/-었-, -았었-/-었었-, -더-', 과거 시제 관형사형 어미 '-(으)ㄴ, -던', 시간 부사어 '어제, 옛날' 등으로 표현함.
　┗→ 동사일 때는 과거 시제, 형용사일 때는 현재 시제임.
　예 들판에 민들레가 <u>피었다.</u> / <u>어제</u>는 정말 <u>행복했다.</u>

② 현재 시제

- 사건시와 발화시가 일치하는 시제
- 현재 시제 선어말 어미 '-ㄴ-/-는-', 현재 시제 관형사형 어미 '-는, -(으)ㄴ', 시간 부사어 '오늘, 지금' 등으로 표현함.
　예 정훈이는 운동장에서 축구를 <u>한다.</u> / <u>오늘</u>은 내가 요리사!

③ 미래 시제

- 사건시가 발화시보다 이후인 시제
- 미래 시제 선어말 어미 '-겠-', 미래 시제 관형사형 어미 '-(으)ㄹ', 시간 부사어 '내일, 모레', 관형사형 어미+의존 명사 '-(으)ㄹ 것' 등으로 표현함.
　예 내가 <u>읽을</u> 책이야! / <u>내일</u>은 도서관에 더 일찍 <u>와야겠다.</u>

(2) 동작상

- 발화시를 기준으로 동작이 일어나는 모습을 표현한 것

① 진행상

- 시간의 흐름 속에서 동작이 진행되고 있음을 나타냄.
- 보조 용언 '-고 있다, -아(어) 가다'나 연결 어미 '-(으)면서' 등을 통해 실현됨.
　예 빨래가 거의 <u>말라 간다.</u> / 그녀는 미소를 <u>짓고 있다.</u>

② 완료상

- 시간의 흐름 속에서 동작의 완료를 나타냄.
- 보조 용언 '-아(어) 있다, -아(어) 버리다'나 연결 어미 '-고서' 등을 통해 실현됨.
　예 그는 볼일을 <u>마치고서</u> 회사로 출근했다. / 성준이는 지금 의자에 <u>앉아 있다.</u>

이것만은 꼭!

'문장 표현'은 어느 하나 중요하지 않은 것이 없습니다. 수능 모의평가 및 수능에서 번갈아가면서 빠지지 않고 출제되는 부분이기도 합니다. 특히 국어는 높임법이 발달되어 있기 때문에 높임 표현과 관련된 문제들이 자주 출제되고 있습니다. 그러므로 각각의 높임법이 구체적으로 어떻게 실현되는지 알아두면 좋을 것입니다.

기출 선택지 OX

1 '민수는 지금 떡국을 먹고 있다.'는 어떤 동작이 진행되고 있음을 나타내는 문장이다.　　○ | ×

2 '그만 자고 얼른 일어나지 못하겠니?'는 대답을 요구하지 않고 명령을 나타내는 의문문이다.　　○ | ×

3 '누나는 어머니께 모자를 선물로 드렸다.'는 주체인 '어머니'를 높이는 데에 '께'와 '드리다'를 사용하고 있다.　　○ | ×

01 의문문과 청유문 | 고3 모의평가 |

밑줄 친 부분이 〈보기〉의 ㉠에 해당하는 예로 적절하지 <u>않은</u> 것은?

┌─ 보기 ─┐

일반적으로 의문문은 화자가 청자에게 질문에 대한 대답을 요청하는 문장인데, 화자가 청자에게 행동을 요청할 때 쓰이기도 한다. 청유문은 화자가 청자에게 함께 행동할 것을 요청하는 문장이다. 그러므로 이 문장 유형들은 ㉠<u>화자가 청자에게 요청을 할 때 쓰이는 것</u>이라는 점에서 공통적이다.

① ┌ A: 괜찮다면, 우리 여기서 잠깐 <u>기다릴래요?</u>
  └ B: 좋아요. 10분만 더 기다려요.

② ┌ A: 다친 곳은 어떤가? <u>한번 보세.</u>
  └ B: 보시다시피 많이 좋아졌습니다.

③ ┌ A: 저기요. <u>먼저 좀 내립시다.</u>
  └ B: 아, 예. 저도 여기서 내려요.

④ ┌ A: 저 혹시, <u>모자를 벗어 주실 수 있을까요?</u>
  └ B: 제가 방해가 되었군요. 미안합니다.

⑤ ┌ A: <u>어디 보자.</u> 내가 다 챙겼나?
  └ B: 거기서 혼자 뭐 해요. 빨리 나와요.

02 특수 어휘를 사용한 높임 표현 | 고3 학력평가 |

〈보기〉의 ㉠과 ㉡이 모두 사용된 문장으로 적절한 것은?

┌─ 보기 ─┐

국어의 높임 표현은 조사나 어미로 실현되기도 하지만 ㉠<u>그 자체에 높임의 의미가 담긴 특수 어휘를 통해 실현되기도 한다.</u> 또한 국어에는 대상을 높이는 것이 아니라 자신을 낮추는 겸양의 표현도 존재한다. 겸양의 표현은 일부 어미로 실현되기도 하지만 ㉡<u>그 자체에 낮춤의 의미가 있는 특수 어휘를 통해 실현되기도 한다.</u>

① 저희가 어머니께 드렸던 선물이 여기 있네요.
② 연세가 지긋하신 할아버지께서 걸어가신다.
③ 제 말씀은 그런 의도가 아니었어요.
④ 이 문제는 아버지께 여쭈어보자.
⑤ 지나야, 가서 할머니 모시고 와.

03 (내신 빈출 유형) 종결 표현에 대한 탐구

〈보기〉의 문장들을 통해 문장의 종결 표현에 대해 탐구하는 학습을 진행하였다. 탐구의 결과로 적절하지 <u>않은</u> 것은?

┌─ 보기 ─┐

㉠ 나는 올해 처음으로 북한산에 올랐다.
㉡ 지영아, 어디 갔다 오니?
㉢ 너는 밥을 먹었니?
㉣ 내가 설마 그것도 모를까 봐 그러니?
㉤ 찻길을 건널 때는 손을 들고 건너라.
㉥ 30주년 행사에 빠짐없이 참여하자.
㉦ 가을 하늘이 참 맑고 깨끗하구나!

① ㉠을 보니 평서문은 화자가 사건의 내용을 객관적으로 진술하는 문장이군.
② ㉣은 ㉡, ㉢과 달리 굳이 대답을 요구하지 않고 서술의 효과를 나타내는 의문문이군.
③ ㉤, ㉥을 보니 명령문의 주어는 화자와 청자가 함께 포함되고, 청유문의 주어는 청자가 되는군.
④ ㉤, ㉥을 보니 명령문과 청유문의 서술어는 동사만 올 수 있군.
⑤ ㉦을 보니 감탄문은 ㉠~㉥과 달리 화자가 청자를 별로 의식하지 않고 자기의 느낌을 표현하는 문장이군.

01 안긴문장의 높임 표현 | 고3 모의평가 |

〈학습 활동〉의 ㉠에 들어갈 예로 적절한 것은?

┤ 학습 활동 ├

높임 표현이 홑문장에서 실현될 수도 있지만, 겹문장의 안긴문장 속에서도 실현될 수 있다. 다음 조건에 해당하는 예문을 만들어 보자.

조건	예문
안긴문장에서의 주체 높임의 대상이 안은문장에서 주어로 실현된 겹문장	공원에서 산책하시던 할아버지께서 활짝 웃으셨다.
안긴문장에서의 객체 높임의 대상이 안은문장에서 목적어로 실현된 겹문장	㉠
⋮	⋮

① 편찮으시던 어르신께서는 좀 건강해지셨나요?
② 오빠는 고향에 계신 부모님을 집으로 모시고 갔다.
③ 나는 할아버지께서 선물을 주신 날짜를 아직도 기억해.
④ 누나는 다음 주에 인사를 드릴 할머니께 편지를 썼어요.
⑤ 형은 동생이 찾아뵈려던 선생님을 학교에서 만났습니다.

02 고난도 해결 TIP ❸ 시간 표현과 종결 표현 | 고3 모의평가 |

〈보기〉의 ㉠~㉤의 예로 적절하지 않은 것은?

┤ 보기 ├

선어말 어미 '-더-'는 시간 표현, 주어의 인칭, 용언의 품사, 문장 종결 표현 등과 다양하게 관련을 맺는다.

예컨대 '아까 달력을 보니 내일이 언니 생일이더라.'와 같이 ㉠새삼스럽거나 새롭게 알게 된 내용이 비록 미래의 일이라도 그것을 안 시점이 과거이면 '-더-'가 쓰일 수 있다. 또한 '-더-'가 쓰인 문장에는 특정 인칭의 주어만 나타나는 경우가 있다. 가령, ㉡본인만이 직접 느껴 알 수 있는 감정이나 감각을 표현하는 형용사가 서술어일 때, 평서문에는 1인칭 주어만이 '-더-'와 함께 쓰인다. ㉢이 경우, 의문문에는 2인칭 주어만이 '-더-'와 함께 쓰인다. 단, ㉣이때도 수사 의문문에는 '-더-'와 함께 1인칭 주어가 나타날 수 있다. 한편, '꿈에서 내가 하늘을 날더라.'처럼 ㉤꿈속의 일이나 무의식 중에 일어난 일을 말할 때, 화자가 자신의 행동이나 상태를 타인이 관찰하듯이 진술할 경우 '-더-'가 1인칭 주어와 쓰일 수 있다.

① ㉠: 아까 수첩을 보니 다음 주에 약속이 있더라.
② ㉡: 나는 그의 합격이 놀랍더라.
③ ㉢: 영수야, 넌 내가 그리 말했는데도 안 믿더냐?
④ ㉣: 기어이 우승한 그날, 우리 어찌 아니 기쁘더냐?
⑤ ㉤: 내가 어제 마신 약은 생각보다 안 쓰더라.

03 ⁺킬러문항
관형사형 어미의 시제 | 수능 |

〈학습 활동〉을 해결한 내용으로 적절한 것은?

─── 학습 활동 ───

관형사형 어미의 형태는 시제 및 단어의 품사에 의해 결정된다. [자료]에서 밑줄 친 단어의 품사와 시제를 분석하여 그 단어에 쓰인 어미가 [표]의 ㉠~㉢ 중 어느 것에 해당하는지 확인해 보자.

[자료]

ⓐ 하늘에 <u>뜬</u> 태양   ⓑ 우리가 즐겨 <u>부르던</u> 노래
ⓒ 늘 <u>푸르던</u> 하늘   ⓓ 운동장에 <u>남은</u> 아이들
ⓔ 네가 <u>읽는</u> 소설   ⓕ 이미 아이들로 가득 <u>찬</u> 교실
ⓖ 달리기가 제일 <u>빠른</u> 친구

[표] 관형사형 어미 체계

	동사	형용사
현재	-는	㉠
과거	㉡	㉢
	-던	
미래	-(으)ㄹ	-(으)ㄹ

① ⓐ의 '뜬'에 쓰인 어미 '-(으)ㄴ'은 ㉠에 해당한다.
② ⓑ의 '부르던'과 ⓒ의 '푸르던'에 쓰인 어미 '-던'은 ㉢에 해당한다.
③ ⓓ의 '남은'과 ⓕ의 '찬'에 쓰인 어미 '-(으)ㄴ'은 ㉡에 해당한다.
④ ⓔ의 '읽는'에 쓰인 어미 '-는'은 ㉡에 해당한다.
⑤ ⓖ의 '빠른'에 쓰인 어미 '-(으)ㄴ'은 ㉢에 해당한다.

04 (내신 빈출 유형)
높임법의 실현

〈보기 1〉을 바탕으로 〈보기 2〉를 탐구한 내용으로 적절하지 않은 것은?

─── 보기 1 ───

국어의 높임법에는 문장의 주체를 높이는 주체 높임법, 대화 상대방을 높이거나 낮추는 상대 높임법, 문장의 주어의 행위가 미치는 대상인 목적어나 부사어를 높이는 객체 높임법 등이 있으며, 이들은 어미, 조사, 어휘 등을 통해 실현된다.

─── 보기 2 ───

㉠ 아버지께서 할머니 모시고 병원에 다녀오신대요.
㉡ 친구를 문병하러 병원에 다녀온다고 어머님께 말씀드려라.
㉢ 어머니는 제 동생을 데리고 병원에 가셔서 전화를 못 받으세요.

① ㉠은 문장의 주체를 높이기 위해 주격 조사와 선어말 어미를 활용하고 있다.
② ㉡은 목적어는 높이지 않지만 부사어는 높이고 있다.
③ ㉠과 ㉡의 '다녀오-'는 모두 화자가 청자를 높이기 위해 선택한 어휘이다.
④ ㉡과 달리 ㉢의 청자는 화자보다 윗사람이다.
⑤ ㉢과 달리 ㉠은 객체를 높이기 위해 '모시고'를 사용하고 있다.

05 [고난도 해결 TIP ❷] 높임 표현의 문법 요소

〈보기〉의 설명을 바탕으로 제시된 문장을 탐구한 결과로 적절하지 <u>않은</u> 것은?

─┤ 보기 ├─

선생님: 높임 표현이란 화자가 청자나 다른 대상을 높이거나 낮추는 정도를 언어적으로 구별하여 표현하는 방법입니다. 이때 서술의 주체에 해당하는 대상과 객체에 해당하는 대상도 높임의 대상이 될 수 있어요. 높임 표현은 다양한 문법 요소를 통해 실현되는데, 높임 표현의 유형에 따라 어미, 특수 어휘, 조사 등이 쓰입니다. 이 내용을 바탕으로 아래 문장들을 탐구해 볼까요?

ㄱ. 선생님께서 오늘 우리 집에 방문하셔서 한 시간 동안 계셨다.
ㄴ. 어머니께서는 몸이 편찮으십니다.
ㄷ. 나는 할아버지께 큰 선물을 드렸다.

※ ㄱ, ㄴ은 대화하는 상황임.

① 은영: ㄱ에서는 행위의 주체를 직접 높이는 어휘를 활용하여 '선생님'을 높이고 있군.
② 초엽: ㄴ에서는 높임의 선어말 어미를 활용하여 주어의 신체를 높임으로써 주어를 간접적으로 높이고 있군.
③ 세랑: ㄷ에서는 조사와 특수 어휘를 활용해 행위의 객체를 높이고 있군.
④ 상영: ㄱ, ㄴ에는 상대 높임 표현이 실현되어 있군.
⑤ 금희: ㄱ, ㄴ에서는 조사와 특수 어휘를 모두 활용해 문장의 주어를 높이고 있군.

06 시제의 표현

〈보기 1〉을 바탕으로 〈보기 2〉를 탐구한 내용으로 적절하지 <u>않</u>은 것은?

─┤ 보기 1 ├─

시제는 말을 하는 때인 발화시와 사건이 일어난 때인 사건시의 관계를 통해 나타난다. 시제는 사건시가 발화시보다 앞서는 때를 나타내는 과거 시제, 사건시와 발화시가 일치하는 때를 나타내는 현재 시제, 사건시가 발화시보다 뒤에 오는 때를 나타내는 미래 시제로 나뉜다. 일반적으로 시제는 선어말 어미와 시간 부사어, 관형사형 어미 등을 통해서 표현된다.

─┤ 보기 2 ├─

ⓐ 그녀가 그 책을 읽고 있었다.
ⓑ 나는 다음 여행에 가지 않겠다.
ⓒ 이 음식은 너무 맵다.
ⓓ 그녀는 내일 도서관에 갈 것이다.
ⓔ 아이들이 운동장에서 연을 날린다.
ⓕ 나는 어제 극장에서 영화를 보았다.

① ⓐ와 ⓓ는 선어말 어미를 통해 시제를 표현하고 있군.
② ⓐ와 ⓕ는 사건시가 발화시보다 앞서는 시간 표현이므로 과거 시제이로군.
③ ⓑ와 ⓓ는 사건시가 발화시보다 뒤에 오는 시간 표현이므로 미래 시제이로군.
④ ⓒ와 ⓔ를 보니, 같은 시제라 하더라도 형용사에는 시간을 나타내는 선어말 어미가 쓰이지 않을 수 있군.
⑤ ⓓ와 ⓕ는 시제를 표현하는 시간 부사어가 사용되고 있군.

복합으로 완성하기

[01~02] 다음을 읽고 물음에 답하시오.

현대 국어의 시간 표현 중 하나는 선어말 어미를 활용하는 것이다. 동사는 어간에 선어말 어미 '-는-/-ㄴ-'을 결합하여 현재 시제를 표현하는데, 동사의 어간 말음이 자음인 경우에는 '-는-'이, 모음인 경우에는 '-ㄴ-'이 결합한다. 이와 달리 형용사와 '이다'는 어간에 선어말 어미가 결합하지 않고 현재 시제를 표현할 수 있다. 동사와 형용사, 그리고 '이다'는 어간에 선어말 어미 '-았-/-었-'을 결합하여 과거 시제를 표현하는데, 어간 '하-' 다음에는 선어말 어미 '-였-'을 결합하여 과거 시제를 표현한다. 동사와 형용사, 그리고 '이다'는 어간에 선어말 어미 '-겠-'을 결합하여 미래 시제를 표현하는데, 추측이나 의지 등의 의미를 나타내기도 한다.

중세 국어의 시간 표현은 ㉠용언의 어간에 선어말 어미를 결합하여 나타내는 경우와 ㉡용언의 어간에 선어말 어미를 결합하지 않고 나타내는 경우가 있었다. 이를 살펴보면, 동사는 어간에 선어말 어미 '-ᄂᆞ-'를 결합하여 현재 시제를 표현하였고, 형용사는 어간에 선어말 어미를 결합하지 않고 현재 시제를 표현하였다. 또한 동사는 어간에 선어말 어미를 결합하지 않고 과거 시제를 표현하기도 했고, 회상의 의미가 있는 선어말 어미 '-더-'를 결합하여 과거 시제를 표현하기도 했다. 형용사도 선어말 어미 '-더-'를 통해 과거 시제를 표현하였다. 또한 동사와 형용사는 추측의 의미가 있는 선어말 어미 '-리-'를 어간에 결합하여 미래 시제를 표현하였다.

01 시간 표현의 특징 | 고3 학력평가 |

윗글을 바탕으로 〈보기〉를 탐구한 내용으로 적절하지 않은 것은?

┤ 보기 ├

- 동생이 지금 밥을 ⓐ먹는다.
- 우리 아기가 무럭무럭 ⓑ자란다.
- 이곳에 따뜻한 난로가 ⓒ놓였다.
- 신랑, 신부가 ⓓ입장하겠습니다.
- 나는 어젯밤에 무서운 꿈을 ⓔ꿨다.

① ⓐ는 동사의 어간 다음에 현재 시제 선어말 어미로 '-는-'이 사용된 예에 해당한다.

② ⓑ는 동사의 어간 다음에 현재 시제 선어말 어미로 '-ㄴ-'이 사용된 예에 해당한다.

③ ⓒ는 동사의 어간 다음에 과거 시제 선어말 어미로 '-였-'이 사용된 예에 해당한다.

④ ⓓ는 동사의 어간 다음에 미래 시제 선어말 어미로 '-겠-'이 사용된 예에 해당한다.

⑤ ⓔ는 동사의 어간 다음에 과거 시제 선어말 어미로 '-었-'이 사용된 예에 해당한다.

02 중세 국어의 시간 표현 | 고3 학력평가 |

〈보기〉에서 ㉠과 ㉡에 해당하는 예를 찾아 바르게 짝지은 것은?

┤ 보기 ├

- 너도 ᄯᅩ 이 ⓐ곧ᄒᆞ다
  (너도 또 이와 같다.)
- 네 이제 ᄯᅩ ⓑ묻ᄂᆞ다
  (네가 이제 또 묻는다.)
- 五百 도ᄌᆞ기 … ⓒ도ᄌᆞᆨᄒᆞ더니
  (오백 도적이 … 도둑질하더니)
- 이 智慧 업슨 比丘ㅣ 어드러셔 ⓓ오뇨
  (이 지혜 없는 비구가 어디에서 왔느냐?)
- 이 善女人이 … 다시 나디 ⓔ아니ᄒᆞ리니
  (이 선여인이 … 다시 나지 아니할 것이니)

	㉠	㉡
①	ⓑ, ⓒ	ⓐ, ⓓ, ⓔ
②	ⓐ, ⓔ	ⓑ, ⓒ, ⓓ
③	ⓓ, ⓔ	ⓐ, ⓑ, ⓒ
④	ⓐ, ⓒ, ⓓ	ⓑ, ⓔ
⑤	ⓑ, ⓒ, ⓔ	ⓐ, ⓓ

10강 문장 표현 ②

고난도 해결 TIP ①

피동사가 아닌 단어

걸리다 ⓔ 감기에 걸리다 ┐
놀리다 ⓔ 동생을 놀리다 ┤ 피동(×)
말리다 ⓔ 싸움을 말리다 ┘

→ '-아-', '-하-', '-라-', '-가-'가 들어간다
고 모두 피동사는 아님.

01 피동 표현

- 주어가 다른 주체에 의해서 동작이나 행동을 당하는 것을 나타내는 표현
- 문장은 동작이나 행동을 누가 하느냐에 따라 능동문과 피동문으로 나뉨.

능동	주어가 동작을 제 힘으로 하는 것	↔	피동	주어가 남에 의해 움직이게 되는 것

↳ 실질 형태소에 접사가 결합하여 하나의 단어를 만듦.

(1) 파생적 피동(단형 피동)

- 능동사의 어간에 피동 접미사 '-이-, -히-, -리-, -기-'가 붙어서 만들어짐.
- 일부 명사 뒤에 접미사 '-되다'가 붙어서 만들어지기도 함.
  ⓔ 고양이가 쥐를 물었다. → 쥐가 고양이한테 물렸다.

(2) 통사적 피동(장형 피동)

- 용언의 어간에 '-어지다, -게 되다'가 붙어서 만들어짐.
  ⓔ 이 펜은 글씨가 잘 써진다. / 곧 사실이 드러나게 된다.

02 사동 표현

- 주어가 남에게 동작이나 행동을 하도록 시키는 것을 나타내는 표현
- 문장은 주어가 동작이나 행동을 직접 하느냐, 아니면 다른 대상에게 하도록 하느냐에 따라 주동문과 사동문으로 나뉨.

주동	주어가 동작을 직접 하는 것	↔	사동	주어가 동작을 다른 대상에게 시키는 것

헷갈려요 Q&A

Q 피동사와 사동사의 형태가 동일한 용언
은 어떻게 구분하나요?

A 피동사와 사동사의 형태가 동일한 용언
을 구별할 때는 문장의 주어가 동작을
당하는지 아니면 시키는지를 파악해야
해요. 이때 소리는 같으나 뜻이 다른 동
음이의어와 헷갈리지 않도록 주의해야
해요.

(1) 파생적 사동(단형 사동)

- 주동사의 어간에 사동 접미사 '-이-, -히-, -리-, -기-, -우-, -구-, -추-'가 붙어서 만들어짐.
- 일부 명사 뒤에 접미사 '-시키다'가 붙어서 만들어지기도 함.
  ⓔ 친구가 깨다. → 주영이가 친구를 깨우다.

(2) 통사적 사동(장형 사동)

- 용언의 어간에 '-게 하다'가 붙어서 만들어짐.
  ⓔ 경찰이 운전자에게 차를 정지하게 했다.

03 부정 표현

• 부정의 뜻을 나타내는 표현
• 부정 표현은 내용에 따라 의지·단순 부정과 능력 부정으로 나뉘고, 형식에 따라 짧은 부정과 긴 부정으로 나뉨.

(1) 내용에 따른 부정 표현

의지·단순 부정		능력 부정	
부정 부사	안	부정 부사	못
부정 용언	−지 아니하다	부정 용언	−지 못하다

① 의지 부정: 주체의 의지에 의한 부정 표현

　예 규리는 학교에 안 갔다.

② 단순 부정: 단순한 사실이나 상태에 대한 부정 표현

　예 비가 오지 않는다.

③ 능력 부정: 주체의 능력 부족이나 외부의 원인에 의한 부정 표현

　예 나는 이 문제를 풀지 못한다.

(2) 형식에 따른 부정 표현

	짧은 부정	긴 부정
부정 부사·용언	안/못	−지 아니하다/−지 못하다
예시	나는 그를 안 만났다. 나는 그를 못 만났다.	나는 그를 만나지 않았다. 나는 그를 만나지 못했다.

04 비문법적 문장

문법에 맞지 않는 문장인 비문이 쓰인 것

(1) 문장 성분 간의 호응

① 주어와 서술어의 호응: 주어를 부당하게 빠뜨리거나 문장의 중간에 주어가 바뀌는 경우

　예 문제는 도서관에 전시됐던 책들이 어디론가 사라졌다. → 문제는 도서관에 전시됐던 책들이 어디론가 사라졌다는 점이다.

② 목적어와 서술어의 호응: 목적어가 둘 이상일 때 각각 호응하는 서술어가 없는 경우

　예 다온이는 휴일에 달리기나 영화를 본다. → 다온이는 휴일에 달리기를 하거나 영화를 본다.

③ 부사어와 서술어의 호응: 특정한 부사어가 특정한 서술어와 호응하지 않는 경우

　예 요리는 요리대로 여간 힘들었다. → 요리는 요리대로 여간 힘든 것이 아니었다.

④ 수식어와 피수식어의 호응: 꾸미는 말과 꾸밈을 받는 말이 적절하게 호응하지 않는 경우

고난도 해결 TIP ②

명령문과 청유문의 부정 표현
• 명령문과 청유문에서 긴 부정을 표현할 때는 '−지 마/마라, −지 말자'를 사용함.
　예 그를 만나지 마라./말아라.(명령문)
　　 그를 만나지 말자.(청유문)

(2) 문장 성분 생략

① **주어의 생략**: 앞 문장과 뒤 문장의 주어가 다를 때 주어를 생략한 경우

　　⑩ 언어는 문화의 산물이며, 언어를 통해 발전해 왔다. → 언어는 문화의 산물이며, 인간은 언어를 통해 발전해 왔다.

② **목적어의 생략**: 한 문장 안에서 서술어로 쓰인 타동사의 목적어를 생략한 경우

　　⑩ 작품에 손을 대거나 촬영해서는 안 된다. → 작품에 손을 대거나 작품을 촬영해서는 안 된다.

③ **부사어의 생략**: 필수 부사어를 요구하는 서술어의 부사어를 생략한 경우

　　⑩ 그는 직접 만든 장갑을 선물로 주었다. → 그는 직접 만든 장갑을 친구에게 선물로 주었다.

(3) 불필요한 문장 성분

① **단어 반복**: 한 문장 안에서 동일한 단어가 반복되는 경우

　　⑩ 그 사람은 누구에게나 다정한 사람이다. → 그 사람은 누구에게나 다정하다.

② **의미 중복**: 한 문장에서 같은 의미의 말이나 표현이 반복되는 경우

　　⑩ 너 그 회사의 새로 나온 신제품 샀니? → 너 그 회사의 신제품 샀니?

(4) 중의적 표현

・한 문장이 두 가지 이상의 의미로 해석되는 표현

① **구조적 중의성**: 수식어의 중복에 의한 중의성, 수식의 범위에 의한 중의성, 부정하는 대상에 의한 중의성, 비교의 범위에 의한 중의성, 동작상의 범위에 의한 중의성 등

　　⑩ 귀여운 동생의 친구를 보았다. → 동생의 귀여운 친구를 보았다.

② **비유적 중의성**: 비유의 속성으로 인해 중의적 표현이 된 경우

③ **어휘적 중의성**: 다의어에 의한 중의성, 동음이의어에 의한 중의성

(5) 잘못된 피동·사동 표현으로 인한 비문

① **불필요한 피동 표현**: 능동문을 쓸 수 있는 상황인데도 피동문을 사용하거나 이중 피동 표현을 사용한 경우

　　⑩ 창문이 잘 닫혀지지 않는다. → 창문이 잘 닫히지 않는다.

② **불필요한 사동 표현**: 이미 사동의 의미가 들어 있는 단어에 사동 접미사 '-시키다'를 결합해 사용한 경우

　　⑩ 그 사람 나에게 소개시켜 줘. → 그 사람 나에게 소개해 줘.

◦ 이것만은 꼭!

문장 성분 간 호응, 중의적 표현, 비문법적 문장 등은 올바른 문장과 그렇지 않은 문장을 구별하는 문제로 출제되는 경우가 많습니다. 따라서 문장 표현과 관련된 개념을 정확하게 정리해 두는 것이 필요합니다.

기출 선택지 OX

1 '어둡다'를 사용하여 상태 부정의 긴 부정문을 만들면 '하늘이 어둡지 않다.'가 된다. 　　○ | ×

2 '이번 일로 우리는 불편과 피해를 입었다.'에는 목적어 중 하나인 '불편'과 호응하는 서술어가 빠져 있다. 　　○ | ×

3 '끊은 게 아니라 끊어진 거야.'는 사동 표현을 사용하여 상황이 주체의 의지와 무관하게 일어났음을 나타내고 있다. 　　○ | ×

01 피동사와 사동사의 형태 | 고3 모의평가 |

〈보기〉의 ㉠, ㉡에 해당하는 것은?

─ 보기 ─

우리말의 용언 중에는 피동사와 사동사의 형태가 동일한 것이 있다. 예를 들어, '보다'는 사동사와 피동사가 모두 '보이다'로 그 형태가 같다. 이때 ㉠사동사로 쓰인 경우와 ㉡피동사로 쓰인 경우는 다음과 같이 문장에서의 쓰임을 통해 구별된다.

┌ 동생이 새 시계를 내게 보였다. (사동사로 쓰인 경우)
└ 구름 사이로 희미하게 해가 보였다. (피동사로 쓰인 경우)

① ┌ ㉠: 운동화 끈이 풀렸다.
  └ ㉡: 아빠의 칭찬에 피로가 금세 풀렸다.

② ┌ ㉠: 우는 아이가 엄마 등에 업혔다.
  └ ㉡: 누나가 이모에게 아기를 업혔다.

③ ┌ ㉠: 나는 젖은 옷을 햇볕에 말렸다.
  └ ㉡: 동생은 집에 가겠다는 친구를 말렸다.

④ ┌ ㉠: 새들이 따뜻한 곳에서 몸을 녹였다.
  └ ㉡: 햇살이 고드름을 천천히 녹였다.

⑤ ┌ ㉠: 형이 친구에게 꽃다발을 안겼다.
  └ ㉡: 아기 곰이 어미 품에 포근히 안겼다.

02 부정문의 종류 | 고난도 해결 | TIP ❷ | 내신 빈출 유형 |

〈보기〉를 참고하여 ⓐ~ⓔ를 이해한 내용으로 가장 적절한 것은?

─ 보기 ─

부정문은 '안', '-지 않다(아니하다)'를 사용하는 '안' 부정문, '못', '-지 못하다'를 사용하는 '못' 부정문이 있다. 이를 내용에 따라 나누면 '안'이나 '-지 않다'를 사용하는 '의지 부정' 혹은 '단순 부정'과, '못'이나 '-지 못하다'를 사용하는 '능력 부정'으로 나눌 수 있다. 의지 부정은 자신의 의지에 의한 부정이고, 단순 부정은 객관적인 사실이나 상태에 대한 부정이며, 능력 부정은 자신의 의지와 상관없이 자신의 능력이나 외부의 상황에 의한 부정이다. '-지 않다(아니하다)', '-지 못하다'의 긴 부정문은 명령문과 청유문에서 '아니하다, 못하다' 대신에 '마/마라, 말자'를 사용한다.

ⓐ 나는 배가 고팠지만 밥을 먹지 않았다.
ⓑ 나는 턱걸이 열 개를 하고 싶었지만 하지 못했다.
ⓒ 연휴에 고향에 가야 하는데 폭설로 인해 못 갔다.
ⓓ 봄이 되고 가뭄이 매우 심한데도 비는 오지 않았다.
ⓔ 그 사람을 만나지 아니해라.*

* 비문법성

① ⓐ: 부정하는 대상이 객관적인 사실이어서 '안' 부정문이 사용되었군.

② ⓑ: 동작 주체의 의지가 반영된 것이기 때문에 '못' 부정문이 사용되었군.

③ ⓒ: 외부의 상황이 원인이기 때문에 '못' 부정문이 사용되었군.

④ ⓓ: 동작 주체의 능력이 부족한 것이기 때문에 '안' 부정문이 사용되었군.

⑤ ⓔ: '그 사람을 만나지 못해라.'로 표현해야 옳은 문장이 되겠군.

01 피동사와 사동사

고난도 해결 TIP ❶

| 고3 모의평가 |

〈보기〉의 ㉠, ㉡에 해당하는 예끼리 묶인 것으로 적절한 것은?

──┤ 보기 ├──

[선생님의 설명]

여러분, '쓰이다'라는 단어를 어떻게 해석해야 할까요? 우선 '쓰이다'는 피동사이기도 하고 사동사이기도 하므로 이를 구별해야겠죠? 또한 '쓰다'는 동음이의어나 다의어이므로 그 의미에도 유의해야 합니다. 단어를 이해할 때, 이러한 점들을 모두 고려해야 해요. 그럼 이와 관련된 학습 활동을 해 볼까요?

[학습 활동]

다음은 국어사전의 일부이다. 제시된 단어의 의미에 유의하여 각각의 피동사와 사동사가 포함된 예를 들어 보자.

> **갈다¹** 동【…을 …으로】② 어떤 직책에 있는 사람을 다른 사람으로 바꾸다.
>
> **깎다** 동 1【…을】③ 값이나 금액을 낮추어서 줄이다.
>
> **묻다¹** 동【…에】① 가루, 풀, 물 따위가 그보다 큰 다른 물체에 들러붙거나 흔적이 남게 되다.
>
> **물다²** 동 1【…을】② 윗니와 아랫니 사이에 끼운 상태로 상처가 날 만큼 세게 누르다.
>
> **쓸다²** 동【…을】① 비로 쓰레기 따위를 밀어내거나 한데 모아서 버리다.

피동문	사동문
㉠	㉡

① ┌ ㉠: 학생회 임원이 새 친구로 갈렸다.
　└ ㉡: 삼촌이 형에게 그 텃밭을 갈렸다.

② ┌ ㉠: 용돈이 이달에 만 원이나 깎였다.
　└ ㉡: 나는 저번 실수로 점수를 깎였다.

③ ┌ ㉠: 내 친구는 가래떡에 꿀만 묻혔다.
　└ ㉡: 누나는 붓에 먹물을 듬뿍 묻혔다.

④ ┌ ㉠: 아빠가 아이 입에 사탕을 물렸다.
　└ ㉡: 큰형이 동네 개에게 발을 물렸다.

⑤ ┌ ㉠: 큰 마당의 눈이 빗자루에 쓸렸다.
　└ ㉡: 내 동생에게 거실 바닥만 쓸렸다.

02 부정문의 조건

| 수능 예시 |

〈보기〉의 ㉠에 들어갈 예로 적절한 것은?

──┤ 보기 ├──

선생님: 우리는 지난 시간에 부정 부사를 사용하는 짧은 부정문과 보조 용언을 사용하는 긴 부정문에 대해 배웠어요. 그리고 '못' 부정문은 능력 부정을 나타내고 '안' 부정문은 의지 부정과 주체의 의지와 무관하게 긍정문을 단순히 부정하는 단순 부정을 나타낼 수도 있다는 것도 배운 거 기억하죠? 오늘은 배운 내용을 바탕으로 제시된 조건에 맞게 부정문을 만들어 보는 활동을 해 보겠어요.

조건	부정문
짧은 부정문, 능력 부정 →	동생은 발을 다쳐 등산을 못 갔다.
긴 부정문, 단순 부정 →	㉠

① 올해는 장마철에도 비가 많이 안 왔다.
② 환기를 하기 위해 창문을 닫지 않았다.
③ 심한 어지럼증으로 몸을 잘 가누지 못했다.
④ 나무가 많아 여기는 낮에도 볕이 잘 들지 않는다.
⑤ 충치 때문에 탄산음료는 당분간 못 마시게 되었다.

03 문장 수정의 적절성 | 고3 모의평가 |

〈자료〉와 같이 문장을 수정할 때 고려한 사항을 〈보기〉의 ㉠~㉣에서 고른 것은?

┤ 보기 ├

㉠ 주어와 서술어의 호응
• 너희가 기억할 것은 좋은 지도자는 실패하더라도 좌절하지 않는다.
  → 너희가 기억할 것은 좋은 지도자는 실패하더라도 좌절하지 않는다는 점이다.

㉡ 부사어와 연결 어미의 호응
• 그는 아무리 돈이 많아서 그것을 쓸 줄 모른다.
  → 그는 아무리 돈이 많아도 그것을 쓸 줄 모른다.

㉢ 목적어의 누락
• 상대방의 함정에 빠진 그들은 머리를 모아 궁리하기 시작했다.
  → 상대방의 함정에 빠진 그들은 머리를 모아 탈출 방법을 궁리하기 시작했다.

㉣ 피동의 중복
• 그것은 오래전에 불려지던 노래이다.
  → 그것은 오래전에 불리던 노래이다.

┤ 자료 ├

• 그 프로그램을 쓰면 비록 초보자일수록 누구나 쉽게 표와 그래프 등을 그려서 작성할 수 있다.
  → 그 프로그램을 쓰면 비록 초보자일지라도 누구나 쉽게 표와 그래프 등을 그려서 문서를 작성할 수 있다.

① ㉠, ㉡   ② ㉠, ㉢   ③ ㉡, ㉢
④ ㉡, ㉣   ⑤ ㉢, ㉣

04 내신 빈출 유형
피동·사동 표현의 특성

〈보기〉의 탐구 활동을 수행한 결과로 적절하지 않은 것은?

┤ 보기 ├

주어가 스스로 행동하지 않고 남의 동작을 받는 피동 표현과 동작이나 행위를 다른 사람에게 하도록 하는 사동 표현은 접미사로 실현되거나 특정 문장 표현으로 실현된다.
대부분의 경우 피동문은 능동문과, 사동문은 주동문과 대응하며 능동문을 피동문으로, 주동문을 사동문으로 바꿀 때는 문장 성분의 변화나 추가가 이루어진다. 피동 접사와 사동 접사는 그 결합이 제한적인 경우가 있으며, 사동사와 피동사의 형태가 동일한 경우도 있다. 한편 파생적 사동문과 통사적 사동문은 의미에 차이가 있다.

[탐구 활동] 위의 내용을 바탕으로 아래 문장들을 분석해 보자.

ㄱ. 날씨가 풀렸다.
ㄴ. 낚시꾼이 물고기를 잡았다.
ㄷ. 아빠가 아이에게 옷을 입게 했다.

① ㄱ은 피동사를 활용한 파생적 피동문이며, 대응하는 능동문이 존재하지 않는다.
② ㄱ에 쓰인 피동 접미사는 '날다', '듣다', '감다' 등의 능동사의 어간에도 결합할 수 있다.
③ ㄴ은 주어가 행위를 스스로 하는 능동문이며, 능동문의 목적어가 피동문에서는 주어가 된다.
④ ㄷ의 서술어 '입게 했다.'를 사동사로 바꾸면 ㄷ과 의미에 차이가 생기게 된다.
⑤ ㄷ은 다른 사람에게 행위를 하도록 하는 문장이며, '-게 하다'를 활용한 통사적 사동문에 해당한다.

05 고난도 해결 TIP ❷
부정 표현의 이해

〈보기〉의 ㄱ~ㅁ에 대해 탐구한 내용으로 적절하지 <u>않은</u> 것은?

―― 보기 ――

ㄱ. 방안이 *못/안 깨끗하다.
ㄴ. 화단에 앉지 *않아라/*못해라/마라.
ㄷ. 솔이는 자전거를 못 탄다/타지 못한다.
ㄹ. 가뭄이 매우 심한데도 비는 오지 않았다.
ㅁ. 나는 감기에 걸려서 숙제를 하지 못했다.

※ *는 비문임을 나타냄.

① ㄱ: 단순한 사실을 부정할 때는 '못'을 사용할 수 없군.
② ㄴ: 명령문의 부정 표현에서는 '마라'를 활용하여야 하는군.
③ ㄷ: 부정 표현은 부정 부사를 통해 실현되기도 하고, 부정 용언을 통해 실현되기도 하는군.
④ ㄹ: 부정하는 대상이 객관적인 사실이기 때문에 '안' 부정 문이 사용되었군.
⑤ ㅁ: 동작 주체의 의지에 의한 부정이므로 '못' 부정문이 사 용되었군.

06 어법의 정확성

〈보기〉에서 밑줄 친 부분의 어법의 정확성을 바르게 판단한 것은?

―― 보기 ――

ㄱ. 그는 어제 무슨 일이 <u>있는지</u> 말하려 하지 않았다.
ㄴ. 선생님께서는 "지구는 평평하다."<u>라고</u> 주장하셨다.
ㄷ. 상진이는 나에게 자신이 직접 만든 작품을 <u>보였다.</u>
ㄹ. 34번 고객님, 주문하신 따뜻한 커피 <u>나오셨습니다.</u>
ㅁ. 출국을 하고 싶었지만 항공기 결항으로 그러지 <u>못했다.</u>

① ㄱ: 서술어가 요구하는 목적어가 없는 상황이기 때문에 '있 는지'를 '있는지를'로 고쳐 써야 하므로 어법에 맞지 않는군.
② ㄴ: 큰따옴표 뒤에 붙어 앞말이 직접 인용되는 말임을 나 타내는 조사 '고'로 고쳐 써야 하므로 어법에 맞지 않는군.
③ ㄷ: 나에게 작품을 보게 하는 사동의 의미를 나타내기 위 해 사동 접미사 '−이−'를 사용했으므로 어법에 맞는군.
④ ㄹ: 고객의 소유물인 커피를 간접적으로 높여서 실제 높이 고자 하는 대상인 고객을 높인 표현이므로 어법에 맞는군.
⑤ ㅁ: 항공기 결항으로 인해 출국이 이루어지지 않은 상황이 기 때문에 '않았다'로 고쳐 써야 하므로 어법에 맞지 않는군.

07 사동 표현의 특성

〈보기〉는 국어의 사동 표현에 대한 설명이다. 〈보기〉의 ㉠과 ㉡ 에 대한 설명으로 적절하지 <u>않은</u> 것은?

―― 보기 ――

문장은 주어가 동작이나 행위를 직접 하느냐, 아니면 다 른 사람에게 하도록 하느냐에 따라 주동문과 사동문으로 나뉜다. 이때 주어가 동작을 직접 하는 것을 주동이라고 하고, 주어가 남에게 동작을 하도록 시키는 것을 사동이라 고 한다. 사동문에는 접미사 '−이−, −히−, −리−, −기−, −우−, −구−, −추−'로 실현되는 파생적 사동문과 '−게 하 다'로 실현되는 통사적 사동문이 있다.

	주동문	파생적 사동문	통사적 사동문
㉠	딸이 옷을 입었다.	어머니가 딸에게 옷을 입혔다.	어머니가 딸에게 옷을 입게 하였다.
㉡	철수가 책을 읽었다.	선생님께서 철수에게 책을 읽히셨다.	선생님께서 철수에게 책을 읽게 하셨다.

대개 파생적 사동문은 주어가 객체에게 직접적인 행위를 한 것을 나타내고, 통사적 사동문은 주어가 객체에게 간접 적인 행위를 한 것을 나타낸다.

① ㉠에서 파생적 사동문의 '입혔다'는 어머니가 직접 옷을 입 혀 주었다는 의미이다.
② ㉠에서 통사적 사동문의 '입게 하였다'는 어머니가 딸로 하 여금 옷을 입도록 하였다는 의미이다.
③ ㉡은 ㉠과 달리 파생적 사동문이든 통사적 사동문이든 모 두 간접적 행위를 의미한다.
④ ㉠과 ㉡을 보니 주동문의 주어는 사동문에서 서술어가 꼭 필요로 하는 성분이 아니군.
⑤ ㉠과 ㉡을 보니 주동문의 목적어는 사동문에서도 여전히 목적어의 기능을 하는군.

[01~02] 다음을 읽고 물음에 답하시오.

사동 표현은 주어가 남에게 동작을 하도록 시키는 뜻을 나타내는 것으로, 파생적 사동과 통사적 사동으로 구분될 수 있다. 우선 파생적 사동은 사동 접사 '-이-, -히-, -리-, -기-, -우-, -구-, -추-' 등이 붙어 만들어지는데, '높이다', '좁히다', '울리다', '옮기다', '비우다' 등이 그 예이다. 다만 일부 용언은 사동 접사의 결합에 제약이 있기도 하다. 예컨대 '(회사에) 다니다', '(손을) 만지다'와 같이 어간이 'ㅣ'로 끝나는 동사, '(형과) 만나다', '(원수와) 맞서다'와 같이 특정한 상대 등을 필수적으로 요구하는 동사, '(돈을) 주다'와 같이 주거나 받는 뜻을 가진 동사 등은 대개 사동 접사가 결합되지 못한다. 한편 사동 표현은 '먹게 하다', '잡게 하다'와 같이 '-게 하다'에 의해 만들어지기도 하는데 이를 통사적 사동이라 한다.

15세기 국어에서도 사동 표현이 쓰였다. 우선 파생적 사동은 주로 '-이-, -히-, -기-, -오/우-, -호/후-, -ㅇ/으-' 등이 붙어 만들어졌다. 다만 '걷다'와 같은 ㄷ 불규칙 용언에 '-이-'가 결합될 때에는 어간 '걷-'의 받침 'ㄷ'이 'ㄹ'로 바뀌어 '걸이다'[걸리다]로 쓰였다. 한편 현대 국어의 '-게 하다'에 해당하는 통사적 사동도 있었다. 이때 보조적 연결 어미는 '-게/긔'가 주로 쓰였는데, 모음이나 자음 'ㄹ'로 끝나는 어간 뒤, 혹은 '이다'의 '이-' 뒤에서는 '-에/의'로도 쓰였다. '얻게 ㅎ다'[얻게 하다]는 '얻-'에 '-게 ㅎ다'가 결합된 통사적 사동의 예이다.

윗글을 바탕으로 할 때, 〈보기〉에서 적절한 것만을 있는 대로 고른 것은?

┤ 보기 ├

ㄱ. '(선물을) 받다', '(시간이) 늦다'는 모두 파생적 사동이 불가능한 동사이다.

ㄴ. '(넋을) 기리다'와 달리 '(연을) 날리다'는 사동 접사가 붙어 만들어진 동사이다.

ㄷ. '(공을) 던지다'와 달리 '(추위를) 견디다'는 어간이 'ㅣ'로 끝나기 때문에 사동 접사가 결합되지 못한다.

ㄹ. '(적과) 싸우다', '(동생과) 닮다'는 모두 특정한 상대 등을 필수적으로 요구하는 동사이기 때문에 사동 접사가 결합되지 못한다.

① ㄱ, ㄴ   ② ㄱ, ㄷ   ③ ㄴ, ㄹ

④ ㄱ, ㄷ, ㄹ   ⑤ ㄴ, ㄷ, ㄹ

〈보기〉의 사동 표현에서 ⓐ~ⓓ를 탐구해 얻은 결과로 적절하지 않은 것은?

┤ 보기 ├

• 사ᄅᆞᆷ 믈 ⓐ알의(알-+-의) ᄒᆞᄂᆞᆫ 거시라
 [사람을 알게 하는 것이라]

• 風流를 ⓑ들이(듣-+-이-)ᅀᆞᆸ더니
 [풍류를 들리더니]

• 히마다 數千人을 ⓒ사ᄅᆞ(살-+-ㆍ-)니
 [해마다 수천 인을 살리니]

• 서르 ᄲᅡᆨ ⓓ마촐씨니(맞-+-호-+-ㄹ씨니)
 [서로 짝 맞출 것이니]

① ⓐ에서는 'ㄹ'로 끝나는 어간 뒤에 보조적 연결 어미 '-의'가 결합되었군.

② ⓑ에서는 사동 접사가 결합될 때 어간 받침 'ㄷ'이 'ㄹ'로 바뀌었군.

③ ⓑ를 통사적 사동으로 바꾸어 표현하면 '드데 ㅎ'로 나타낼 수 있겠군.

④ ⓒ는 '-ㆍ-'가, ⓓ는 '-호-'가 동사 어간에 결합하여 만들어진 파생적 사동이겠군.

⑤ ⓒ, ⓓ에는 현대 국어에서 사용되지 않는 형태의 사동 접사가 결합되었군.

담화·어문 규정

고난도 해결 TIP ①

직접 발화와 간접 발화

- 직접 발화: 발화자가 자신의 의도를 직접적으로 표현하는 것
- 간접 발화: 발화자가 자신의 의도를 간접적으로 표현하는 것
→ 문장 종결 표현의 형식과 의도에 차이가 없으면 직접 발화, 차이가 있으면 간접 발화임.
  예 창문 닫아라. → 직접 발화
  지금 춥지 않니? (창문을 닫으라는 의미) → 간접 발화

고난도 해결 TIP ②

담화의 지시 표현

- 지시 대명사: 이것, 저것, 그것, 여기, 저기, 거기 등
- 지시 관형사: 이, 그, 저 등
- 지시 부사: 이리, 그리, 저리 등
- 지시 형용사: 그러하다, 어떠하다 등
→ 담화에서 지시하는 대상을 정확하게 파악하기 위해서는 앞뒤 맥락을 잘 살펴봐야 함.

이 담화

(문장 단위를 넘어서) 하나 이상의 문장이나 발화가 연속되어 이루어지는 말의 단위
↳ 소리를 내어 말을 하는 현실적인 언어 행위

(1) 구성 요소

① **화자와 청자**: 담화의 생산자와 수용자로서 담화에서 반드시 필요한 요소

② **발화**: 구체적인 의사 소통 상황에서 화자의 생각이 문장 단위로 실현된 것

③ **맥락**: 담화가 이루어지는 시간적·공간적 상황

언어적 맥락		담화 내에서 어떤 발화의 앞뒤에 놓인 발화를 통해 파악할 수 있는 맥락
비언어적 맥락	상황 맥락	의사 소통이 일어나는 시간과 장소를 포함하는 것으로, 담화 주제와 관련하여 누가, 어떤 방식으로 관계를 맺고 있는지를 말함.
	사회·문화적 맥락	의사 소통 참여자들이 공유하는 사회적, 역사적 상황과 이념, 공동체의 가치와 신념 등을 말함.

(2) 표현

① **지시 표현**

- 담화 상황 속의 대상을 본래 명칭이 아닌 다른 말로 지칭하는 것
- '이, 그, 저'로 대표되며, 반드시 앞뒤 맥락을 통해서만 구체적인 내용을 확인할 수 있음.

② **대용 표현**

- 담화 내용 중 이미 언급한 내용의 반복을 피하기 위해 대신 사용되는 표현

③ **접속 표현**

- 발화와 발화를 이어 주며 발화 사이의 관계나 발화의 기능을 나타내는 표현

④ **높임 표현**

- 담화의 맥락 속에서 화자와 청자의 나이나 사회적 지위 관계에 의한 상하 관계에 따라 상대적으로 결정되는 표현으로, 어미, 조사, 어휘 등에 의해 실현됨.

⑤ **생략 표현**

- 담화 상황 중 일정 부분이 언어로 실현되지 않은 표현
- 화자와 청자가 맥락을 공유하고 있고 생략된 성분의 복원 가능성이 있는 경우에 사용됨.
  예 정훈: 엄마, 오늘 저녁 시간에 뭐 먹어요? / 어머니: (오늘 저녁 시간에) 비빔밥 (먹을 거야)

(3) 기능

① **정보 제공**: 대상에 대한 정보나 지식을 전달함.

② **호소**: 상대(청자 또는 독자)를 설득함.

③ **약속**: 상대(청자 또는 독자)에게 어떤 행위를 수행하겠다고 표현함.

④ **사교(친교)**: 관계를 형성하기 위한 사회적 상호 작용 의도를 표현함.

⑤ **선언**: 자신의 의견이나 주장을 외부에 정식으로 표명하여 새로운 상황을 불러일으킴.

02 한글 맞춤법

우리말을 한글로 표기하는 규칙을 체계화한 규정

(1) 기본 원칙

> **제1항** 한글 맞춤법은 표준어를 <u>소리대로 적되</u>, <u>어법에 맞도록</u> 함을 원칙으로 한다.
> 소리글자인 한글의 특성을 살려 소리 나는 대로 적음.   의미를 파악하기 쉽도록 원형을 밝혀 적음.

(2) 빈출 규정

① 된소리

- 제5항 한 단어 안에서 뚜렷한 까닭 없이 나는 된소리는 다음 음절의 첫소리를 된소리로 적는다.
  - 두 모음 사이에서 나는 된소리 ❹ 가끔, 어깨, 오빠, 기쁘다, 깨끗하다
  - 'ㄴ, ㄹ, ㅁ, ㅇ' 받침 뒤에서 나는 된소리 ❹ 담뿍, 몽땅, 훨씬, 산뜻하다

  다만, 'ㄱ, ㅂ' 받침 뒤에서 나는 된소리는, 같은 음절이나 비슷한 음절이 겹쳐 나는 경우가 아니면 된소리로 적지 아니한다. ❹ 국수, 몹시, 갑자기, 깍두기

② 어간과 어미

- 제15항 용언의 어간과 어미는 구별하여 적는다. ❹ 웃+다, 웃+고, 웃+어, 웃+으니
  [붙임] 종결형에서 사용되는 어미 '-오'는 '요'로 소리 나는 경우가 있더라도 그 원형을 밝혀 '오'로 적는다. ❹ 이것은 책이오.

③ 접미사의 결합

- 제19항 어간에 '-이'나 '-음/-ㅁ'이 붙어서 명사로 된 것과 '-이'나 '-히'가 붙어서 부사로 된 것은 그 어간의 원형을 밝히어 적는다. ❹ 깊이, 믿음, 같이, 익히

④ 파생어와 합성어

- 제27항 둘 이상의 단어가 어울리거나 접두사가 붙어서 이루어진 말은 각각 그 원형을 밝히어 적는다. ❹ 꽃잎(꽃+잎), 새파랗다(접두사 '새-'+단어 '파랗다')

⑤ 준말

- 제35항 모음 'ㅗ, ㅜ'로 끝난 어간에 '-아/-어, -았-/-었-'이 어울려 'ㅘ/ㅝ, 왔/웠'으로 될 적에는 준 대로 적는다. ❹ 보아 → 봐, 보았다 → 봤다
- 제37항 'ㅏ, ㅕ, ㅗ, ㅜ, ㅡ'로 끝난 어간에 '-이-'가 와서 각각 'ㅐ, ㅖ, ㅚ, ㅟ, ㅢ'로 줄 적에는 준 대로 적는다. ❹ 누이다 → 뉘다, 쓰이다 → 씌다

⑥ 띄어쓰기

- 제2항 문장의 각 단어는 띄어 씀을 원칙으로 한다.
- 제41항 조사는 그 앞말에 붙여 쓴다. ❹ 꽃이, 꽃밖에, 꽃처럼
- 제47항 보조 용언은 띄어 씀을 원칙으로 하되, 경우에 따라 붙여 씀도 허용한다.
  ❹ 눈이 올 듯하다.(원칙) / 눈이 올듯하다.(허용)

  다만, 앞말에 조사가 붙거나 앞말이 합성 용언인 경우, 중간에 조사가 들어갈 적에는 그 뒤에 오는 보조 용언은 띄어 쓴다. ❹ 신문을 읽어도 보고, 그가 잘난 체를 했다.

고난도 해결 TIP ❸

준말의 추가 규정
- 한글 맞춤법 제34항 [붙임1]: 'ㅐ, ㅔ' 뒤에 '-어, -었-'이 어울려 줄 적에는 준 대로 적는다.
  ❹ 개어 → 개, 개었다 → 갰다
- 한글 맞춤법 제36항: 'ㅣ' 뒤에 '-어'가 와서 'ㅕ'로 줄 적에는 준 대로 적는다.
  ❹ 다니어 → 다녀, 다니었다 → 다녔다

표준 발음 자료를 제시하고 〈보기〉를 바탕으로 한 탐구 내용의 적절성을 판단하는 문제를 풀기 위해서는 〈보기〉에 제시된 자료 중 밑줄이나 기호로 표시한 내용이 무엇을 의미하는지 파악하는 것이 선행되어야 합니다. 그 다음 제시된 예시 자료를 관련 조항 해설을 적용하여 하나씩 판단해 보면서 문제를 풀면 됩니다.

고난도 해결 TIP ④

연음의 추가 규정

• 표준 발음법 제13항: 홑받침이나 쌍받침이 모음으로 시작된 조사나 어미, 접미사와 결합되는 경우에는, 제 음가대로 뒤 음절 첫소리로 옮겨 발음한다.
예 깎아[까까], 옷이[오시]

• 표준 발음법 제14항: 겹받침이 모음으로 시작된 조사나 어미, 접미사와 결합되는 경우에는, 뒤엣것만을 뒤 음절 첫소리로 옮겨 발음한다.(이 경우, 'ㅅ'은 된소리로 발음함.)
예 앉아[안자], 닭을[달글], 넋이[넉씨]

03 표준 발음법

(1) 기본 원칙

> **제1항** 표준 발음법은 표준어의 실제 발음을 따르되, 국어의 전통성과 합리성을 고려하여 정함을 원칙으로 한다.
> └─ 교양 있는 사람들이 두루 쓰는 현대 서울말

• **전통성**: 이전부터 내려오던 발음상의 관습을 감안함.
• **합리성**: 국어의 규칙 내지는 법칙에 따라서 표준 발음을 합리적으로 정함.

(2) 빈출 규정

① 겹받침의 발음

• 제10항 겹받침 'ㄳ', 'ㄵ', 'ㄼ, ㄽ, ㄾ', 'ㅄ'은 어말 또는 자음 앞에서 각각 [ㄱ, ㄴ, ㄹ, ㅂ]으로 발음한다. 예 값[갑], 앉다[안따], 여덟[여덜]
다만, '밟-'은 자음 앞에서 [밥]으로 발음하고, '넓-'은 다음과 같은 경우 [넙]으로 발음한다.
예 밟다[밥:따], 넓-죽하다[넙쭉카다], 넓-둥글다[넙뚱글다]

• 제11항 겹받침 'ㄺ, ㄻ, ㄿ'은 어말 또는 자음 앞에서 각각 [ㄱ, ㅁ, ㅂ]으로 발음한다.
예 닭[닥], 맑다[막따], 흙과[흑꽈], 젊다[점:따], 읊다[읍따]
다만, 용언의 어간 말음 'ㄺ'은 'ㄱ' 앞에서 [ㄹ]로 발음한다. 예 묽고[물꼬]

② 받침의 연음

• 제15항 받침 뒤에 모음 'ㅏ, ㅓ, ㅗ, ㅜ, ㅟ'들로 시작되는 실질 형태소가 연결되는 경우에는, 대표음으로 바꾸어서 뒤 음절 첫소리로 옮겨 발음한다. 예 겉옷[거돋], 밭 아래[바다래]

③ 된소리되기

• 제23항 받침 'ㄱ(ㄲ, ㅋ, ㄳ, ㄺ), ㄷ(ㅅ, ㅆ, ㅈ, ㅊ, ㅌ), ㅂ(ㅍ, ㄼ, ㄿ, ㅄ)' 뒤에 연결되는 'ㄱ, ㄷ, ㅂ, ㅅ, ㅈ'은 된소리로 발음한다. 예 국밥[국빱], 있던[읻떤]

• 제24항 어간 받침 'ㄴ(ㄵ), ㅁ(ㄻ)' 뒤에 결합되는 어미의 첫소리 'ㄱ, ㄷ, ㅅ, ㅈ'은 된소리로 발음한다. 예 신고[신:꼬], 더듬지[더듬찌]

• 제27항 관형사형 '-(으)ㄹ' 뒤에 연결되는 'ㄱ, ㄷ, ㅂ, ㅅ, ㅈ'은 된소리로 발음한다.
예 갈 곳[갈꼳], 할 수는[할쑤는]

④ 음의 첨가

• 제29항 합성어 및 파생어에서, 앞 단어나 접두사의 끝이 자음이고 뒤 단어나 접미사의 첫음절이 '이, 야, 여, 요, 유'인 경우에는, 'ㄴ' 음을 첨가하여 [니, 냐, 녀, 뇨, 뉴]로 발음한다.
예 꽃-잎[꼰닙], 한-여름[한녀름], 내복-약[내:봉냑]
[붙임] 'ㄹ' 받침 뒤에 첨가되는 'ㄴ' 음은 [ㄹ]로 발음한다. 예 서울-역 → [서울녁] → [서울력]

기출 선택지 OX

1 '우리 아이들은 저희들끼리 책을 고르려고 아옹다옹한단다.'에서 '저희'는 1인칭으로 사용되고 있다.	○ │ ×
2 '멋쟁이'는 명사 뒤에 자음으로 시작된 접미사가 붙어서 된 것이고, '굵기'는 형용사 어간 뒤에 자음으로 시작된 접미사가 붙어서 된 것이다.	○ │ ×

01 담화의 지시 표현 | 수능 |

〈보기〉의 ㉠~㉫에 대한 설명으로 적절한 것은?

┤ 보기 ├

(두 사람이 공원에서 만난 상황)

민수: 영이야, ㉠우리 둘이 뭐 하고 놀까? 이 강아지랑 놀까?

영이: (민수 품에 안겨 있는 강아지를 가리키며) 아, 얘?

민수: 응, 얘가 전에 말했던 봄이야. 봄이 동생 솜이는 집에 있고.

영이: 봄이랑 뭐 하고 놀까? 우리 강아지 별이는 실뭉치를 좋아해서 ㉡우리 둘은 실뭉치를 자주 가지고 놀아. 너네 강아지들도 그래?

민수: 실뭉치는 ㉢둘 다 안 좋아해. 그런데 공은 좋아해서 ㉣우리 셋은 공을 갖고 자주 놀아. 그래서 공을 챙겨오긴 했어.

영이: 그렇구나. 별이는 실뭉치를 좋아하니까, 다음에 네가 혼자 나오고 내가 별이랑 나오면 그때 ㉤우리 셋은 실뭉치를 갖고 놀면 되겠다.

민수: 그러자. 그럼 오늘 ㉫우리 셋은 공을 가지고 놀자.

① ㉠과 ㉡은 가리키는 대상이 동일하다.

② ㉡이 가리키는 대상은 ㉤이 가리키는 대상에 포함된다.

③ ㉢이 가리키는 대상은 ㉫이 가리키는 대상에 포함된다.

④ ㉣과 ㉤은 가리키는 대상이 동일하다.

⑤ ㉣과 ㉫은 가리키는 대상이 동일하다.

02 띄어쓰기의 적용 | 고3 모의평가 |

〈보기〉의 [A]에 들어갈 말로 적절한 것만을 있는 대로 고른 것은?

┤ 보기 ├

학생: 선생님, 자기 소개서를 써 봤는데, 띄어쓰기가 맞는지 가르쳐 주시겠어요? 헷갈리는 부분을 표시해 왔어요.

> 양로원에 가서 봉사 활동을 했습니다. 사실 그 시간에 ㉠봉사 보다는 게임을 하고 싶었습니다. 그저 작은 일을 ㉡도울 뿐이었는데 ㉢너 밖에 없다며 행복해하시는 어르신들의 말씀을 들을 ㉣때 만큼은 마음이 뿌듯해졌습니다.

선생님: 한글 맞춤법에 따르면, 문장의 각 단어는 띄어 써야 하지만, 조사는 예외적으로 그 앞말에 붙여 쓴다.

학생: 아, 그럼 [A] 은/는 앞말에 붙여 써야 하는군요.

① ㉠의 '보다', ㉢의 '밖에'

② ㉡의 '뿐', ㉢의 '밖에'

③ ㉡의 '뿐', ㉣의 '만큼'

④ ㉠의 '보다', ㉡의 '뿐', ㉣의 '만큼'

⑤ ㉠의 '보다', ㉢의 '밖에', ㉣의 '만큼'

03 (내신 빈출 유형) 표준 발음법의 이해

〈보기〉는 표준 발음법의 일부이다. 각 조항과 이를 적용한 발음을 연결한 것으로 적절하지 않은 것은?

┤ 보기 ├

제11항 겹받침 'ㄺ, ㄻ, ㄿ'은 어말 또는 자음 앞에서 각각 [ㄱ, ㅁ, ㅂ]으로 발음한다.

　다만, 용언의 어간 말음 'ㄺ'은 'ㄱ' 앞에서 [ㄹ]로 발음한다.

제15항 받침 뒤에 모음 'ㅏ, ㅓ, ㅗ, ㅜ, ㅟ'들로 시작되는 실질 형태소가 연결되는 경우에는, 대표음으로 바꾸어서 뒤 음절 첫소리로 옮겨 발음한다.

제27항 관형사형 '-(으)ㄹ' 뒤에 연결되는 'ㄱ, ㄷ, ㅂ, ㅅ, ㅈ'은 된소리로 발음한다.

	조항	단어	발음
①	제11항	맑게	[말께]
②	제11항	읊고	[읍꼬]
③	제15항	꽃 위	[꼬뒤]
④	제15항	맛없다	[마덥따]
⑤	제27항	슬퍼할지라도	[슬퍼할찌라도]

01 고난도해결 TIP ❷
담화의 표현 | 고3 모의평가 |

〈보기〉의 ㉠~㉖에 대한 이해로 적절하지 않은 것은?

┤ 보기 ├

(같은 동아리에 소속된 후배 부원 둘과 선배 부원의 대화 장면)

선배: ㉠학교에서 열린 회의는 잘 끝났니?

후배 1: 네, 조금 전에 끝났어요.

선배: 수고했어. ㉡학교에서 우리 동아리 활동 지원 예산안에 대해 뭐라고 해?

후배 2: 지난번에 저희가 선배님과 함께 제안했던 예산안은 수용하기 힘들다고 했어요.

선배: ㉢우리가 제안한 예산안이 그렇게 무리한 건 아니었을 텐데.

후배 1: 그런데 학교에서는 ㉣자신의 형편을 감안해 달라는 동아리가 한둘이 아니라면서, ㉤우리의 제안을 수용하기 쉽지 않다고 했어요.

선배: ㉥서로 만족할 만한 결과를 얻기가 쉽지 않겠구나. 고생했어. 지도 선생님께 말씀드려 볼게.

후배 2: 네. 그럼 ㉖저희도 그렇게 알고 있을게요.

① ㉠과 ㉡은 문장 성분이 서로 다르군.

② ㉢에는 화자와 청자가 모두 포함되어 있군.

③ ㉣은 뒤에 있는 '동아리'를 가리키는 말이군.

④ ㉥은 ㉡의 '학교'와 ㉤의 '우리'를 모두 포함해서 가리키는 말이군.

⑤ ㉖은 화자가 청자와 자신을 모두 낮추기 위해 쓰는 말이군.

02 고난도해결 TIP ❸ +킬러문항
준말의 한글 맞춤법 | 수능 |

〈보기〉는 준말에 관한 한글 맞춤법의 일부이다. 이를 적용한 내용으로 적절하지 않은 것은?

┤ 보기 ├

제34항 [붙임 1] 'ㅐ, ㅔ' 뒤에 '-어, -었-'이 어울려 줄 적에는 준 대로 적는다. ·················· ㉠

제35항 모음 'ㅗ, ㅜ'로 끝난 어간에 '-아/-어, -았-/-었-'이 어울려 'ㅘ/ㅝ, 왔/웠'으로 될 적에는 준 대로 적는다. ·················· ㉡

제35항 [붙임 2] 'ㅚ' 뒤에 '-어, -었-'이 어울려 'ㅙ, 왰'으로 될 적에도 준 대로 적는다. ·················· ㉢

제36항 'ㅣ' 뒤에 '-어'가 와서 'ㅕ'로 줄 적에는 준 대로 적는다. ·················· ㉣

제37항 'ㅏ, ㅓ, ㅗ, ㅜ, ㅡ'로 끝난 어간에 '-이-'가 와서 각각 'ㅐ, ㅔ, ㅚ, ㅟ, ㅢ'로 줄 적에는 준 대로 적는다. ·················· ㉤

① ㉠을 적용하면 '(날이) 개었다'와 '(나무를) 베어'는 각각 '갰다'와 '베'로 적을 수 있다.

② ㉡을 적용하면 '(다리를) 꼬아'와 '(죽을) 쑤었다'는 각각 '꽈'와 '쒔다'로 적을 수 있다.

③ ㉤을 적용할 때, 어간 '(발로) 차-'에 '-이-'가 붙은 '(발에) 차이-'에 '-었다'가 붙으면 '채었다'로 적을 수 있다.

④ ㉤을 적용한 후 ㉢을 적용할 때, 어간 '(벌이) 쏘-'에 '-이-'가 붙은 '(벌에) 쏘이-'에 '-어'가 붙으면 '쐐'로 적을 수 있다.

⑤ ㉤을 적용한 후 ㉣을 적용할 때, 어간 '(오줌을) 누-'에 '-이-'가 붙은 '(오줌을) 누이-'에 '-어'가 붙으면 '뉘여'로 적을 수 있다.

03 된소리되기의 표준 발음

| 고3 학력평가 |

〈보기〉는 표준 발음법 중 '된소리되기'의 일부이다. 이를 바탕으로 표준 발음을 이해한 내용으로 적절하지 않은 것은?

┤ 보기 ├

㉠ 받침 'ㄱ(ㄲ, ㅋ, ㄳ, ㄺ), ㄷ(ㅅ, ㅆ, ㅈ, ㅊ, ㅌ), ㅂ(ㅍ, ㄼ, ㄿ, ㅄ)' 뒤에 연결되는 'ㄱ, ㄷ, ㅂ, ㅅ, ㅈ'은 된소리로 발음한다.

㉡ 어간 받침 'ㄴ(ㄵ), ㅁ(ㄻ)' 뒤에 결합되는 어미의 첫소리 'ㄱ, ㄷ, ㅅ, ㅈ'은 된소리로 발음한다.

㉢ 어간 받침 'ㄼ, ㄾ' 뒤에 결합되는 어미의 첫소리 'ㄱ, ㄷ, ㅅ, ㅈ'은 된소리로 발음한다.

㉣ 관형사형 '-(으)ㄹ' 뒤에 연결되는 'ㄱ, ㄷ, ㅂ, ㅅ, ㅈ'은 된소리로 발음한다. '-(으)ㄹ'로 시작되는 어미의 경우에도 이에 준한다.

① '국밥'과 '(계란을) 삶고'에서의 된소리되기는 각각 ㉠, ㉡에 따른 것이다.

② '꽃다발'과 '(그릇을) 핥지만'에서의 된소리되기는 각각 ㉠, ㉢에 따른 것이다.

③ '(시를) 읊조리다'와 '(죽을) 먹을지언정'에서의 된소리되기는 각각 ㉠, ㉣에 따른 것이다.

④ '(바닥에) 앉을수록'과 '(몸을) 기댈 곳이'에서의 된소리되기는 각각 ㉡, ㉣에 따른 것이다.

⑤ '(샅샅이) 훑다'와 '(내가) 떠날지라도'에서의 된소리되기는 각각 ㉢, ㉣에 따른 것이다.

04 한글 맞춤법의 이해

〈보기〉는 한글 맞춤법의 일부이다. 이를 적용한 내용으로 적절하지 않은 것은?

┤ 보기 ├

제2항 문장의 각 단어는 띄어 씀을 원칙으로 한다.

제15항 용언의 어간과 어미는 구별하여 적는다.

제19항 어간에 '-이'나 '-음/-ㅁ'이 붙어서 명사로 된 것과 '-이'나 '-히'가 붙어서 부사로 된 것은 그 어간의 원형을 밝히어 적는다.

제27항 둘 이상의 단어가 어울리거나 접두사가 붙어서 이루어진 말은 각각 그 원형을 밝히어 적는다.

제41항 조사는 그 앞말에 붙여 쓴다.

제47항 보조 용언은 띄어 씀을 원칙으로 하되, 경우에 따라 붙여 씀도 허용한다.

다만, 앞말에 조사가 붙거나 앞말이 합성 용언인 경우, 그리고 중간에 조사가 들어갈 적에는 그 뒤에 오는 보조 용언은 띄어 쓴다.

① 제2항과 제15항을 적용하면 '뛰고있다'는 '뛰고 있다'와 같이 적는 것이 옳다.

② 제19항을 적용하면 '울다'의 어간에 '-음'이 결합하여 명사로 된 경우 '울음'과 같이 적는 것이 옳다.

③ 제27항을 적용하면 '겉늙다[건늑따]'는 '겉늙다'와 같이 적는 것이 옳다.

④ 제41항을 적용하면 '만큼'은 '먹을만큼'과 같이 앞말에 붙여 적는 것이 옳다.

⑤ 제47항을 적용하면 '(밥이 다) 되어 간다'는 '되어 간다'와 '되어간다' 모두로 적을 수 있다.

05 'ㄴ' 첨가의 표준 발음

〈보기〉를 바탕으로 할 때, 밑줄 친 단어의 표준 발음이 적절하지 않은 것은?

┌─── 보기 ───┐

제29항 합성어 및 파생어에서, 앞 단어나 접두사의 끝이 자음이고 뒤 단어나 접미사의 첫음절이 '이, 야, 여, 요, 유'인 경우에는, 'ㄴ' 음을 첨가하여 [니, 냐, 녀, 뇨, 뉴]로 발음한다.

예 솜-이불[솜ː니불], 맨-입[맨닙]

다만, 다음과 같은 말들은 'ㄴ' 음을 첨가하여 발음하되, 표기대로 발음할 수 있다.

예 이죽-이죽[이중니죽/이주기죽], 금융[금늉/그뮹]

[붙임 1] 'ㄹ' 받침 뒤에 첨가되는 'ㄴ' 음은 [ㄹ]로 발음한다.

예 들-일[들ː릴], 유들-유들[유들류들]

[붙임 2] 두 단어를 이어서 한 마디로 발음하는 경우에도 이에 준한다.

예 한 일[한닐], 잘 입다[잘립따]

└─────────┘

① 감기에 걸린 동생이 물약[물략]을 먹었다.
② 이제 본격적으로 한여름[한녀름]이 시작되었다.
③ 오늘 해야 할 일[할릴]이 산더미같이 쌓여 있다.
④ 짚단에 휘발유[휘발뉴]를 뿌려 지른 불이라 순식간에 탔다.
⑤ 잔칫상을 두고도 속이 좋지 못해 눈요기[눈뇨기]만 하다 왔다.

06 (내신 빈출 유형) 표준 발음법의 탐구

〈보기〉의 표준 발음법을 탐구한 내용으로 적절하지 않은 것은?

┌─── 보기 ───┐

제23항 받침 'ㄱ(ㄲ, ㅋ, ㄳ, ㄺ), ㄷ(ㅅ, ㅆ, ㅈ, ㅊ, ㅌ), ㅂ(ㅍ, ㄼ, ㄿ, ㅄ)' 뒤에 연결되는 'ㄱ, ㄷ, ㅂ, ㅅ, ㅈ'은 된소리로 발음한다.

제24항 어간 받침 'ㄴ(ㄵ), ㅁ(ㄻ)' 뒤에 결합되는 어미의 첫소리 'ㄱ, ㄷ, ㅅ, ㅈ'은 된소리로 발음한다.

다만, 피동, 사동의 접미사 '-기-'는 된소리로 발음하지 않는다.

제27항 관형사형 '-(으)ㄹ' 뒤에 연결되는 'ㄱ, ㄷ, ㅂ, ㅅ, ㅈ'은 된소리로 발음한다.

[붙임] '-(으)ㄹ'로 시작되는 어미의 경우에도 이에 준한다.

└─────────┘

① '닭장을 고쳤다.'에서 '닭장'의 표준 발음은 [닥짱]이겠군.
② '밥을 굶기다.'에서 '굶기다'의 표준 발음은 [굼기다]이겠군.
③ '말을 더듬지 마라.'에서 '더듬지'의 표준 발음은 [더듬찌]이겠군.
④ '어찌 할 바를 모르겠다.'에서 '할 바를'의 표준 발음은 [할빠를]이겠군.
⑤ '실패를 할지언정 도전해라.'에서 '할지언정'의 표준 발음은 [할지언쩡]이겠군.

복합으로 완성하기

정답과 해설 • 42쪽

[01~02] 다음 글을 읽고 물음에 답하시오.

담화는 하나 이상의 발화나 문장으로 이루어진다. 담화가 그 내용 면에서 완결성을 갖추기 위해서는 담화를 이루는 발화나 문장들이 일관된 주제 속에 내용상 유기적인 관련을 맺고 있어야 한다. 이때 각 발화나 문장 간의 관련성을 보여 주는 형식적 장치가 필요하다. 이러한 장치에는 지시, 대용, 접속 표현이 있다.

우선 지시 표현은 담화 장면을 구성하는 화자, 청자, 사물, 시간, 장소 등의 요소를 직접 가리키는 표현이다. 그리고 대용 표현은 담화에서 언급된 말, 혹은 뒤에서 언급될 말을 대신하는 표현이다. 대표적인 지시 표현으로는 '이, 그, 저' 등이 있다. 이들이 담화에서 언급되는 말을 대신할 때는 대용 표현이 된다. 가령 친구가 든 꽃을 보면서 화자가 "이 꽃 예쁘네."라고 말했다면, '꽃'을 직접 가리키는 '이'는 지시 표현이다. 그러나 화자가 "그런데 지난번 꽃도 예쁘던데, 그때 그거는 어디서 샀어?"라고 발화를 곧장 이어 간다면 이때의 '그거'는 앞선 발화의 '지난번 꽃'이라는 말을 대신하는 대용 표현이다. 끝으로 접속 표현은 문장과 문장, 발화와 발화를 연결해 주는 표현으로, '그리고' 등과 같은 접속 부사가 대표적인 예이다. 앞서 언급된 두 번째 발화의 '그런데'도 앞의 발화를 뒤의 발화와 이어 주는 접속 표현에 속한다.

한편, 담화 전개 과정에서 화자는 청자 및 맥락을 고려하면서 발화나 문장을 통해 자신의 의도를 효과적으로 구현한다. 이때 여러 문법 요소가 활용된다. 가령 화자는 "아버지! 진지 드세요."라는 발화에서 '드세요'의 '드시-'를 통해 문장의 주체인 '아버지'를, 종결 어미 '-어요'를 통해 청자인 '아버지'를 높이고 있다. 이와 같이 화자는 특정 어휘나 조사, 어미 등을 사용하여 어떤 대상에 대해 높이거나 낮추는 태도를 드러낸다. 아울러 위의 '드세요'의 '-어요'는 화자가 청자에게 어떠한 행동을 요구하고 있음도 보여 준다. 즉, 종결 어미는 청자에게 답변을 요구하거나, 어떠한 사실을 새롭게 알게 되었다는 점을 두드러지게 나타내는 등 화자의 의도를 구현할 때도 쓰인다. 화자, 청자 및 맥락이 발화나 문장에서 문법 요소와 맺고 있는 관련성은 ㉠"할아버지께서 마침 방에 계셨구나! 과일 좀 드리고 오렴."과 같이 연속된 발화로 이루어진 담화에서 더욱 다양하게 나타날 수 있다.

01 고난도 해결 TIP ②
담화의 표현 | 고3 모의평가 |

윗글을 바탕으로 〈보기〉의 ⓐ~ⓕ에 대해 설명한 내용으로 적절하지 <u>않은</u> 것은?

┤ 보기 ├

(두 친구가 만나서 주말 나들이 장소를 정하는 상황)
선희: 우리, 이번 주말 나들이 장소로 어디가 좋을까?
영선: (딴생각을 하다가) ⓐ지금 저녁 먹으러 가자.
선희: 그게 뭔 소리야? 주말 나들이로 어디 갈 거냐고.
영선: (머쓱해하며) 아, 그럼 놀이동산 갈까?
선희: 음, ⓑ거기 말고, (사진을 보여 주며) ⓒ여기는 어때?
영선: ⓓ거기? 해수욕장은 아직 좀 춥잖아. ⓔ그리고 너무 멀잖아. (선희를 바라보며) 아, 작년에 같이 갔던 수목원은 어때?
선희: 그래, ⓕ거기가 좋겠다. 그럼, 토요일에 보자. 안녕.

① ⓐ는 '주말 나들이 장소 정하기'라는 내용에 부합하지 않아서 담화의 완결성을 떨어뜨리고 있다.
② ⓑ는 '영선'이 발화한 '놀이동산'을 대신하는 대용 표현이다.
③ ⓒ, ⓓ는 발화 간의 관련성을 높이는 형식적 장치로서 형태가 다른 표현이지만 동일한 장소를 나타내고 있다.
④ ⓔ는 '해수욕장은 아직 좀 춥잖아.'와 '너무 멀잖아.'를 대등하게 이어 주는 접속 표현이다.
⑤ ⓕ는 '작년에 같이 갔던 수목원'을 직접 가리키는 지시 표현이다.

02
발화의 이해 | 고3 모의평가 |

㉠에 대한 이해로 적절하지 <u>않은</u> 것은?

① '할아버지께서'의 '께서'를 통해 화자가 문장의 주체인 '할아버지'를 높이고 있다.
② '계셨구나'의 '계시-'를 통해 화자가 문장의 주체인 '할아버지'를 높이고 있다.
③ '계셨구나'의 '-구나'를 통해 화자가 문장의 주체인 '할아버지'에 관한 사실을 새롭게 알게 되었음을 부각하고 있다.
④ '드리고'의 '드리-'를 통해 화자가 문장의 주체인 '할아버지'를 높이고 있다.
⑤ '오렴'의 '-렴'을 통해 화자가 청자에게 어떠한 행동을 요구하고 있다.

국어사

고난도 해결 TIP ①

고대 국어의 차자 표기

• 음차: 차자 표기에서, 한자의 음을 빌려 우리말을 표기하는 방식

• 훈차: 차자 표기에서, 한자의 뜻을 빌려 우리말을 표기하는 방식

01 고대 국어

(1) 표기상의 특징

• 고유의 문자 체계가 없어 한자의 음과 뜻을 이용하여 우리말을 적는 차자 표기법을 활용함.

① 향찰

• 한자의 음과 뜻을 빌려 우리말의 문장 전체를 적은 표기법

– 실질적인 의미를 가진 부분은 주로 한자의 뜻을, 형식적(문법적)인 부분(조사와 어미)은 한자의 음을 빌려 표기함.

② 이두, 구결

• 이두: 한자의 음과 뜻을 빌려 우리말을 적은 표기법. 일반적으로 한자를 국어의 문장 구성법에 따라 고치고 이에 토를 붙인 것을 이름.

• 구결: 한문을 읽을 때 그 뜻이나 독송(讀誦)을 위하여 각 구절 아래에 달아 쓰던 문법적 요소를 통틀어 이르는 말
  └→ 소리 내어 읽거나 외움.

(2) 음운

• 고대 국어의 자음 체계는 크게 울림소리와 안울림소리로 나뉘었는데, 그중 안울림소리는 예사소리와 거센소리로 분화됨. 또한 이 시기에는 우리말에 된소리가 없었던 것으로 추정됨.

(3) 단어

• 고유어로 쓰이던 지명, 관직명 등이 점점 한자어로 바뀐 것을 통해 고유어와 한자어의 경쟁에서 한자어가 우세해졌음을 알 수 있음.

02 중세 국어

(1) 표기상의 특징

• '훈민정음'이 창제되어 비로소 우리말을 전면적으로 표기할 수 있게 되었음.

① 훈민정음의 창제 원리

• 초성(자음)의 제자 원리: 상형의 원리와 가획의 원리에 의해 만들어짐.

– 상형의 원리: 발음 기관의 모양을 본떠서 기본자를 만듦.

– 가획의 원리: 기본자에 획을 더하여 나머지 글자를 만듦.

이것만은 꼭!

국어사는 각 시대별 표기, 음운, 단어, 문장 등의 특징을 파악하는 게 가장 중요합니다. 특히 중세 국어의 자료를 제시하고 관련된 내용을 묻는 문제가 출제되는 경우가 많으므로 현대어 풀이를 참고하여 현대 국어와 중세 국어를 비교하는 연습을 하는 것이 좋습니다.

구분 초성	어금닛소리	혓소리	입술소리	잇소리	목구멍소리
기본자	ㄱ	ㄴ	ㅁ	ㅅ	ㅇ
가획자	ㅋ	ㄷ, ㅌ	ㅂ, ㅍ	ㅈ, ㅊ	ㆆ, ㅎ
이체자	ㆁ		ㄹ	ㅿ	

• 이체자(異體字): 국어 자음 중 '상형의 원리'와 '가획의 원리'를 따르지 않고 만들어진 글자로 'ㆁ(옛이응), ㄹ, ㅿ(반치음)'이 여기에 속함.

- **중성(모음)의 제자 원리**: 하늘과 땅과 사람의 형상을 본떠(상형의 원리) 기본자를 만들고, 이 기본자들을 조합(합성의 원리)하여 나머지 글자를 만듦.

상형	기본자	초출자	재출자
하늘의 둥근 모양을 본뜸.	·	·+ㅡ → ㅗ ㅣ+· → ㅏ	ㅗ+· → ㅛ ㅏ+· → ㅑ
땅의 평평한 모양을 본뜸.	ㅡ	ㅡ+· → ㅜ	ㅜ+· → ㅠ
사람이 서 있는 모양을 본뜸.	ㅣ	·+ㅣ → ㅓ	ㅓ+· → ㅕ

- **종성의 제자 원리**: 종성은 따로 만들지 않고 초성으로 쓰이는 글자를 다시 사용한다는 원칙인 '종성부용초성(終聲復用初聲)'을 따름.

② 훈민정음의 운용 방식
- **이어 쓰기(연서)**: 자음을 밑으로 이어 쓰는 방법으로, 입술소리(ㅁ, ㅂ, ㅍ, ㅃ) 아래에 'ㅇ'을 이어 써서 순경음 'ㅱ, ㅸ, ㆄ, ㅹ'을 만드는 방법
- **나란히 쓰기(병서)**: 초성이나 종성을 합쳐 쓸 때 가로로 나란히 쓰는 방법
  - 각자 병서: 같은 글자를 나란히 쓰는 것 예 ㄲ, ㄸ, ㅃ, ㅆ
  - 합용 병서: 서로 다른 글자를 나란히 쓰는 것 예 ㅄ, ㅼ, ㄼ
- **붙여 쓰기(부서)**: 중성은 초성의 아래쪽이나 오른쪽에 놓인다는 규정 예 그, 기
- **음절 이루기(성음법)**: 모든 글자는 초성, 중성, 종성이 합쳐져야 소리(음절)를 이룬다는 규정

(2) 음운

- 현대 국어에는 없는 자음 'ㅸ(순경음 비읍)', 'ㅿ'과 모음 '·(아래아)' 등이 존재함.
- 단어의 첫머리에 오는 둘 또는 그 이상의 자음의 연속체인 어두자음군이 존재함. 예 ㅄ, ㅶ
- 모음 조화가 대체로 잘 지켜짐. 예 서르(현 서로)
- 성조가 있었고 그것이 방점으로 표기됨. 예 ·ᄑᆞ·디 : 말·오

(3) 단어

- **주격 조사**: '이, ㅣ, ∅'가 쓰였는데, 앞말에 따라 다르게 실현됨.
  - 이: 앞말이 자음일 때 예 시미(심+이) 기픈 므른
  - ㅣ: 앞말이 'ㅣ' 이외의 모음일 때 예 부톄(부텨+ㅣ) 니러 나샤
  - ∅(실현 안 된 경우): 앞말이 'ㅣ' 모음일 때 예 ᄇᆡ(ᄇᆡ+∅) 업건마ᄅᆞᆫ
- **목적격 조사**: 앞말이 자음으로 끝나면 'ᄋᆞᆯ, 을', 앞말이 모음으로 끝나면 'ᄅᆞᆯ, 를'이 쓰였음.
  - 선행 모음이 양성 모음이면 'ᄋᆞᆯ, ᄅᆞᆯ', 음성 모음이면 '을, 를'이 쓰임.
    예 사ᄅᆞᄆᆞᆯ(사ᄅᆞᆷ+ᄋᆞᆯ), ᄌᆞᅀᆞᄅᆞᆯ(ᄌᆞᅀᆞ+ᄅᆞᆯ)
- **관형격 조사**: 'ᄋᆡ/의'와 'ㅅ'이 쓰였는데, 앞말에 따라 다르게 실현됨.
  - ᄋᆡ/의: 유정 명사 뒤(ᄋᆡ: 양성 모음 뒤 / 의: 음성 모음 뒤) 예 ᄂᆞᄆᆡ(ᄂᆞᆷ+ᄋᆡ) ᄠᅳᆮ
  - ㅅ: 무정 명사 또는 높임의 유정 명사 뒤 예 나랏(나라+ㅅ) 말ᄊᆞ미

(4) 문장

① 높임 표현
- **주체 높임법**: 주체 높임의 선어말 어미 '-시/샤-'를 통해 서술의 주체를 높이는 방법으로, 자음 어미 앞에서는 '-시-'가, 모음 어미 앞에서는 '-샤-'가 옴.

고난도 해결 TIP ②

성조
- 글자의 왼쪽에 방점을 찍어 음의 높낮이를 표시한 것으로, 16세기 말엽에 완전히 소멸됨.

종류	개수	소리
평성	0	처음과 끝이 계속 낮은 소리
거성	1	처음과 끝이 계속 높은 소리
상성	2	처음은 낮고 끝이 높은 소리

고난도 해결 TIP ③

중세 국어의 부사격 조사·호격 조사
- 'ᄋᆡ/의'는 장소나 시간을 나타내는 부사격 조사로 쓰였음.

ᄋᆡ	양성 모음 뒤
의	음성 모음 뒤

- '로'는 모음이나 'ㄹ'로 끝나는 체언 뒤에서 부사격 조사로 쓰였음.
- '하'는 존대 대상인 체언 뒤에서 호격 조사로 쓰였음.

• **객체 높임법**: 객체 높임의 선어말 어미를 통해 목적어, 부사어를 높이는 방법

형태	음운 환경	예시
-숩(습)-	어간의 끝소리가 'ㄱ, ㅂ, ㅅ, ㅎ'일 때	업숩던(업-+-숩-+-던)
-즙(좁)-	어간의 끝소리가 'ㄷ, ㅌ, ㅈ, ㅊ'일 때	듣ㅈ녕며(듣-+-즙-+-으며)
-숩(솝)-	어간의 끝소리가 모음이나 'ㄴ, ㄹ, ㅁ'일 때	보숩고(보+숩+고)

   - 선어말 어미 뒤에 모음으로 시작하는 어미가 오면 '-숙-, -줄-, -슥-'으로 실현됨.

• **상대 높임법**: 상대 높임 선어말 어미를 통해 청자를 높이는 방법으로 선어말 어미 '-이/잇-'이 쓰이는데, '-이-'는 평서형에서, '-잇-'은 의문형에서 쓰임.

② 의문문

설명 의문문	보조사 '고', 종결 어미 '-뇨'('-오' 계열의 의문형 종결 어미)를 사용함.	예 이는 엇던 사롬고
판정 의문문	보조사 '가', 종결 어미 '-녀'('-아/어' 계열의 의문형 종결 어미)를 사용함.	예 이 ᄯ리 너희 죵가

• -ㄴ다: 설명 의문문, 판정 의문문을 구분하지 않고 주어가 2인칭일 때 쓰임.

03 근대 국어

(1) 표기상의 특징

• 'ㄱ, ㄴ, ㄹ, ㅁ, ㅂ, ㅅ, ㅇ'의 7자만 종성으로 사용함. 끊어 적기를 활용해 적기 시작했으며, 이어 적기에서 끊어 적기로 넘어가는 과도기적 현상으로 거듭 적기가 나타나기도 함.

(2) 음운

• 'ㆍ'의 소멸: 'ㆍ'의 완전한 소멸로 모음 체계가 변함. 'ㆍ'는 소실되면서 먼저 둘째 음절 이하에서는 'ㅡ'로 변하고, 이후 첫째 음절에서는 'ㅏ'로 변함.
• 'ㅸ'과 'ㅿ'의 소멸: 'ㅸ'은 이미 후기 중세 국어부터 반모음 'ㅗ/ㅜ'로 바뀌었고, 'ㅿ'은 근대 국어에서 아예 그 소리가 소실되었음.
• 성조의 소멸: 근대 국어에 이르러 성조가 완전히 사라짐. 높낮이는 사라지고 장음만이 국어에 남게 됨.
• 구개음화의 진행: 'ㅣ'나 반모음 'ㅣ' 앞의 'ㄷ, ㅌ'이 'ㅈ, ㅊ'으로 변하는 구개음화가 진행되었음. 예 디나가는 → 지나가는

(3) 단어

• 조사의 변화: 주격 조사 '가'가 생겨나서 '이'와 구별되어 사용되었고, 관형격 조사는 '의'만 쓰이게 됨. 예 아히가
• 명사형 어미의 변화: '-옴/움' 대신 '-기'가 활발히 쓰이게 됨. 예 붉기

---

01 고난도 해결 TIP ③
중세 국어의 조사 | 고3 모의평가 |

〈보기〉의 ㉠~㉤에 해당하는 예로 적절하지 않은 것은?

┤ 보기 ├

[중세 국어 조사의 쓰임]

㉠ 주격 조사 'ㅣ'는 모음 '이'나 반모음 'ㅣ' 이외의 모음으로 끝난 체언 뒤에 쓰였다.

㉡ 목적격 조사 '올' 또는 '을'은 자음으로 끝나는 체언 뒤에 쓰였다.

㉢ 관형격 조사 'ㅅ'은 사물이나 존대 대상인 체언 뒤에 쓰였다.

㉣ 부사격 조사 '로'는 모음이나 'ㄹ'로 끝나는 체언 뒤에 쓰였다.

㉤ 호격 조사 '하'는 존대 대상인 체언 뒤에 쓰였다.

① ㉠: 두리 즈믄 고른매 비취요미 [달이 천 개의 강에 비치는 것이]

② ㉡: 바볼 머굻 대로 혜여 머굼과 [밥을 먹을 만큼 헤아려 먹음과]

③ ㉢: 그 나못 불휘를 쌔혀 [그 나무의 뿌리를 빼어]

④ ㉣: 물 근 믈로 모술 밍 고노라 [맑은 물로 못을 만드노라]

⑤ ㉤: 님금하 아르쇼셔 [임금이시여, 아십시오]

02 내신 빈출 유형
중세 국어의 특징

〈보기〉를 바탕으로 중세 국어의 특징을 탐구한 내용으로 적절하지 않은 것은?

┤ 보기 ├

㉠선우(善友)ㅣ 듣고 츠기 너겨 이튿날 아ᄎ미 주인(主人)ᄃ려 닐오? "내 나가려 ᄒ노이다." 주인(主人)이 닐오ᄃ "무슷 이리 몯맛당ᄒ야 날 ᄇ리고 가려 ㉡ᄒᄂ다?" 선우(善友)ㅣ 닐오ᄃ "소니 오래 이쇼미 몯ᄒ리니 주인(主人)곳 ㉢나를 어여쎄 ㉣너기거시든 날 위ᄒ야 ᄒ 명쟁(鳴箏)을 밍 고라 ㉤주고 스름 한ᄃ 자새 나를 다가 두고라."

– 『월인석보』, 권 20(1459년) –

[현대어 풀이]

선우가 듣고 측은히 여겨 이튿날 아침에 주인에게 이르되, "내가 나가려 합니다." 주인이 이르되 "무슨 일이 못마땅하여 날 버리고 가려 하는가?" 선우가 이르되 "손님이 오래 있는 것이 못할 일이니 주인만 나를 불쌍히 여기시거든 날 위해서 아쟁 하나를 만들어 주고 사람 많은 성에 나를 두었으면 한다."

① ㉠을 보니, 현대 국어와 주격 조사가 다르게 쓰였군.

② ㉡을 보니, 중세 국어에서 의문문의 주어가 이인칭이면 'ㅡㄴ다'가 쓰였군.

③ ㉢을 보니, 현대 국어와 다른 형태의 목적격 조사가 있었군.

④ ㉣을 보니, 중세 국어는 선어말 어미의 배열이 현대 국어와 달랐군.

⑤ ㉤을 보니, 문장의 종결 어미 표기가 현대 국어에서도 달라지지 않았군.

01 중세 국어의 조사 | 수능 |

〈보기〉의 ㉠과 ㉡에 들어갈 말로 적절한 것은?

─── 보기 ───

학생: 현대 국어와는 달리 중세 국어의 'ㅔ', 'ㅐ'가 이중 모음이었다는 근거가 궁금해요.

선생님: 'ㅔ', 'ㅐ'로 끝나는 체언과 결합하는 조사의 형태가 무엇인지 (가)를 참고하여 (나)를 살펴보면 알 수 있단다.

(가)

체언의 끝소리	조사의 형태	예
자음	이라	지비라[집이다]
단모음 '이'나 반모음 'ㅣ'	∅라	ᄉᆡ라[ᄉᆡ(사이)이다] 불휘라[불휘(뿌리)이다]
그 밖의 모음	ㅣ라	젼ᄎᆞ라[젼ᄎᆞ(까닭)이다] 곡되라[곡도(꼭두각시)이다]

(나)

수(今)은 이제라[이제이다], 下(하)는 아래라[아래이다]

학생: (가)의 [㉠] 에서처럼 (나)의 '이제'와 '아래'가 [㉡] 형태의 조사를 취하는 것을 보니 'ㅔ', 'ㅐ'가 반모음 'ㅣ'로 끝나는 이중 모음이었음을 알 수 있어요.

	㉠	㉡
①	지비라	이라
②	ᄉᆡ라	∅라
③	불휘라	∅라
④	젼ᄎᆞ라	ㅣ라
⑤	곡되라	ㅣ라

02 중세 국어에 대한 이해 | 고3 모의평가 |

고난도 해결 TIP ❷ ✝킬러문항

〈보기〉에 대한 이해로 적절한 것은?

─── 보기 ───

나·랏 :말ᄊᆞ·미 中듕國·귁·에 달·아 文문字·ᄍᆞ·와·로 서르 ᄉᆞᄆᆞᆺ·디 아·니홀·ᄊᆡ ·이런 젼·ᄎᆞ·로 어·린 百·ᄇᆡᆨ姓·셩·이 니르·고·져 ·홇 ·배이·셔·도 ᄆᆞᄎᆞᆷ:내 제 ·ᄠᆞ·들 시·러 펴·디 :몯홇 ·노·미 하·니·라 ·내 ·이·ᄅᆞᆯ 爲·윙·ᄒᆞ·야 :어엿·비 너·겨 ·새·로 ·스·믈여·듫 字·ᄍᆞ·ᄅᆞᆯ 밍·ᄀᆞ노·니 :사ᄅᆞᆷ:마·다 :ᄒᆡ·ᄤᅧ :수·ᄫᅵ 니·겨 ·날·로 ·ᄡᅮ·메 便뼌安한·킈 ᄒᆞ·고·져 홇 ᄯᆞᄅᆞ·미니·라

– 『훈민정음』 언해, 세조 5년(1459) –

○ 현대어 풀이

우리나라의 말이 중국과 달라 문자와 서로 통하지 아니하여서 이런 까닭으로 어리석은 백성이 말하고자 하는 바가 있어도 마침내 제 뜻을 능히 펴지 못하는 사람이 많다. 내가 이를 위하여 가엾게 여겨 새로 스물여덟 자를 만드니, 모든 사람들로 하여금 쉽게 익혀 날마다 쓰는 데 편하게 하고자 할 따름이다.

① ':말ᄊᆞ·미'와 '·홇 ·배'에 쓰인 주격 조사는 그 형태가 동일하군.

② '하·니·라'의 '하다'는 현대 국어의 동사 '하다'와 품사가 동일하군.

③ '·이·ᄅᆞᆯ'과 '·새·로'에는 동일한 강약을 표시하는 방점이 쓰였군.

④ ':ᄒᆡ·ᄤᅧ'와 '便뼌安한·킈ᄒᆞ·고·져'에는 모두 피동 표현이 쓰였군.

⑤ '·ᄡᅮ·메'에는 '사용하다'라는 의미를 지닌 동사 '쓰다'가 쓰였군.

03 중세 국어의 의문형 종결 어미 | 고3 모의평가 |

〈보기〉의 ㉠~㉢에 들어갈 말로 적절한 것은?

─┤ 보기 ├─

중세 국어에서는 의문문의 종류에 따라 종결 어미나 보조사가 달리 쓰인다. 예를 들면 용언의 어간에 어미가 결합하여 서술어가 될 때 판정 의문문에서는 종결 어미 '-녀', 설명 의문문에서는 종결 어미 '-뇨'가 쓰인다. 반면, 체언에 보조사가 결합하여 서술어가 될 때 판정 의문문에서는 보조사 '가', 설명 의문문에서는 보조사 '고'가 쓰인다. 그런데 주어가 2인칭일 때에는 의문문의 종류와 관계없이 종결 어미 '-ㄴ다'가 쓰인다. 중세 국어 의문문의 예는 아래와 같다.

• 이 일후미 (㉠   )
　[이 이름이 무엇인가?]
• 네 엇뎨 아니 (㉡   )
　[네가 어찌 안 가는가?]
• 그듸는 보디 (㉢   )
　[그대는 보지 않는가?]

	㉠	㉡	㉢
①	므스고	가ᄂᆞ뇨	아니ᄒᆞᄂᆞ다
②	므스고	가ᄂᆞ다	아니ᄒᆞᄂᆞ다
③	므스고	가ᄂᆞ뇨	아니ᄒᆞᄂᆞ녀
④	므스가	가ᄂᆞ다	아니ᄒᆞᄂᆞ다
⑤	므스가	가ᄂᆞ뇨	아니ᄒᆞᄂᆞ녀

04 중세 국어의 관형격 조사

〈보기〉의 ⓐ~ⓒ를 이해한 내용으로 적절하지 않은 것은?

─┤ 보기 ├─

중세 국어에서 체언에 관형격 조사 '익/의/ㅅ'이 결합한 문장 성분은 관형어로 해석되는 것이 원칙이다. 유정 명사 뒤에 실현되었던 '익/의'는 모음 조화에 따라 둘 중 하나로 조사의 형태가 결정되었고, 무정 명사이거나 높임의 대상인 유정 명사 뒤에 실현되었던 'ㅅ'은 모음 조화와 무관하게 그대로 쓰였다. 현대 국어와 달리 중세 국어의 명사절이나 관형절 속에서 유정 명사에 관형격 조사 '익/의/ㅅ'이 붙은 형태는 특이하게 주어로 해석되기도 했다.

• ⓐ종이 셔리예 淸淨ᄒᆞ도다
　(종의 가운데 청정하도다)
• ⓑ소저의 혼 모믈 보디
　(소저가 낳은 몸을 보되)
• ⓒ부텻 니르샤믈 듣ᄌᆞᆸ고
　(부처가 이르심을 듣고)

① ⓐ의 '종', ⓑ의 '소저', ⓒ의 '부텨'는 모두 유정 명사에 해당한다.
② ⓐ는 ⓑ, ⓒ와 달리 체언에 관형격 조사를 결합한 문장 성분이 관형어로 해석된다.
③ ⓐ에 '익', ⓑ에 '의'가 결합된 것은 앞말 체언의 중성에 따라 관형격 조사의 형태가 달리 실현되었기 때문이다.
④ ⓑ, ⓒ는 ⓐ와 달리 관형절 속에서 주어로 쓰이는 말에 관형격 조사가 붙은 경우이다.
⑤ ⓒ를 '아비의'로 바꾸면 관형격 조사 '의'가 붙은 형태라도 의미상 주어로 해석된다.

05 중세 국어의 높임법

〈보기 1〉의 내용을 바탕으로 〈보기 2〉의 높임법에 대해 이해한 내용으로 적절하지 <u>않은</u> 것은?

┤ 보기 1 ├

　　중세 국어의 높임 표현은 주로 선어말 어미를 통해 실현되었다. 주체 높임의 경우에는 선어말 어미 '-시-'를 사용하여 실현되었는데, 이는 자음으로 끝나는 어간이나 어미 뒤에서는 '-으시-/-ᄋᆞ시-'의 형태로 실현되었고, 모음으로 시작하는 어미 앞에서는 '-샤-'로 교체되었다. 또한 중세 국어에는 현대 국어와 달리 목적어나 부사어에 해당하는 객체를 높이는 선어말 어미 '-ᅀᆞᆸ-/-ᄌᆞᆸ-/-ᄉᆞᆸ-'이 존재하였으며, 이들은 모음으로 시작하는 어미 앞에서는 '-ᅀᆞᇦ-/-ᄌᆞᇦ-/-ᄉᆞᇦ-'의 형태로 나타났다.

┤ 보기 2 ├

ㄱ. 如來太子時節에 나ᄅᆞᆯ 겨집 사ᄆᆞ시니

ㄴ. 므스게 쓰시리

ㄷ. 부텨옷 보ᅀᆞᄫᅡ면 당다이 得道를 ᄲᆞᆯ리 ᄒᆞ리니

ㄹ. 내 王ㅅ 말ᄊᆞᆷ 듣ᄌᆞᆸ고ᅀᅡ

ㅁ. 善썬慧ᅘᆐᆼ 對됭答답ᄒᆞ샤ᄃᆡ 부텻긔 받ᄌᆞᄫᅩ리라

[현대어 풀이]

ㄱ. 여래께서 태자 시절에 나를 아내로 삼으시니

ㄴ. 무엇에 사용하실 것입니까?

ㄷ. 부처만 뵈면 마땅히 득도를 빨리 할 것이니

ㄹ. 내가 왕의 말씀을 듣고서야

ㅁ. 선혜가 대답하시되 "부처께 바칠 것이다."

① ㄱ: '-ᄋᆞ시-'를 통해 문장의 주체인 '여래'를 높이고 있다.

② ㄴ: '-시-'를 통해 생략된 주어가 높임의 대상임을 드러내고 있다.

③ ㄷ: '-ᅀᆞᇦ-'을 통해 목적어인 '득도'를 높이고 있다.

④ ㄹ: '-ᄌᆞᆸ-'을 통해 '왕의 말씀'이 높임의 대상임을 드러내고 있다.

⑤ ㅁ: '-ᄌᆞᇦ-'을 통해 '부처'를 높이고 있다.

06 내신 빈출 유형 중세 국어의 의문문

〈보기 1〉을 참고할 때, 〈보기 2〉의 ⓐ~ⓒ에 들어갈 말로 적절한 것은?

┤ 보기 1 ├

　　중세 국어에서는 의문문의 유형에 따라 다른 형태의 의문 보조사와 의문형 어미가 쓰였다. 청자에게 '예', '아니요'의 대답을 요구하는 판정 의문문에는 의문 보조사 '가'와 '-아/어' 계열의 의문형 종결 어미가 쓰였고, 구체적인 설명을 요구하는 설명 의문문에는 의문사가 함께 쓰이며 의문 보조사 '고'와 '-오' 계열의 의문형 종결 어미가 쓰였다. 판정 의문문과 설명 의문문은 'ᄒᆞ쇼셔체'에서도 구별되는데, 'ᄒᆞ쇼셔체'의 의문문에는 상대 높임의 선어말 어미인 '-잇-'이 결합한다.

┤ 보기 2 ├

• 이 두 사ᄅᆞ미 진실(眞實)로 네 항것 　ⓐ　

　(이 두 사람이 진실로 네 상전이냐?)

• 그 ᄠᅳ디 ᄒᆞᆫ 가지아 아니 　ⓑ　

　(그 뜻이 한 가지인가, 아닌가?)

• 이제 엇뎨 ᄒᆞ야ᅀᅡ 지옥(地獄) 잇ᄂᆞᆫ 짜해 가리　ⓒ　

　(이제 어떻게 하여야 지옥 있는 땅에 가겠습니까?)

	ⓐ	ⓑ	ⓒ
①	가	아	잇고
②	가	아	잇가
③	가	오	잇고
④	고	아	잇고
⑤	고	오	잇가

[01~02] 다음 글을 읽고 물음에 답하시오.

국어에서는 일반 어휘처럼 문법 형태소에서도 하나의 형태가 여러 의미로 쓰이거나 여러 형태가 하나의 의미로 쓰이는 현상을 발견할 수 있다. 가령, 전자로는 현대 국어에서 명사 '높이'에 쓰인 명사 파생 접사 '-이'와 부사 '높이'에 쓰인 부사 파생 접사 '-이'를 예로 들 수 있다. 명사 파생 접사 '-이'는 여러 의미로 쓰인다. 예컨대 '놀이'에서는 '…하는 행위'의 의미를, '구두닦이'에서는 '…하는 사람'의 의미를, '연필깎이'에서는 '…하는 데 쓰이는 도구'의 의미를 나타낸다. 후자로는 현대 국어의 명사 파생 접사 '-이'와 '-음'을 예로 들 수 있다.

중세 국어에서도 명사 파생 접사 '-이'와 부사 파생 접사 '-이'가 존재하였다. 가령, 현대 국어의 '길이'와 마찬가지로 '기리(길-+-이)'의 '-이'는 형용사 어간에 붙어 명사도 만들고 부사도 만들었다. 또한 '-이'는 '사리(살-+-이)'처럼 동사 어간에 붙어 '…하는 행위'의 의미를 나타내기도 하였으나, '…하는 사람', '…하는 데 쓰이는 도구'의 의미를 나타내지는 않았다.

중세 국어에서 명사 파생 접사 '-이'처럼 용언 어간에 붙는 명사 파생 접사 '-의'도 쓰였는데, 이 '-의'는 '-이'와 달리 부사는 파생하지 않았다. 또한 접사 '-의'는 모음 조화에 따라 양성 모음 뒤에서는 '-이'로 쓰였는데, 접사 '-이'는 중세 국어에서 'ㅣ' 모음이 양성 모음도 아니고 음성 모음도 아니어서 모음 조화와는 무관하게 결합하였다.

┌ 너븨(넙-+-의)도 ᄀᆞ티 ᄒᆞ고 [넓이도 같이 하고]
└ 노픽(높-+-이) 다ᄉᆞᆺ 자히러라 [높이가 다섯 자였다]

한편, 중세 국어에서는 '의'가 앞 체언에 붙어 관형격 조사와 부사격 조사로 쓰이기도 했다. 관형격 조사는 평칭의 유정 체언 뒤에 쓰였고, 부사격 조사는 서술어와 호응하여 장소나 시간을 나타내는 부사어에서 쓰였다. 그런데 이들 '의'도 모음 조화에 따라 양성 모음 뒤에서는 '익'로 쓰였다.

┌ 버믜(범+의) ᄲᅧ나 [범의 뼈나]
└ 사ᄅᆞ믜(사ᄅᆞᆷ+익) 무레 [사람의 무리에]
┌ 무틔(뭍+의) ᄃᆞ니는 [뭍에 다니는]
└ 바미(밤+익) 나디 아니ᄒᆞᄂᆞ니 [밤에 나가지 아니하니]

윗글을 바탕으로 추론한 내용으로 적절한 것은?

① 현대 국어의 '책꽂이'에서 '-이'는 '…하는 행위'의 의미를 나타내는 접사이다.
② 현대 국어 '놀이'에서의 '-이'는 중세 국어 '사리'에서의 '-이'와 달리 '…하는 사람'의 의미로 쓰인다.
③ 현대 국어 '길이'처럼 중세 국어 '기릐'도 명사와 부사로 쓰였다.
④ 중세 국어에서 접사 '-익'가 붙어 파생된 단어는 두 가지 품사로 쓰였다.
⑤ 중세 국어에서 체언에 조사 '의'가 붙은 말은 관형어나 부사어로 쓰였다.

02 고난도 해결 TIP ❸

윗글을 바탕으로 〈보기〉의 중세 국어 자료를 이해한 내용으로 적절하지 <u>않은</u> 것은?

─── 보기 ───

㉠ 王ㅅ 겨틔 안잿다가 [왕의 곁에 앉아 있다가]
㉡ 曲江ㅅ 구븨예 ᄀᆞ마니 ᄃᆞ니노라
   [곡강의 굽이에 가만히 다니노라]
㉢ 光明이 ᄇᆞᆯ기 비취여 [광명이 밝히 비치어]
㉣ 글지ᅀᅵ예 위두ᄒᆞ고 [글짓기에 으뜸이고]
㉤ ᄯᆞ릐 일후믄 [딸의 이름은]

① ㉠에서 '겨틔'의 '의'는 모음 조화에 따라 결합한 부사격 조사이군.
② ㉡에서 '구븨'의 '-의'는 모음 조화에 따라 결합한 부사 파생 접사이군.
③ ㉢에서 'ᄇᆞᆯ기'의 '-이'는 모음 조화와 무관하게 결합한 부사 파생 접사이군.
④ ㉣에서 '글지ᅀᅵ'의 '-이'는 모음 조화와 무관하게 결합한 명사 파생 접사이군.
⑤ ㉤에서 'ᄯᆞ릐'의 '익'는 모음 조화에 따라 결합한 관형격 조사이군.

쉽게 E   빠르게 S

531
PROJECT

H 완벽하게

효과 빠른 약점 처방전

국어 문법 고난도 H

정답과 해설

이투스북

531
PROJECT ▷ H 수능완성

국어 **문법 고난도** H

정답과 해설

정답과 해설

01강 음운 체계, 음운 변동 ①

기출 선택지 OX 1× 2× 3○

수능과 내신 문제로 다지기 본문 11쪽

01 ③ 02 ④ 03 ⑤

01 정답 ③ 조음 위치 및 조음 방법의 변화

정답 풀이

'강릉'을 [강능]으로 발음하는 것은 'ㄹ'의 비음화가 일어난 결과로, 치조음의 유음인 'ㄹ'이 치조음의 비음 'ㄴ'으로 바뀌는 것이다. 따라서 조음 위치는 변하지 않고 조음 방법만 한 번 변한다.

오답 풀이

① '맏이'를 [마지]로 발음하는 것은 구개음화 현상에 해당한다. 이때 치조음의 파열음 'ㄷ'이 경구개음의 파찰음 'ㅈ'으로 바뀌는 것이므로, 조음 위치와 조음 방법이 한 번씩 변한 것을 알 수 있다.

② '꽃눈'은 음절의 끝소리 규칙이 일어나 [꼳눈], 이어서 비음화가 일어나 [꼰눈]으로 발음한다. 이때 경구개음의 파찰음 'ㅊ'이 치조음의 파열음 'ㄷ'으로 바뀌고, 치조음의 파열음 'ㄷ'이 다시 치조음의 비음 'ㄴ'으로 바뀌는 것이므로, 조음 위치는 한 번, 조음 방법은 두 번 변한다.

④ '실내'를 [실래]로 발음하는 것은 유음화에 해당한다. 이때 치조음의 비음 'ㄴ'이 치조음의 유음 'ㄹ'로 변하므로, 조음 위치는 변하지 않고 조음 방법만 한 번 변한 것을 알 수 있다.

⑤ '앞날'은 음절의 끝소리 규칙이 일어나 [압날], 이어서 비음화가 일어나 [암날]로 발음한다. 이때 양순음의 파열음 'ㅍ'이 양순음의 파열음 'ㅂ'으로 바뀌고, 양순음의 파열음 'ㅂ'이 양순음의 비음 'ㅁ'으로 바뀌므로, 조음 위치는 양순음에서 변하지 않고 조음 방법만 한 번 변한 것을 알 수 있다.

개념 복습

• 자음 체계표

조음 방법＼조음 위치	양순음	치조음	경구개음	연구개음	후음
파열음	ㅂ/ㅃ/ㅍ	ㄷ/ㄸ/ㅌ		ㄱ/ㄲ/ㅋ	
파찰음			ㅈ/ㅉ/ㅊ		
마찰음		ㅅ/ㅆ			ㅎ
비음	ㅁ	ㄴ		ㅇ	
유음		ㄹ			

02 정답 ④ 음절의 실현 형태

정답 풀이

'와'에서 초성 자리에 있는 'ㅇ'은 음가가 없으므로 자음이 아니다. 따라서 '와'는 음절 구조가 자음과 모음으로 이루어진 것이 아니라 이중 모음 'ㅘ' 단독으로만 이루어진 음절이다.

오답 풀이

① 〈보기〉에서 음절이 만들어지는 네 가지 유형을 보면 모두 모음이 포함되어 있음을 확인할 수 있다. 따라서 국어에서 모음 없이는 음절이 만들어질 수 없음을 추론할 수 있다.

② '아'는 단모음 'ㅏ'로 이루어진 음절이고, '요'는 이중 모음 'ㅛ'로 이루어진 음절이다. 따라서 '아, 요'는 모두 모음 단독으로 음절이 되는 경우이다.

③ '생, 각, 만'은 초성에 'ㅅ, ㄱ, ㅁ', 종성에 'ㅇ, ㄱ, ㄴ'과 같이 모두 자음만 사용되었음을 확인할 수 있다. 이처럼 우리 국어의 초성과 종성에는 모두 자음만이 올 수 있다.

⑤ '엄'에서 초성 자리에 있는 'ㅇ'은 음가가 없는 것이므로 '엄'은 초성이 없이 중성 'ㅓ'와 종성 'ㅁ'만으로 만들어진 음절이다.

03 정답 ⑤ 'ㅣ' 역행 동화 현상

정답 풀이

'아지랑이'는 'ㅣ' 모음 역행 동화가 일어나면 [아지랭이]로 발음될 수 있지만 이렇게 'ㅣ' 모음 역행 동화가 적용된 형태를 표준어로 삼지 않고 '아지랑이'를 표준어로 삼는다. 따라서 〈보기〉의 ㉠에 해당하지 않는다.

오답 풀이

① '시골내기'는 '시골나기'에 'ㅣ' 모음 역행 동화가 일어난 형태를 표준어로 삼는 경우에 해당한다.

② '냄비'는 '남비'에 'ㅣ' 모음 역행 동화가 일어난 형태를 표준어로 삼는 경우에 해당한다.

③ '멋쟁이'는 '멋장이'에 'ㅣ' 모음 역행 동화가 일어난 형태를 표준어로 삼는 경우에 해당한다.

④ '담쟁이'는 '담장이'에 'ㅣ' 모음 역행 동화가 일어난 형태를 표준어로 삼는 경우에 해당한다.

개념 복습

• 'ㅣ' 모음 역행 동화

후설 모음 'ㅏ, ㅓ, ㅗ, ㅜ'가 뒤에 오는 전설 모음 'ㅣ'의 영향을 받아 각각 'ㅐ, ㅔ, ㅚ, ㅟ'로 바뀌는 현상으로, '서울내기, 시골내기, 풋내기, 냄비, 담쟁이, 멋쟁이' 등 일부 단어를 제외하고는 표준 발음으로 인정하지 않음.

| 01 ④ | 02 ③ | 03 ① | 04 ① | 05 ④ |
| 06 ⑤ | 07 ② | | | |

01 정답 ④ 음절의 유형과 변화

정답 풀이

'국물[궁물]'에서의 [궁]은 'ㄱ'이 'ㅇ'으로 교체된 결과이다. 이때 [궁]의 음절 유형은 '자음+모음+자음'으로, 단일어인 '국[국]'의 음절 유형인 '자음+모음+자음'과 같다.

오답 풀이

① '밥상[밥쌍]'의 [쌍]은 'ㅅ'이 'ㅆ'으로 교체된 결과이다. 이때 [쌍]의 음절 유형은 '자음+모음+자음'이고, 단일어인 '상[상]'의 음절 유형 역시 '자음+모음+자음'으로 달라지지 않았다.

② '집일[짐닐]'의 [닐]은 'ㄴ'이 첨가된 결과이다. 이때 [닐]의 음절 유형은 '자음+모음+자음'으로, 단일어인 '일[일]'의 음절 유형인 '모음+자음'과 달라졌다.

③ '의복함[의보캄]'의 [캄]은 'ㄱ'과 'ㅎ'이 'ㅋ'으로 축약된 결과이다. 이때 [캄]의 음절 유형은 '자음+모음+자음'으로, 단일어인 '함[함]'의 음절 유형인 '자음+모음+자음'과 같다.

⑤ '화살[화살]'의 [화]는 '활'과 '살'이 결합할 때 '활'의 'ㄹ'이 탈락된 결과이다. 이때 [화]의 음절 유형은 '자음+모음'으로, 단일어인 '활[활]'의 음절 유형인 '자음+모음+자음'과 다르다.

02 정답 ③ 최소 대립쌍의 음운

정답 풀이

'쉬리-소리'의 최소 대립쌍에서 'ㅟ'와 'ㅗ', '마루-머루'의 최소 대립쌍에서 'ㅏ'와 'ㅓ', '구실-구슬'의 최소 대립쌍에서 'ㅣ'와 'ㅡ'의 음운을 추출할 수 있다. 'ㅟ, ㅗ, ㅏ, ㅓ, ㅣ, ㅡ'에서 평순 모음은 'ㅏ, ㅓ, ㅣ, ㅡ'로 모두 4개이다.

오답 풀이

① 추출된 음운들 중 전설 모음은 'ㅟ, ㅣ'로 모두 2개이다.
② 추출된 음운들 중 중모음은 'ㅗ, ㅓ'로 모두 2개이다.
④ 추출된 음운들 중 고모음은 'ㅟ, ㅣ, ㅡ'로 모두 3개이다.
⑤ 추출된 음운들 중 후설 모음은 'ㅗ, ㅏ, ㅓ, ㅡ'로 모두 4개이다.

03 정답 ① 연음 법칙

정답 풀이

'밭은소리'는 용언 '밭다'의 활용형 '밭은'과 명사 '소리'가 결합된 단어이다. 이때 '밭은'의 어미 '-은'이 형식 형태소이므로 '밭은'은 연음하여 [바튼]으로 발음하고, '밭은소리'는 [바튼소리]로 발음한다.

오답 풀이

② '낱'에 형식 형태소인 조사 '으로'가 붙으면 연음이 일어나 [나트로]라고 발음한다. 반면에 '낱'에 실질 형태소인 어근 '알'이 붙으면 음절의 끝소리 규칙이 먼저 일어나 [낟알]로 발음하고, 이어 연음이 일어나 [나달]로 발음한다.

③ '앞어금니'의 어근 '어금니'는 'ㅓ'로 시작하는 실질 형태소이므로 음절의 끝소리 규칙이 먼저 적용되어 [압어금니]로 발음하고, 이어 연음이 일어나 [아버금니]로 발음하게 된다.

④ '겉옷음'의 어근 '옷-'은 실질 형태소이고, 접사 '-음'은 형식 형태소이므로 [기두슴]으로 발음하게 된다.

⑤ '밭' 뒤에 붙는 조사 '을'은 형식 형태소이므로 연음이 일어나 [바틀]로 발음하게 된다.

04 정답 ① 역행적 유음화와 'ㄹ'의 비음화

정답 풀이

'산란기'가 [살란기]로 발음되는 것은 앞에 있는 비음 'ㄴ'이 뒤에 오는 유음 'ㄹ'의 영향을 받아 'ㄹ'로 바뀌는 '역행적 유음화'가 일어난 것이다. '표현력'이 [표현녁]으로 발음되는 것은 유음 'ㄹ'이 비음 'ㄴ'의 영향을 받아 비음 'ㄴ'으로 바뀐 'ㄹ'의 비음화가 일어난 것이다.

오답 풀이

② '줄넘기'가 [줄럼끼]로 발음되는 것은 뒤에 있는 비음 'ㄴ'이 앞에 있는 유음 'ㄹ'의 영향을 받아 'ㄹ'로 바뀌는 '순행적 유음화'가 일어난 것이다. '입원료'가 [이붠뇨]로 발음되는 것은 유음 'ㄹ'이 비음 'ㄴ'의 영향을 받아 비음 'ㄴ'으로 바뀌는 'ㄹ'의 비음화가 일어난 것이다.

③ '결단력'이 [결딴녁]으로 발음되는 것은 유음 'ㄹ'이 비음 'ㄴ'의 영향을 받아 비음 'ㄴ'으로 바뀌는 'ㄹ'의 비음화가 일어난 것이다. '생산량'이 [생산냥]으로 발음되는 것 역시 유음 'ㄹ'이 비음 'ㄴ'의 영향을 받아 비음 'ㄴ'으로 바뀌는 'ㄹ'의 비음화가 일어난 것이다.

④ '의견란'이 [의:견난]으로 발음되는 것은 유음 'ㄹ'이 비음 'ㄴ'의 영향을 받아 비음 'ㄴ'으로 바뀌는 'ㄹ'의 비음화가 일어난 것이다. '향신료'가 [향신뇨]로 발음되는 것 역시 유음 'ㄹ'이 비음 'ㄴ'의 영향을 받아 비음 'ㄴ'으로 바뀌는 'ㄹ'의 비음화가 일어난 것이다.

⑤ '대관령'이 [대:괄령]으로 발음되는 것은 앞에 있는 비음 'ㄴ'이 뒤에 오는 유음 'ㄹ'의 영향을 받아 'ㄹ'로 바뀌는 '역행적 유음화'가 일어난 것이다. '물난리'가 [물랄리]로 발음되는 것은 '난'의 초성 'ㄴ'이 앞에 있는 유음 'ㄹ'의 영향을 받아 'ㄹ'로 바뀌는 '순행적 유음화'와, '난'의 종성 'ㄴ'이 뒤에 오는 유음 'ㄹ'의 영향을 받아 'ㄹ'로 바뀌는 '역행적 유음화'가 일어난 것이다.

05 정답 ④ 비음화와 유음화

정답 풀이

〈보기〉의 ㄱ과 ㄴ은 비음화, ㄷ은 유음화에 대한 설명이다. '막론'이 [망논]으로 발음되는 과정은 '막론 → [막논] → [망논]'과 같다. 즉, 받침 'ㄱ' 뒤에 연결되는 'ㄹ'이 [ㄴ]으로 바뀌어 발음되었고(ㄴ), 받침 'ㄱ'이

'ㄴ' 앞에서 [ㅇ]으로 바뀌어 발음되었다(ㄱ). 따라서 '막론[망논]'에는 ㄱ, ㄴ에 해당하는 음운 변동이 있다.

오답 풀이

① '침략[침냑]'은 받침 'ㅁ' 뒤에 연결되는 'ㄹ'이 [ㄴ]으로 발음되는 비음화가 일어난 것이므로 ㄴ에 해당하는 음운 변동이 있다.
② '칼날[칼랄]'은 'ㄴ'이 'ㄹ' 뒤에서 [ㄹ]로 발음되는 유음화가 일어난 것이므로 ㄷ에 해당하는 음운 변동이 있다.
③ '읊는'은 자음군 단순화와 음절의 끝소리 규칙에 의해 먼저 [읍는]으로 발음되고, 이후 받침 'ㅂ'이 [ㅁ]으로 발음되는 비음화가 일어나 [음는]이 된 것이므로 ㄱ에 해당하는 음운 변동이 있다.
⑤ '닳는'은 자음군 단순화에 의해 먼저 [달는]으로 발음되고, 이후 'ㄴ'이 'ㄹ' 뒤에서 [ㄹ]로 발음되는 유음화가 일어나 [달른]이 된 것이므로 ㄷ에 해당하는 음운 변동이 있다.

📖 개념 복습

- **비음화와 유음화**

비음화	– 받침으로 쓰인 파열음 'ㄱ, ㄷ, ㅂ'이 비음 'ㄴ, ㅁ' 앞에서 각각 비음 'ㅇ, ㄴ, ㅁ'으로 바뀌어 발음됨. – 받침으로 쓰인 파열음 'ㄱ, ㅂ' 뒤에 오는 유음 'ㄹ'이 비음 'ㄴ'으로 바뀌어 발음됨. – 받침 'ㅁ, ㅇ' 뒤에서 유음 'ㄹ'이 비음 'ㄴ'으로 바뀌어 발음됨.
유음화	'ㄴ'이 유음 'ㄹ'의 앞이나 뒤에서 'ㄹ'로 바뀌어 발음됨.

06 정답 ⑤ 구개음화의 형태

정답 풀이

'굳히다'가 [구치다]로 발음되는 것은 한 형태소 안에서 구개음화가 일어난 것이 아니라, 'ㄷ' 뒤에 형식 형태소 '히'가 올 때 'ㅎ'과 결합하여 이루어진 'ㅌ'이 'ㅊ'이 되는 경우이다.

오답 풀이

① '펴디 → [펴지]'는 '디'가 '지'로 바뀐 경우이므로 한 형태소 안에서 구개음화가 일어난 예이다.
② '뎌 → 져 → [저]'는 '뎌'가 '져'로 바뀐 경우이므로 한 형태소 안에서 구개음화가 일어난 예이다.
③ '됴타 → 죠타 → [조타]'는 '됴'가 '죠'로 바뀐 경우이므로 한 형태소 안에서 구개음화가 일어난 예이다.
④ '텬디 → 쳔지 → [천지(天地)]'는 '텬'이 '쳔'으로 바뀐 경우이므로 한 형태소 안에서 구개음화가 일어난 예이다.

07 정답 ② 음절의 끝소리 규칙과 된소리되기

정답 풀이

㉠은 '깥'의 'ㅌ'이 'ㄷ'으로, '앞'의 'ㅍ'이 'ㅂ'으로 대표되어 발음되므로 음절의 끝소리 규칙이 나타난 경우에 해당한다. ㉡은 '낱'과 '밭'의 'ㅌ'이 'ㄷ'으로, '꽃'의 'ㅊ'이 'ㄷ'으로 대표되어 발음되고, 예사소리인 'ㄱ'이 'ㄲ'으로, 'ㅂ'이 'ㅃ'으로 바뀌어 발음되기 때문에 음절의 끝소리 규칙과 된소리되기가 모두 나타나는 경우에 해당한다. ㉢은 어간의 끝소리 'ㅁ' 뒤에서 'ㄷ'이 'ㄸ'으로, 어간의 끝소리 'ㄴ' 뒤에서 'ㄱ'이 'ㄲ'으로 바뀌어 발음되므로 된소리되기가 나타난 경우에 해당한다. 따라서 ㉠~㉢을 분류한 것으로 가장 적절한 것은 ②이다.

복합으로 완성하기
본문 15쪽

01 ④   **02** ②

🔍 지문 해설   [01~02] 음절의 유형과 음절 구조의 제약

- **우리말의 음절**

개념	발음의 단위
특징	표기된 글자가 실제 발음과 다르더라도 표기된 글자 하나하나를 '음절'이라고 인식함.
유형	– 자음과 모음의 결합 방식에 따라 네 가지 유형으로 나뉨. – 모음 / 자음+모음 / 모음+자음 / 자음+모음+자음
구조의 제약	– 초성에는 'ㅇ'이 올 수 없음. – 종성에는 'ㄱ, ㄴ, ㄷ, ㄹ, ㅁ, ㅂ, ㅇ'만 올 수 있음. – 종성에는 둘 이상의 자음이 올 수 없음.

01 정답 ④ 음절의 특징

정답 풀이

'강'과 '복'은 각각 [강]과 [복]으로 발음되므로 발음을 기준으로 할 때 '자음+모음+자음'의 같은 음절 유형에 해당한다. 또한 '목'과 '몫'은 모두 [목]으로 발음되므로 발음을 기준으로 할 때 '자음+모음+자음'의 같은 음절 유형에 해당한다.

오답 풀이

① '싫증'은 '싫은 생각이나 느낌. 또는 그런 반응'을 의미하는 말로, [실쯩]으로 발음되지만 '싫다'의 의미를 효과적으로 전달하기 위해 첫 글자의 형태를 고정하여 표기한 것이다. 그러므로 의미를 효과적으로 전달하기 위해 하나의 의미는 하나의 형태로 고정하여 적는다는 원칙에 따라 표기한 예에 해당한다.
② '북소리'는 [북쏘리]로 발음되지만 '북소리'로 표기하고, '국물'은 [궁물]로 발음되지만 '국물'로 표기한다. 따라서 표기가 실제 발음을 그대로 드러내지 않는 경우의 예에 해당한다.

③ '나뭇잎'은 표기와 다르게 [나문닙]으로 발음된다. 그런데 끝말잇기를 할 때 뒤에 '닙'으로 시작하는 단어가 아니라 '잎'으로 시작하는 '잎새'를 연결하는 것은, 음절을 실제 발음이 아니라 표기된 글자 하나하나로 인식한 결과라고 할 수 있다.

⑤ 발음을 기준으로 한 '북어[부거]'의 음절 유형은 [부]는 '자음＋모음', [거]는 '자음＋모음'이므로, 표기 형태인 '북어'가 음절 유형을 그대로 나타내지 않는 경우의 예에 해당한다. 발음을 기준으로 한 '강변[강변]'의 음절 유형은 [강]은 '자음＋모음＋자음', [변]은 '자음＋모음＋자음'이므로, 표기 형태인 '강변'이 음절 유형을 그대로 나타내는 경우의 예에 해당한다.

02 정답 ② 음절 구조 제약과 관련된 음운 변동

정답 풀이

'옷만'을 [온만]으로 발음할 때는, 먼저 종성에 'ㅅ'이 올 수 없다는 음절 구조 제약에 따라 앞말의 받침 'ㅅ'이 'ㄷ'으로 바뀌고, 'ㄷ'은 뒷말의 첫소리 'ㅁ'의 영향을 받아 'ㄴ'으로 바뀐다. 따라서 음절 구조 제약과 관련된 교체가 한 번 일어나고, 음절 구조 제약과 무관한 교체가 한 번 일어남을 알 수 있다.

오답 풀이

① '굳이'를 [구지]로 발음하는 것은 받침 'ㄷ'이 뒤에 오는 모음 'ㅣ'를 만나 'ㅈ'으로 바뀌기 때문이다. 이는 음절 구조 제약과 관련이 없는 교체가 한 번 일어나는 것이다.

③ '물약'은 '물'과 '약'이 결합하여 합성어가 될 때 뒷말의 첫소리에 'ㄴ'이 첨가되고, 이후 첨가된 'ㄴ'이 앞말의 받침 'ㄹ'의 영향을 받아 'ㄹ'로 바뀌어 [물략]으로 발음된다. 따라서 음절 구조 제약과 무관한 첨가가 한 번, 음절 구조 제약과 무관한 교체가 한 번 일어나는 것이다.

④ '값도'를 [갑또]로 발음하는 것은 앞말의 겹받침 중 'ㅅ'이 탈락하여 'ㅂ'만 남고, 남은 'ㅂ'의 영향으로 뒷말의 첫소리 'ㄷ'이 된소리 'ㄸ'으로 바뀌기 때문이다. 따라서 종성에 둘 이상의 자음이 올 수 없다는 음절 구조 제약과 관련된 탈락이 한 번, 음절 구조 제약과 무관한 교체가 한 번 일어나는 것이다.

⑤ '핥는'을 [할른]으로 발음하는 것은 앞말의 겹받침 중 'ㅌ'이 탈락하여 'ㄹ'만 남고, 남은 'ㄹ'의 영향으로 뒷말의 첫소리 'ㄴ'이 'ㄹ'로 바뀌기 때문이다. 따라서 종성에 둘 이상의 자음이 올 수 없다는 음절 구조 제약과 관련된 탈락이 한 번, 음절 구조 제약과 무관한 교체가 한 번 일어나는 것이다.

01 정답 ① 음운 변동과 표준 발음

정답 풀이

㉠ '묽는'의 비표준 발음은 '묽는 → 글는 → [글른]'의 과정을 거친 것이고, ㉡ '짧네'의 표준 발음은 '짧네 → 짤네 → [짤레]'의 과정을 거친 것이다. 즉 공통적으로 자음군 단순화가 일어난 뒤에 유음화가 일어난 것이다. 또한 ㉠의 표준 발음은 '묽는 → 극는 → [긍는]'의 과정을 거친 것이고, ㉡의 비표준 발음은 '짧네 → 짭네 → [짬네]'의 과정을 거친 것이다. 즉 공통적으로 자음군 단순화가 일어난 뒤에 비음화가 일어난 것이다. 반면 ㉢ '끊기고'의 표준 발음은 '끊기고 → [끈키고]'의 과정을, ㉣ '뚫지'의 표준 발음은 '뚫지 → [뚤치]'의 과정을 거친 것인데, 'ㄱ'과 'ㅈ'이 'ㅎ'을 만나 각각 거센소리 'ㅋ'과 'ㅊ'으로 바뀌는 거센소리되기만 일어난 것임을 알 수 있다.

02 정답 ⑤ 음운의 축약과 탈락

정답 풀이

㉤은 '가다'가 활용하는 과정에서 'ㅏ'로 끝난 어간이 '-아'로 시작하는 어미와 결합할 때 동일한 모음이 탈락하는 경우에 해당한다. 즉 모음이 축약된 경우가 아니라 모음이 탈락한 경우이다.

오답 풀이

① ㉠은 '쌀'과 '전'이 합성하는 과정에서 '쌀'의 'ㄹ'이 탈락하여 [싸전]이 된 경우이다.

② ㉡은 용언 '열다'가 활용하는 과정에서 어간의 끝소리 'ㄹ'이 탈락하여 '여니'가 된 경우이다.

③ ㉢은 용언의 어간 '닿-'의 'ㅎ'이 모음으로 시작하는 어미 앞에서 탈락하는 경우이다.

④ ㉣은 'ㅡ'로 끝나는 동사의 어간 '따르-' 뒤에 '-아'로 시작되는 어미가 붙어서 'ㅡ'가 탈락하는 경우이다.

03 정답 ③ 음운 변동에 따른 음운 개수의 변화

정답 풀이

'닫히다'는 앞말의 받침 'ㄷ' 뒤에 피동 접사 '-히-'가 결합한 형태로, 'ㄷ'과 'ㅎ'이 축약되어 [다티다]가 되고, 다시 구개음화에 의해 'ㅌ'이 'ㅊ'

으로 바뀌어 [다치다]로 발음된다. '닫히다'의 음운의 개수는 7개이고, [다치다]의 음운의 개수는 6개이므로 음운 변동 결과 음운의 개수가 하나 줄어드는 것은 맞다.

① '솜이불'은 합성어이며 앞말 '솜'이 자음으로 끝나고 뒷말의 첫음절이 'ㅣ'로 시작하므로 그 사이에 'ㄴ'을 첨가하여 [솜니불]로 발음된다. '솜이불'은 7개의 음운으로, [솜니불]은 8개의 음운으로 이루어져 있으므로 음운 변동 결과 음운의 개수가 하나 늘어난다.

② '축하'는 앞말의 받침 'ㄱ', 즉 예사소리와 뒷말의 첫소리 'ㅎ'을 'ㅋ'으로 축약하여 [추카]로 발음된다. '축하'는 5개의 음운으로, [추카]는 4개의 음운으로 이루어져 있으므로 음운 변동 결과 음운의 개수가 하나 줄어든다.

④ '(많은 지식을) 알다'는 어간 '알-'에 선어말 어미 '-ㄴ-', 종결 어미 '-다'가 결합할 때, 어간 받침 'ㄹ'이 'ㄴ'으로 시작하는 어미 앞에서 탈락하여 [안다]로 발음된다. '알-+-ㄴ-+-다'는 5개의 음운으로, '안다'는 4개의 음운으로 이루어져 있으므로 음운 변동 결과 음운의 개수가 하나 줄어든다.

⑤ '좋은'은 용언의 어간 '좋-'이 모음으로 시작하는 어미 '-은'과 결합할 때 'ㅎ'이 탈락하여 [조은]으로 발음된다. '좋은'은 5개의 음운으로, [조은]은 4개의 음운으로 이루어져 있으므로 음운 변동 결과 음운의 개수가 하나 줄어든다.

수능과 내신 고난도로 뛰어넘기 본문 20쪽

01 ④   02 ②   03 ①   04 ②   05 ⑤
06 ④

01 정답 ④ 음운 변동의 이해

어간 '견디-'가 어미 '-어서'와 결합할 때 [견뎌서]로 발음되는 것은 단모음 'ㅣ'가 '-어'로 시작하는 어미와 결합할 때 반모음 'j'로 교체되는 경우에 해당한다.

① 어간 '뛰-'와 어미 '-어'가 결합할 때 [뛰어]로 발음하는 것이 원칙이지만, 반모음 'j'가 첨가되어 [뛰여]로 발음하는 것도 허용하고 있다.

② 어간 '차-'와 어미 '-아도'가 결합할 때 동일 모음인 단모음 'ㅏ'가 탈락하여 [차도]로 발음된다.

③ 어간 '잠그-'와 어미 '-아'가 결합할 때 [잠가]로 발음되는 과정에서는 단모음 'ㅡ'가 탈락된다.

⑤ 어간 '키우-'와 어미 '-어라'가 결합하여 [키워라]로 발음되는 과정에서는 단모음 'ㅜ'가 반모음 'w'로 교체된다.

• 반모음화와 모음 탈락

반모음화	용언 어간의 단모음이 '-아/어'로 시작하는 어미와 결합할 때 반모음 'j'나 'w'로 교체되는 현상
모음 탈락	- 'ㅡ' 탈락: 모음 'ㅡ'로 끝나는 용언의 어간 뒤에 '-아/어'로 시작하는 어미가 붙을 때 'ㅡ'가 탈락하는 현상 - 동음 탈락: 어간 말 모음 'ㅏ/ㅓ'와 뒤에 오는 어미의 모음이 동일할 때 하나가 탈락하는 현상

02 정답 ② 음운 변동과 표준 발음

ⓛ '서울역'은 명사 '서울'과 명사 '역'이 결합한 합성어로, 앞말인 '서울'이 자음으로 끝나고 뒷말인 '역'의 첫음절이 모음 'ㅕ'이므로 뒷말의 첫소리에 [ㄴ]이 첨가된다. 그리고 첨가된 'ㄴ'은 앞말의 받침 'ㄹ'의 영향으로 [ㄹ]로 발음되는 유음화가 일어난다. 따라서 '서울역'은 한 번의 첨가와 한 번의 교체가 일어나 [서울력]으로 발음되는 것이다.

① ㉠ '읽는'의 첫음절 겹받침 'ㄺ'은 'ㄹ'이 탈락하여 [ㄱ]으로 발음되는 자음군 단순화가 일어난다. 이어서 [ㄱ]은 뒷말의 첫소리 비음 'ㄴ' 때문에 [ㅇ]으로 발음되는 비음화가 일어난다. 따라서 '읽는'은 탈락과 교체가 한 번씩 일어나 [잉는]으로 발음되는 것이다.

③ ㉢ '복잡한'은 첫음절 받침 'ㄱ'의 영향으로 둘째 음절의 첫소리 'ㅈ'이 [ㅉ]으로 발음되는 된소리되기가 일어난다. 이어서 둘째 음절의 받침 'ㅂ'과 셋째 음절의 첫소리 'ㅎ'이 줄어 [ㅍ]으로 발음되는 축약이 일어난다. 따라서 '복잡한'은 교체와 축약이 한 번씩 일어나 [복짜판]으로 발음되는 것이다.

④ ㉣ '깊숙이'의 첫음절 받침 'ㅍ'은 음절의 끝소리 규칙에 의해 [ㅂ]으로 바뀌어 발음된다. 이어서 'ㅂ'의 영향으로 둘째 음절의 첫소리 'ㅅ'이 [ㅆ]으로 발음되는 된소리되기가 일어나고, 마지막으로 둘째 음절의 받침 'ㄱ'이 뒤 음절의 첫소리로 연음되어 [깁쑤기]로 발음된다. 따라서 '깊숙이'는 두 번의 교체가 일어나 [깁쑤기]로 발음되는 것이다.

⑤ ㉤ '읊다가'의 첫음절 겹받침 'ㄿ'은 'ㄹ'이 탈락한 뒤 남은 'ㅍ'이 [ㅂ]으로 발음되고, 이 'ㅂ'의 영향으로 뒤 음절 첫소리 'ㄷ'이 [ㄸ]으로 바뀌어 발음된다. '읊다가'를 발음할 때의 변동 과정을 첫 음절의 겹받침 중 'ㅍ'이 [ㅂ]으로 발음되고, 겹받침에서 'ㄹ'이 탈락한 후, 뒤 음절의 첫소리 'ㄷ'이 [ㄸ]으로 바뀌어 발음된다고 보는 견해도 있으나 공통적으로 자음군 단순화, 음절의 끝소리 규칙, 된소리되기가 일어나는 것으로 본다. 따라서 '읊다가'는 한 번의 탈락과 두 번의 교체가 일어나 [읍따가]로 발음된다.

03 정답 ① 음운 변동 현상

정답 풀이

'끊어지다'를 [끄너지다]로 발음하는 것은 'ㅎ' 탈락, '없애다'를 [업:쌔다]로 발음하는 것은 된소리되기, '피붙이'를 [피부치]로 발음하는 것은 '구개음화', '웃어른'을 [우더른]으로 발음하는 것은 '음절의 끝소리 규칙', '암탉'을 [암탁]으로 발음하는 것은 '자음군 단순화'가 일어난 결과인데, 프로그램은 이를 분석하지 못하고 표기된 자료의 표준 발음을 그대로 출력한 것이다. 'ㅎ' 탈락과 자음군 단순화는 음운의 탈락 현상이고, 된소리되기, 구개음화, 음절의 끝소리 규칙은 음운의 교체 현상이므로 프로그램이 분석하지 못한 음운 변동 현상은 ㉠ '교체'와 ㉡ '탈락'이다.

개념 복습

- **자음 탈락**

'ㄹ' 탈락	'ㄹ' 받침을 가진 어근이 'ㄴ, ㄷ, ㅅ, ㅈ'으로 시작하는 어근이나 접사와 결합하거나, 'ㄹ' 받침을 가진 어간이 어미와 결합할 때 'ㄹ'이 탈락하는 현상
'ㅎ' 탈락	음절 끝의 'ㅎ, ㅀ, ㅄ'이 모음으로 시작하는 어미나 접미사와 결합할 때 'ㅎ'이 탈락하는 현상
자음군 단순화	음절의 끝에 겹받침이 올 때, 한 자음만 남고 나머지는 탈락하는 현상

04 정답 ② 음운 첨가에 따른 발음

정답 풀이

'휘발유'는 명사 '휘발'과 접미사 '-유'가 결합한 파생어로, 앞 단어의 끝이 자음이고 접미사의 첫음절이 '유'로 시작하므로 'ㄴ' 소리를 첨가하여 '휘발뉴'로 발음한다. 이때 'ㄹ' 받침 뒤에 첨가되는 'ㄴ' 음은 [ㄹ]로 발음하므로 '휘발유'는 ㉡에 따라 [휘발류]로 발음해야 한다.

오답 풀이

① '꽃잎'은 '꽃'과 '잎'이 결합한 합성어로, 앞 단어의 끝이 자음이고 뒤 단어의 첫음절이 '이'로 시작하므로 ㉠에 따라 'ㄴ' 소리를 첨가하여 [꼰닙]으로 발음한다.
③ '물약'은 '물'과 '약'이 결합한 합성어로, 앞 단어의 끝이 자음이고 뒤 단어의 첫음절이 '야'로 시작하므로 'ㄴ' 소리를 첨가한다. 이때 'ㄹ' 받침 뒤에 첨가되는 'ㄴ' 음은 [ㄹ]로 발음하므로 '물약'은 ㉡에 따라 [물략]으로 발음한다.
④ '설익다'는 접두사 '설-'과 동사 '익다'가 결합한 파생어로, 접두사의 끝이 자음이고 뒤 단어의 첫음절이 '이'로 시작하므로 'ㄴ' 소리를 첨가한다. 이때 'ㄹ' 받침 뒤에 첨가되는 'ㄴ' 음은 [ㄹ]로 발음하므로 '설익다'는 ㉡에 따라 [설릭따]로 발음한다.
⑤ '한 일'은 두 단어지만 이어서 한 마디로 발음하는 경우이므로 ㉢에 따라 'ㄹ' 받침 뒤에 'ㄴ' 음을 첨가하여 [한닐]로 발음한다.

05 정답 ⑤ 음운 변동의 이해

정답 풀이

ㄴ은 어간 '쓰-'와 어미 '-어서'가 결합하는 과정에서 'ㅡ' 모음이 없어지는 탈락 현상이 일어났다. ㄷ 역시 어간 '좋-'과 어미 '-아서'가 결합하는 과정에서 'ㅎ' 자음이 없어지는 탈락 현상이 일어났다.

오답 풀이

① ㄱ은 어간 '맞추-'가 어미 '-어서'와 결합할 때 단모음 'ㅜ'가 반모음 'w'로 교체되는 것이다. '자라-+-아라'를 [자라라]로 발음하는 것은 두 개의 동일한 모음 'ㅏ' 중 하나가 탈락하는 것이므로 동일한 음운 변동 현상으로 볼 수 없다.
② 앞에 있는 음운이 뒤에 있는 음운의 영향을 받아 하나의 음운이 사라지는 현상은 탈락이다. ㄱ에서는 탈락 현상이 나타나지 않았다.
③ 용언의 어간 '바꾸-'에 어미 '-어'가 결합하면 반모음화가 발생하여 [바꿔]로 발음하게 된다. ㄴ에서 나타난 음운 변동 현상은 탈락이므로 동일한 음운 변동 현상이 발생했다고 볼 수 없다.
④ ㄷ은 어간과 어미의 음운이 결합하여 어간의 음운 'ㅎ'이 탈락한 것이므로 음운이 축약된 현상이 아니다.

06 정답 ④ 음운 변동과 발음

정답 풀이

'햇사과'는 접사 '햇-'과 명사 '사과'가 결합한 파생어로 ㉢에 해당한다. 그러나 '햇사과'는 음절의 끝소리 규칙에 의해 'ㅅ'이 'ㄷ'으로 교체되어 [핻사과]로 발음되고, 이어서 된소리되기가 일어나 'ㅅ'이 'ㅆ'으로 교체되어 [핻싸과]로 발음된다. 따라서 '햇사과'를 발음할 때는 음운의 첨가가 아니라 교체가 나타난다.

오답 풀이

① '없는'은 용언의 어간 '없-'과 어미 '-는'이 결합한 ㉠에 해당한다. '없는'이 [엄는]으로 발음될 때는 자음군 단순화와 비음화, 즉 음운의 탈락과 교체가 일어난다.
② '적는'은 용언의 어간 '적-'과 어미 '-는'이 결합한 ㉠에 해당한다. '적는'이 [정는]으로 발음될 때는 비음화, 즉 음운의 교체가 일어난다.
③ '색연필'은 명사 '색'과 명사 '연필'이 결합한 합성어로 ㉢에 해당한다. '색연필'은 'ㄴ' 첨가에 의해 [색년필]로 발음되고, 이어서 비음화에 의해 [생년필]로 발음된다. 따라서 '색연필'을 발음할 때는 음운의 첨가와 교체가 일어남을 알 수 있다.
⑤ '맛도'는 체언 '맛'과 조사 '도'가 결합한 ㉡에 해당한다. '맛도'는 음절의 끝소리 규칙에 의해 [맏도]로 발음되고, 이어서 된소리되기가 일어나 [맏또]로 발음된다. 따라서 '맛도'를 발음할 때는 음운의 교체가 나타남을 알 수 있다.

복합으로 완성하기

01 ②   **02** ①

지문 해설   [01~02] 현대 국어와 중세 국어 음절 종성의 발음

• 음절 종성의 발음

현대 국어	• 음절의 종성에 마찰음, 파찰음이 오거나 파열음 중 된소리나 거센소리가 오면 모두 예사소리 'ㄱ, ㄷ, ㅂ'으로 교체됨. • 음절의 종성에 자음군이 올 때는 한 자음이 탈락함. • 'ㄷ, ㅌ'으로 끝나는 말 뒤에 'ㅣ'로 시작하는 형식 형태소가 오면 'ㄷ, ㅌ'이 'ㅈ, ㅊ'으로 변하는 구개음화가 일어남. • 용언 어간 말음 'ㅎ' 뒤에 'ㄱ, ㄷ, ㅈ'으로 시작하는 어미가 오면 'ㅎ'과 'ㄱ, ㄷ, ㅈ'이 거센소리로 축약됨.

중세 국어	• 'ㅎ'을 말음으로 가진 체언을 확인할 수 있음.
	  – 모음으로 시작하는 조사와 결합하면 연음되어 나타났음.
	  – '과, 도'와 같은 조사와 결합하면 뒤에 오는 'ㄱ'과 'ㄷ'과 축약되어 'ㅋ, ㅌ'으로 나타났음.
	  – 체언 단독으로 쓰이거나, 관형격 조사 'ㅅ'과 결합하면 'ㅎ'이 실현되지 않아 'ㅎ'을 말음으로 가지지 않은 체언과 구별되지 않았음.

01 정답 ②   음절 종성의 발음

정답 풀이

'놓기'가 [노키]로 발음되는 것은 어간 '놓–'의 말음 'ㅎ' 뒤에 'ㄱ'으로 시작하는 어미 '–기'가 올 때 'ㅎ'과 'ㄱ'이 축약되어 거센소리 'ㅋ'이 되는 것이므로 ㉣이 일어난 것이다.

오답 풀이

① '한몫'이 [한목]으로 발음되는 것은 종성의 자음군 'ㄲ' 중 'ㅅ'이 탈락하는 것이므로 ㉡이 일어난 것이다.

③ '끓지'가 [끌치]로 발음되는 것은 어간 '끓–'의 말음 'ㅎ'이 뒤에 'ㅈ'으로 시작하는 어미 '–지'가 올 때 'ㅎ'과 'ㅈ'이 축약되어 거센소리 'ㅊ'이 되는 것이므로 ㉣이 일어난 것이다.

④ '값할'이 [가팔]로 발음되는 것은 종성의 자음군 'ㅄ'에서 'ㅅ'이 탈락하는 ㉡이 일어난 후, 'ㅂ'과 'ㅎ'이 축약되어 'ㅍ'이 된 것이다. ㉣은 용언 어간 말음 'ㅎ' 뒤에 'ㄱ, ㄷ, ㅈ'으로 시작하는 어미가 오면 거센소리로 축약되는 것이므로 '값할[가팔]'을 발음할 때는 ㉣이 일어나지 않는다.

⑤ '맞힌'이 [마친]으로 발음되는 것은 어간 말음 'ㅈ'이 뒤에 온 'ㅎ'을 만나 'ㅊ'으로 축약되는 것으로 ㉢과 ㉣ 모두에 해당되지 않는다.

02 정답 ①   연음과 음운 변동

정답 풀이

ⓐ '하늘히'의 현대어 풀이 '하늘이'로 보아 체언 '하ᄂᆞᆶ'의 말음 'ㅎ'이 모음으로 시작하는 조사 '이'와 결합하여 연음되어 나타난 것임을 알 수 있다. 따라서 ⓐ에서는 음운의 개수에는 변동이 없다. 그러나 ⓓ '하늘토'는 현대어 풀이 '하늘도'로 보아 체언 '하ᄂᆞᆶ'의 말음 'ㅎ'이 조사 '도'와 결합하여 '토'로 축약되어 나타난 것으로 음운의 개수가 줄어들었음을 알 수 있다.

오답 풀이

② ⓑ '하ᄂᆞᆳ'의 현대어 풀이는 '하늘의'로, 'ㅎ'을 말음으로 가지고 있는 체언 '하ᄂᆞᆶ'에 관형격 조사 'ㅅ'이 결합하여 'ㅎ'이 실현되지 않은 것이므로 'ㅎ'이 다른 음운으로 교체되었다고 볼 수 없다. ⓒ '하늘'의 현대어 풀이는 '하늘'로, 'ㅎ'을 말음으로 가지고 있는 체언 '하ᄂᆞᆶ'이 단독으로 쓰이면서 'ㅎ'이 실현되지 않은 것이다.

③ ⓑ '하ᄂᆞᆳ'은 'ㅎ'을 말음으로 가지고 있는 체언 '하ᄂᆞᆶ'에 관형격 조사 'ㅅ'이 결합하여 쓰이면서 'ㅎ'이 실현되지 않아 체언 말음 'ㅎ'의 존재를 알 수 없다. ⓓ '하늘토'는 체언 '하ᄂᆞᆶ'이 조사 '도'와 결합할 때 말음 'ㅎ'이 조사 '도'의 'ㄷ'과 축약되어 'ㅌ'으로 나타난 것으로 이를 통해 체언 말음 'ㅎ'의 존재를 알 수 있다.

④ ⓒ '하늘'은 체언 '하ᄂᆞᆶ'이 단독으로 쓰이면서 'ㅎ'이 실현되지 않은 것이고, ⓑ '하ᄂᆞᆳ'은 'ㅎ'을 말음으로 가지고 있는 체언 '하ᄂᆞᆶ'에 관형격 조사 'ㅅ'이 결합하면서 'ㅎ'이 실현되지 않은 것으로 체언이 단독으로 쓰인 것이 아니다.

⑤ ⓓ '하늘토'는 체언 '하ᄂᆞᆶ'이 조사 '도'와 결합할 때 말음 'ㅎ'이 조사 '도'의 'ㄷ'과 축약되어 '토'로 나타난 것이고, ⓔ '하늘과'는 체언 '하ᄂᆞᆶ'이 조사 '과'와 결합할 때 말음 'ㅎ'이 조사 '과'의 'ㄱ'과 축약되어 '콰'로 나타난 것이다. 이때 체언 '하ᄂᆞᆶ'과 결합한 조사 '도', '과'는 현대 국어에 존재한다.

03강 단어의 형성

기출 선택지 OX 1 ○   2 ×   3 ×

수능과 내신 문제로 다지기 본문 27쪽

01 ③   02 ④   03 ⑤

01 정답 ③ 형태소의 특성

정답 풀이

'하늘은 맑고 바다는 푸르다.'의 '은'과 '는'은 조사이다. 조사는 단어의 자격을 가지고 반드시 다른 말과 결합하여 쓰이는 의존 형태소이다. '은'과 '는'은 모두 '어떤 대상이 다른 것과 대조됨'을 나타내지만 앞말이 자음으로 끝날 때는 '은'이, 모음으로 끝날 때는 '는'이 쓰인다. '그의 말은 듣지 말고 내 말을 들어라.'의 '듣-'과 '들-'은 동사 '듣다'의 어간으로, 실질적인 의미를 지니지만 반드시 어미와 결합하여 쓰이는 의존 형태소이다. '듣다'의 어간 뒤에 모음으로 시작하는 어미가 오면 '듣-'이 '들-'로 바뀐다. '나는 물고기를 잡았지만 놓아주었다.'의 '-았-'과 '-었-'은 과거 시제 선어말 어미로, 문법적 의미를 나타내고 반드시 다른 말과 결합하여 쓰인다. '-았-'과 '-었-'은 모두 '이야기하는 시점에서 볼 때 사건이 이미 일어났음'을 나타내지만 끝음절의 모음이 'ㅏ, ㅗ'인 용언의 어간 뒤에는 '-았-'이, 그 외의 경우에는 '-었-'이 쓰인다. 따라서 자료의 밑줄 친 말들은 모두 다른 말과 결합하여 쓰이고 음운 환경에 따라 그 형태가 바뀌는 공통점이 있다.

오답 풀이

① 조사인 '은'과 '는'은 단어의 자격을 가지지만, 동사의 어간과 어미는 하나의 형태소일 뿐 단어의 자격을 가지지 못한다.

② 조사인 '은'과 '는'은 단어의 자격을 가지면서 문법적 의미를 나타낸다. 한편 동사의 어간 '듣-'과 '들-'은 '다른 사람의 말을 받아들여 그렇게 하다.'라는 실질적 의미를 나타내고, 어미는 문법적 의미만을 나타낸다.

④ 밑줄 친 말들이 음운 환경에 따라 형태가 바뀌는 것은 맞지만 동사의 어간인 '듣-'과 '들-'은 실질적 의미를 나타내는 실질 형태소이다.

⑤ 동사의 어간인 '듣-'과 '들-'은 실질적 의미를 나타내는 실질 형태소이고, 조사와 어미는 문법적 의미를 나타내는 형식 형태소이다.

02 정답 ④ 접사의 특징과 기능

정답 풀이

㉣의 파생어 중 '살리다'의 '-리-'와 '입히다'의 '-히-'는 사동의 뜻을 더하는 접미사로 주동사에 결합하여 사동사를 만든다. 그러나 '밀치다'와 '깨뜨리다'에 각각 포함된 접사 '-치-'와 '-뜨리다'는 강조의 뜻을 더하는 접미사일 뿐 주동사에 결합하여 사동사를 만들지 않는다.

오답 풀이

① '넓이'는 용언의 어간 '넓-'에 접사 '-이'가 결합하여 만들어진 명사, '믿음'은 용언의 어간 '믿-'에 접사 '-음'이 결합하여 만들어진 명사, '크기'는 용언의 어간 '크-'에 접사 '-기'가 결합하여 만들어진 명사, '지우개'는 용언의 어간 '지우-'에 접사 '-개'가 결합하여 만들어진 명사이다. 그러므로 ㉠의 접사들은 용언에 결합하여 명사를 만든다는 공통점이 있다.

② '끄덕이다'는 부사 '끄덕'에 접사 '-이다'가 결합하여 만들어진 동사, '출렁대다'는 부사 '출렁'에 접사 '-대다'가 결합하여 만들어진 동사, '반짝거리다'는 부사 '반짝'에 접사 '-거리다'가 결합하여 만들어진 동사이다. 그러므로 ㉡의 접사들은 부사에 결합하여 동사를 만든다는 공통점이 있다.

③ '울보'는 동사 어간 '울-'에 접사 '-보'가 결합하여 만들어진 파생어로, '걸핏하면 우는 아이'라는 의미의 단어이고, '낚시꾼'은 명사 '낚시'에 접사 '-꾼'이 결합하여 만들어진 파생어로, '취미로 낚시를 가지고 고기잡이를 하는 사람'이라는 의미의 단어이다. 또한 '멋쟁이'는 명사 '멋'에 접사 '-쟁이'가 결합하여 만들어진 파생어로, '멋있거나 멋을 잘 부리는 사람'이라는 의미의 단어이고, '장난꾸러기'는 명사 '장난'에 접사 '-꾸러기'가 결합하여 만들어진 파생어로, '장난이 심한 아이. 또는 그런 사람'이라는 의미의 단어이다. 그러므로 ㉢의 접사들은 사람을 가리키는 의미의 단어를 만든다는 공통점이 있다.

⑤ '부채질'은 명사 '부채'에 접사 '-질'이 결합하여 만들어진 명사이고, '풋나물'은 명사 '나물'에 접사 '풋-'이 결합하여 만들어진 명사이고, '휘감다'는 동사 '감다'에 접사 '휘-'가 결합하여 만들어진 동사이고, '빼앗기다'는 동사 '빼앗다'에 접사 '-기-'가 결합하여 만들어진 동사이다. 이를 통해 ㉤의 접사들은 어근과 품사가 동일한 단어를 만든다는 것을 알 수 있다.

03 정답 ⑤ 비통사적 합성어의 예

정답 풀이

'검붉다'는 형용사 '검다'의 어간 '검-'에 형용사 '붉다'가 결합한 단어로 용언의 어간과 용언이 연결 어미 없이 바로 결합하였으므로 우리말의 일반적인 어순이나 단어 배열법에서 벗어난 경우에 해당한다. 따라서 '검붉다'는 비통사적 합성어의 예로 적절하다.

오답 풀이

① '시꺼멓다'는 '시-(접두사)＋꺼멓다(형용사)'의 구조로 된 파생어이다.

② '잘되었다'의 기본형인 '잘되다'는 '잘(부사)＋되다(용언)'의 구조로 된 통사적 합성어이다.

③ '뛰어내리다'는 '뛰-(용언의 어간)＋-어(연결 어미)＋내리-(용언의 어간)＋-다(어미)'의 구조로 된 통사적 합성어이다.

④ '고추잠자리'는 '고추(명사)＋잠자리(명사)'의 구조로 된 통사적 합성어이다.

01 ②   **02** ②   **03** ①   **04** ⑤   **05** ⑤
06 ①   **07** ③

01 정답 ②   어근과 접사의 구분

정답 풀이

'한가운데'의 '한-'은 '정확한' 또는 '한창인'의 뜻을 더하는 접두사이다. 이때 '한-'이 실질적인 의미를 나타내는 어근이라고 반응한 학생들이 접사라고 반응한 학생보다 적다고 하였으므로 ㉠을 잘못 알고 있는 학생들이 더 적다는 것을 알 수 있다. 한편 '한복판'은 접사 '한-'과 어근 '복판'이 결합한 단어이므로 ㉠이 쓰인 예로 적절하다.

오답 풀이

① '한가운데'의 '한-'은 '정확한' 또는 '한창인'의 뜻을 더하는 접두사인데, 이를 어근이라고 반응한 학생들이 접사라고 반응한 학생들보다 더 적다. 그러므로 ㉠을 잘못 알고 있는 학생들이 더 많다고 볼 수 없다. 또한 '한번'은 수관형사 '한'과 명사 '번'이 결합한 합성어로, '한'은 접사가 아닌 어근이므로 ㉠이 쓰인 예로 적절하지 않다.

③ '지은이'의 '이'는 '사람'의 뜻을 나타내는 의존 명사이므로 어근이다. ㉡이 어근이라고 반응한 학생보다 접사라고 반응한 학생이 더 많으므로, 잘못 알고 있는 학생들이 더 많다는 것을 알 수 있다. 하지만 '먹이'의 '-이'는 명사를 만드는 접미사이므로, '지은이'의 '이'가 접사라고 반응한 'C 집단'의 이해를 돕기 위해 ㉡이 쓰인 예로 '먹이'를 제시하는 것은 적절하지 않다.

④ '지은이'의 '이'는 '사람'의 뜻을 나타내는 의존 명사이므로 어근이다. ㉡이 어근이라고 반응한 학생보다 접사라고 반응한 학생이 더 많으므로, 잘못 알고 있는 학생들이 더 적다고 볼 수 없다. 또한 '미닫이'의 '-이'는 어근이 아닌 접미사이므로 ㉡이 쓰인 예로 '미닫이'를 제시하는 것은 적절하지 않다.

⑤ '알밤'의 '알-'은 '겉을 덮어 싼 것이나 딸린 것을 다 제거한'의 뜻을 더하는 접두사이다. 접사라고 반응한 학생보다 어근이라고 반응한 학생이 더 많으므로 ㉢을 잘못 알고 있는 학생들이 더 적다고 볼 수는 없다. 또한 '알사탕'의 '알'은 '속이 들어 있거나 박혀 있는 작고 둥근 물체'를 의미하는 명사로 접사가 아닌 어근이므로 ㉢이 쓰인 예로 '알사탕'을 제시하는 것은 적절하지 않다.

📖 개념 복습

- 접사의 개념과 종류
  - 개념: 단독으로 쓰이지 않고 항상 다른 어근이나 단어에 붙어 새로운 단어를 구성하는 부분
  - 종류
    ① 접두사: 어근의 앞에 붙는 접사로 뜻을 한정하는 의미적 기능을 하고, 어근의 품사를 바꿀 수 없으나 예외로 어근의 품사를 바꾸는 접두사가 있음.
    ② 접미사: 어근의 뒤에 붙는 접사로, 뜻을 더하는 의미적 기능뿐만 아니라 어근의 품사를 바꾸는 문법적 기능도 담당함.

02 정답 ②   합성어와 파생어의 구분

정답 풀이

'떠넘기면'의 어간은 '떠넘기-'이다. '떠넘기-'는 직접 구성 요소가 어근 '뜨-'와 어근 '넘기-'로 분석되며, '넘기-'는 어근 '넘-'과 접사 '-기-'로 나뉜다. 따라서 '떠넘기-'는 직접 구성 요소가 어근과 어근으로 분석되며, '뜨-', '넘-', '-기-' 3개의 구성 요소로 이루어져 있다.

오답 풀이

① '내리쳤다'의 어간은 '내리치-'이다. '내리치-'는 어근 '내리-'와 어근 '치-'로 분석되며 2개의 구성 요소로 이루어져 있다.

③ '헛돌았다'의 어간은 '헛돌-'이다. 어간 '헛돌-'은 접사 '헛-'과 어근 '돌-'로 분석되며 2개의 구성 요소로 이루어져 있다.

④ '오간다'의 어간은 '오가-'이다. 어간 '오가-'는 어근 '오-'와 어근 '가-'로 분석되며 2개의 구성 요소로 이루어져 있다.

⑤ '짓밟혀도'의 어간은 '짓밟히-'이다. '짓밟히-'는 직접 구성 요소가 '짓밟-(어근)+-히-(접사)'의 어근과 접사로 분석되므로 직접 구성 요소가 어근과 어근으로 분석되지 않는다. 한편 '짓밟-'은 다시 '짓-(접사)'과 '밟-(어근)'으로 분석되기 때문에 '짓밟히-'는 3개 이상의 구성 요소로 이루어진 경우에 해당한다.

📖 개념 복습

- 합성어
  둘 이상의 어근이 결합하여 하나의 단어가 된 말

통사적 합성어	우리말의 일반적인 어순이나 단어 배열법과 일치하는 합성어
비통사적 합성어	우리말의 일반적인 어순이나 단어 배열법에서 벗어난 합성어

- 파생어
  어근의 앞이나 뒤에 접사가 붙어서 만들어진 단어
  - 어근: 단어에서 실질적인 의미를 나타내며 변하지 않는 부분
  - 접사: 단독으로 쓰이지 않고 항상 다른 어근이나 단어에 붙어 새로운 단어를 구성하는 부분

03 정답 ①   비통사적 합성어의 예

정답 풀이

'뛰노는'은 '뛰-+놀-+-는'으로 분석된다. 이때 용언의 어간 '뛰-'와 용언의 어간 '놀-'이 연결 어미 없이 결합하였기 때문에 비통사적 합성어이다.

오답 풀이

② '몰라볼'은 '모르-+-아+보-+-ㄹ'로 분석되는데, 용언의 어간 '모르-'와 용언의 어간 '보-'가 연결 어미 '-아'에 의해 결합되었으므로 통사적 합성어이다.

③ '타고난'은 '타-+-고+나-+-ㄴ'으로 분석되는데, 용언의 어간 '타-'와 용언의 어간 '나-'가 연결 어미 '-고'에 의해 결합되었으므로

통사적 합성어이다.

④ '지난달'은 '지나-+-ㄴ+달'로 분석되는데, 용언의 어간 '지나-'에 관형사형 어미 '-ㄴ'이 결합한 용언의 관형사형 '지난'이 체언인 '달'을 수식하는 통사적 합성어이다.

⑤ '굳은살'은 '굳-+-은+살'로 분석되는데, 용언의 어간 '굳-'에 관형 사형 어미 '-은'이 결합하여 체언인 '살'을 수식하는 통사적 합성어이다.

04 정답 ⑤ 접사의 기능

정답 풀이

동사 '놓쳤다'의 기본형 '놓치다'는 동사 어간 '놓-'에 접미사 '-치-'가 결합된 말로, 이때 접미사 '-치-'는 '강조'의 뜻을 더할 뿐 어근의 품사를 바꾸고 있지는 않다.

오답 풀이

① '새빨갛다'의 '새-'는 '매우 짙고 선명하게'의 뜻을 더하는 접두사이다.

② '군소리'의 '군-'은 '쓸데없는'의 뜻을 더하는 접두사이다.

③ '행복하다'의 '-하다'는 명사 '행복' 뒤에 붙어 형용사를 만드는 접미사이다.

④ '지우개'의 '-개'는 동사 '지우다'의 어간 '지우-' 뒤에 붙어 '그러한 행위를 하는 간단한 도구'의 뜻을 더하고 명사를 만드는 접미사이다.

05 정답 ⑤ 문장의 형태소 분석

정답 풀이

명사 '꽃'과 '봄', '날씨'는 자립 형태소이면서 실질 형태소이기 때문에 하나의 형태소이다. 그리고 동사의 어간 '피-'는 의존 형태소이면서 실질 형태소에 해당한다. 그리고 조사 '이'와 어미 '-는'은 의존 형태소이면서 형식 형태소이다. '이구나'는 서술격 조사 '이다'가 활용한 형태로 '이-'와 '-구나'로 분석한다.

06 정답 ① 단어의 형성 방법

정답 풀이

'마을'은 하나의 어근으로 이루어진 단일어이다. '개꿈'은 접두사 '개-'와 어근 '꿈'이, '부엉이'는 어근 '부엉'과 접미사 '-이'가 결합한 파생어이다. 그리고 '밤낮'은 명사 '밤'과 명사 '낮'이, '잘못'은 부사 '잘'과 부사 '못'이 결합한 합성어이다.

07 정답 ③ 합성어의 형태 변화

정답 풀이

'강산'은 '강'과 '산'이 결합한 단어로 결합 전 형태를 유지한다는 점에서 ㉠ '형태를 유지하는 경우'를, '국토'라는 새로운 뜻을 나타낸다는 점에서 ㉣ '융합'을 확인할 수 있다.

오답 풀이

① '돌다리'는 '돌'과 '다리'가 결합한 단어로, 결합 전 형태를 유지한다는 점에서 ㉠을, '돌로 만든 다리'라는 뜻을 나타낸다는 점에서 ㉣ '종속'을 확인할 수 있다.

② '손발'은 '손'과 '발'이 결합한 단어로, 결합 전 형태를 유지한다는 점에서 ㉠을, '손과 발'이라는 뜻을 나타낸다는 점에서 ㉢ '대등'을 확인할 수 있다.

④ '부삽'은 '불'과 '삽'이 결합한 단어로, 'ㄹ'이 탈락하여 결합 후 형태가 바뀐다는 점에서 ㉡ '형태가 바뀌는 경우'를, '불을 담아 옮기는 데 쓰는 삽'이라는 뜻을 나타낸다는 점에서 ㉣을 확인할 수 있다.

⑤ '소나무'는 '솔'과 '나무'가 결합한 단어로, 결합 후 'ㄹ'이 탈락하여 형태가 바뀐다는 점에서 ㉡을, '소나무'라는 뜻을 나타낸다는 점에서 ㉣을 확인할 수 있다.

본문 31쪽

복합으로 완성하기

01 ①   02 ⑤

지문 해설   [01~02] 합성어의 분류 기준

• 합성어의 유형

어근들의 결합 방식에 따라	통사적 합성어	어근들의 결합 방식이 일반적인 문장 구성 방식과 같은 합성어
	비통사적 합성어	어근들의 결합 방식이 일반적인 문장 구성 방식과 같지 않은 합성어
어근들의 의미 관계에 따라	대등 합성어	두 어근의 의미가 동등한 관계를 보이는 합성어
	종속 합성어	선행 어근이 후행 어근을 의미상 수식하는 합성어
	융합 합성어	앞 단어와 뒤 단어가 결합하여 새로운 의미를 생성하는 합성어

01 정답 ① 합성어의 결합 방식

정답 풀이

'먹고살다'는 용언의 어간 '먹-'과 또 다른 용언의 어간 '살-'이 연결 어미 '-고'에 의해 결합된 통사적 합성어이며, '새색시'는 관형사 '새'가 명사 '색시'를 수식하는 방식으로 결합된 통사적 합성어이다.

② '뛰놀다'는 용언의 어간 '뛰–'와 또 다른 용언의 어간 '놀–'이 연결 어미 없이 결합된 비통사적 합성어이며, '먹거리'는 용언의 어간 '먹–'과 명사 '거리'가 관형사형 어미 없이 결합된 비통사적 합성어이다.

③ '갈라서다'는 용언의 어간 '가르–'와 또 다른 용언의 어간 '서–'가 연결 어미 '–아'에 의해 결합된 통사적 합성어이며, '척척박사'는 부사 '척척'과 명사 '박사'가 결합된 비통사적 합성어이다.

④ '걸어오다'는 용언의 어간 '걷–'과 또 다른 용언의 어간 '오–'가 연결 어미 '–어'에 의해 결합된 통사적 합성어이며, '큰아버지'는 용언의 관형사형 '큰(크–+–ㄴ)'이 명사 '아버지'를 수식하는 방식으로 결합된 통사적 합성어이다.

⑤ '빛나다'는 의미상 주어인 명사 '빛' 뒤에 동사인 '나다'가 서술어로 결합된 통사적 합성어이며, '돌다리'는 명사 '돌'이 명사 '다리'를 수식하는 방식으로 결합된 통사적 합성어이다.

02 정답 ⑤ 합성어의 유형

'날아갔다'의 기본형인 '날아가다'는 어근 '날–'과 '가–'의 의미만으로도 그 의미를 파악할 수 있고, '가다'의 하의어이므로 종속 합성어이다.

① '막내딸'은 어근인 '막내'와 '딸'의 의미만으로도 그 의미를 파악할 수 있고, '딸'의 하의어이므로 종속 합성어이다.

② '손발'은 어근인 '손'과 '발'의 의미만으로도 그 의미를 파악할 수 있고, '손과 발을 아울러 이르는 말'로 '발'의 하의어가 아니므로 대등 합성어이다.

③ '밤낮'은 어근인 '밤'과 '낮'의 의미만으로도 그 의미를 파악할 수 있고, '밤과 낮을 아울러 이르는 말'로 융합 합성어가 아니라 두 어근의 의미가 동등한 관계를 보이는 대등 합성어이다.

④ '잡아먹는'의 기본형인 '잡아먹다'는 '경비, 시간, 자재, 노력 따위를 낭비하다.'를 의미한다. 이러한 의미는 어근인 '잡–'과 '먹–'의 의미만으로는 파악하기 어렵고, '잡아먹다'가 '먹다'의 하의어도 아니므로 융합 합성어이다.

01 정답 ① 자립 명사가 단위를 나타내는 경우

㉠은 자립 명사로 쓰이면서, 단위를 나타내는 명사로도 쓰이는 것을 가리킨다. 그러나 '군데'는 '낱낱의 곳을 세는 단위'로서 자립 명사가 아니다. 즉 '군데'는 자립성이 없으며 반드시 수 관형사 '여러'의 수식을 받는 의존 명사이기 때문에 ㉠에 해당하지 않는다.

② '그릇'은 '그릇이 크다.'와 같이 자립 명사로 쓰이기도 하지만 제시된 문장처럼 수 관형사 '두' 뒤에 쓰여 음식이나 물건을 그릇에 담아 분량을 세는 단위를 나타내기도 한다.

③ '덩어리'는 '덩어리가 생기지 않도록 가루를 잘 저었다.'와 같이 자립 명사로 쓰이기도 하지만 제시된 문장처럼 수 관형사 '세' 뒤에 쓰여 덩어리를 세는 단위를 나타내기도 한다.

④ '숟가락'은 '숟가락으로 국을 뜨다.'와 같이 자립 명사로 쓰이기도 하지만 제시된 문장처럼 수 관형사 '몇' 뒤에 쓰여 밥 따위의 음식물을 숟가락으로 떠 분량을 세는 단위를 나타내기도 한다.

⑤ '발자국'은 '깨끗한 바닥이 발자국으로 더럽혀졌다.'와 같이 자립 명사로 쓰이기도 하지만 제시된 문장처럼 수 관형사 '서너' 뒤에 쓰여 걸음을 세는 단위를 나타내기도 한다.

02 정답 ① 의존 명사와 접사

'–째'는 접사로 '그대로', 또는 '전부'의 뜻을 더한다. 따라서 '사과를 껍질째로 먹었다.'에서의 '껍질째'는 '껍질'이라는 명사에 '–째'라는 접사가 붙어 '껍질을 벗기지 아니한 그대로의 상태'라는 의미가 되므로 바르게 쓰였음을 알 수 있다.

② '체'는 의존 명사로 '그럴듯하게 꾸미는 거짓 태도나 모양'을 의미한다. '나는 앉은 체로 잠이 들었다.'에서는 '앉아 있는 상태 그대로 있다.'라는 의미로 쓰인 것이므로 의존 명사 '채'가 쓰여야 한다.

③ '채'는 의존 명사로 '이미 있는 상태 그대로 있다는 뜻을 나타내는 말'이다. '그녀는 혼자 똑똑한 채를 한다.'에서는 '똑똑한 척 꾸미는 거짓 태도나 모양'이라는 의미로 쓰인 것이므로 의존 명사 '체'가 쓰여야 한다.

④ '-째'는 접사로 '그대로', 또는 '전부'의 뜻을 더한다. '사나운 멧돼지를 산 째로 잡았다.'에서는 '살아 있는 상태 그대로'라는 의미로 쓰인 것이므로 의존 명사 '채'가 쓰여야 한다.

⑤ '채'는 의존 명사로 '이미 있는 상태 그대로 있다는 뜻을 나타내는 말'이다. '곰이 다가오자 그는 죽은 채를 했다.'에서는 '죽은 척 꾸미는 거짓 태도나 모양'을 의미하는 것이므로 의존 명사 '체'가 쓰여야 한다.

03 정답 ③ 수사의 종류

정답 풀이

'신발은 첫째로 발이 편해야 한다.'에서 '첫째'는 수사가 아니라 명사이다. 여기서 '첫째'는 주로 '첫째로' 꼴로 쓰여 '무엇보다도 앞서는 것'을 뜻한다.

오답 풀이

① '셋'은 수량을 셀 때 쓰는 수사로 양수사에 해당한다.
② '오'는 수량을 셀 때 쓰는 수사로 양수사에 해당한다.
④ '여섯'은 수량을 셀 때 쓰는 수사로 양수사에 해당한다.
⑤ '제이'는 순서를 나타내는 수사로 서수사에 해당하며, 서수사에는 첫째, 둘째, 셋째 따위의 고유어 계통과 제일, 제이, 제삼 따위의 한자어 계통이 있다.

수능과 내신 **고난도로 뛰어넘기** 본문 36쪽

01 ⑤	02 ③	03 ②	04 ②	05 ⑤
06 ③	07 ⑤	08 ③		

01 정답 ⑤ 관형어의 특징

정답 풀이

'정해진', '있는', '온갖', '방황했던'은 각각 '시기', '법', '시련', '나'를 수식하는 관형어이다. 관형어는 필수 성분인 주성분의 내용을 꾸며 주는 부속 성분으로, 문장에서 생략이 가능하다. 〈보기〉의 맥락을 고려하면, '온갖'은 문장에서 생략할 수 있으므로 문장에서 생략할 수 없는 필수 성분에 해당하지 않는다.

오답 풀이

① '그', '이', '온갖'은 활용하지 않고 뒤에 오는 체언을 수식하는 단어이므로 관형사이다. 이들 관형사는 각각 '시기', '구절', '시련'이라는 명사를 수식하고 있으므로 관형사가 그대로 관형어로 쓰인 경우에 해당한다.

② '정해진'은 용언 '정해지다'에 관형사형 어미 '-ㄴ'이, '있는'은 용언 '있다'에 관형사형 어미 '-는'이, '방황했던'은 용언 '방황하다'의 어간에 관형사형 어미 '-던'이 결합되어 각각 '시기', '법', '나'라는 체언을 수식하고 있으므로 용언의 관형사형이 관형어로 쓰인 경우에 해당한다.

③ '그'는 앞에 언급된 '정해진'을 가리키며, 뒤에 오는 명사 '시기'를 꾸며 주고 있다. 또한 '이'는 앞에 언급된 '일에는 정해진 시기가 있는 법이니 그 시기를 놓치면 안 된다.'를 가리키며, 뒤에 오는 '구절'이라는 명사를 꾸며 주고 있다. 이처럼 '그', '이'는 앞에서 이미 언급된 것을 가리키며 뒤에 있는 말을 꾸며 주고 있으므로, 지시 관형사가 관형어 역할을 하는 경우에 해당한다.

④ '나의'와 '사춘기의'는 대명사 '나'와 명사 '사춘기'에 관형격 조사 '의'가 결합하여 각각 '일기장'과 '나'라는 체언을 수식하고 있으므로, 체언에 관형격 조사가 결합된 형태가 관형어로 쓰인 경우에 해당한다.

02 정답 ③ 보조사의 쓰임

정답 풀이

'내가 친구한테 가방을 선물했다.'에서의 '한테'는 어떤 행동이 미치는 대상임을 나타내는 격 조사로, 여기에서는 부사격 조사로 쓰였다.

오답 풀이

① '삼촌이 밤에만 글을 썼다.'에서의 '만'은 다른 것으로부터 제한하여 어느 것을 한정함을 나타내는 보조사로 쓰였다.
② '선수들이 오늘은 간식을 먹었다.'에서의 '은'은 어떤 대상이 다른 것과 대조됨을 나타내는 보조사로 쓰였다.
④ '아이들이 유치원에서 악기도 연주한다.'에서의 '도'는 이미 어떤 것이 포함되고 그 위에 더함의 뜻을 나타내는 보조사로 쓰였다.
⑤ '누나가 일기를 책으로까지 만들었다.'에서의 '까지'는 이미 어떤 것이 포함되고 그 위에 더함의 뜻을 나타내는 보조사로 쓰였다.

03 정답 ② 품사의 문장 성분 실현

정답 풀이

ⓑ에서는 부사 '아주'가 관형사 '옛'을 수식하는 부사어로 쓰였다. 부사는 주로 용언을 꾸미지만, 용언 외에 관형사나 다른 부사, 일부 체언, 문장 전체를 꾸미기도 한다.

오답 풀이

① ⓐ에서는 명사 '빵'이 보조사 '은'과 결합해 목적어로 쓰였다.
③ ⓒ에서는 명사 '어른'이 보격 조사 '이'가 생략된 형태로 서술어 '돼서'의 앞에서 나타나 보어로 쓰였다.
④ ⓓ에서는 명사 '장미'가 서술격 조사 '이다'와 결합하여 서술어로 쓰였다. '장미였다'는 '장미+이-+-었-+-다'로 분석할 수 있는데, 이는 명사(장미)와 결합한 서술격 조사의 어간 '이-'에 과거 시제 선어말 어미 '-었-'과 종결 어미 '-다'가 결합한 형태이다.
⑤ ⓔ에서는 관형사 '세'가 의존 명사 '마리'를 수식하는 관형어로 쓰였다.

04 정답 ② 의존 명사의 격 조사 결합 제약

정답 풀이

'그럴 리'에서 '리'는 '그럴 리가 없다.'와 같이 뒤에 주로 주격 조사가 붙는 의존 명사이다.

오답 풀이

① '먹을 것'에서 '것'은 뒤에 '먹을 것이, 먹을 것을, 먹을 것만' 등의 다양한 조사가 붙을 수 있는 의존 명사이다.

③ '한 켤레'에서 '켤레'는 '한 켤레의, 한 켤레가' 등과 같이 뒤에 다양한 조사가 붙을 수 있는 의존 명사이다.

④ '웃는 통'에서 '통'은 '그가 계속 웃는 통에 대화를 할 수 없었다.'와 같이 뒤에 주로 부사격 조사 '에'가 붙는 의존 명사이다.

⑤ '웃을 따름'에서 '따름'은 뒤에 서술격 조사 '이다'가 붙어 주로 '–을 따름이다'의 구성으로 쓰이는 의존 명사이다.

📖 개념 복습

- **명사의 종류**

명사: 사람이나 사물, 장소 등의 이름을 나타내는 단어

사용 범위에 따라	고유 명사	특정한 하나의 개체를 다른 개체와 구별하기 위해 붙인 이름
	보통 명사	어떤 속성을 지닌 대상들에 두루 쓰이는 이름
자립성 여부에 따라	자립 명사	다른 말의 도움을 받지 아니하고 단독으로 쓰일 수 있는 명사
	의존 명사	혼자서 자립적으로 쓰일 수 없어서 앞에 꾸며 주는 말이 있어야만 쓰일 수 있는 명사

05 정답 ⑤ 조사의 특징

정답 풀이

ⓜ의 '와'는 '사과'와 '배'를 동일한 자격으로 연결해 주는 접속 조사이고, ⓑ의 '와'는 부사격 조사의 기능을 하고 있다. 즉 ⓜ의 '와'는 두 단어를 연결해 주는 기능을 하고 있지만, 이와 달리 ⓑ의 '와'는 '사과'를 부사어로 만드는 기능을 하고 있기 때문에 ⓑ의 '와'는 앞뒤에 오는 단어나 구를 연결해 주는 기능을 하고 있지 않음을 알 수 있다.

오답 풀이

① ㄱ의 '이', '에서', '의', '을'의 앞에 있는 '동생', '방', '언니', '책'은 모두 명사이다.

② ㄴ의 '만'과 ㄷ의 '도'의 앞에 있는 '–어'와 '–게'는 어미이다.

③ ㄴ의 '을'과 ⓜ의 '를'은 형태는 다르지만 모두 체언 뒤에 붙어 목적어 자격을 가지게 하는 기능을 하는 목적격 조사이다.

④ ㄷ의 '꽃이'의 '이'와 ㄹ의 '얼음이'의 '이'는 명사와 결합하고 형태가 동일하지만 ㄷ의 '이'는 주격 조사이고 ㄹ의 '이'는 보격 조사로 서로의 기능이 다르다.

06 정답 ③ 품사의 특징

정답 풀이

ㄷ의 '바로'는 뒤에 오는 '뒤'라는 명사를 꾸며 주기는 하지만 관형사가 아닌 부사로, '다른 것이나 다른 데에 있는 것이 아니라는 뜻으로 특정의 대상을 집어서 가리키는 말'이다. 부사 중에는 '바로'처럼 일부 체언 앞에 와서 그 체언에 특별한 뜻을 더하여 주는 단어들도 있다.

오답 풀이

① ㄱ의 '너무'는 용언인 '멀다'를, ㄴ의 '매우'는 부사인 '잘'을, ㄹ의 '아주'는 관형사인 '새'를, ㅁ의 '다행히'는 문장 전체를 꾸미고 있으므로 부사가 꾸며 주는 대상이 다양함을 알 수 있다.

② ㄱ의 '까지는'은 조사 '까지'와 조사 '는'이 결합한 것이다.

④ ㄷ의 '우리'와 ㅁ의 '아무'는 사람의 이름을 대신하여 가리키는 인칭 대명사라는 점에서 같은 성질의 단어이다.

⑤ ㄴ의 '그녀의 집'에서 '의'는 관형격 조사로 ㄷ의 '우리 집'의 '우리' 뒤에도 '의'가 생략되었음을 유추할 수 있다. 체언은 관형격 조사 '의' 없이 단독으로 관형어의 기능을 하기도 한다.

07 정답 ⑤ 관형사의 종류

정답 풀이

ㄴ의 '그'는 대명사이고, ㄹ의 '새–'는 접두사이며, ㅂ의 '다섯'은 수사이다. ㄴ과 ㅂ은 체언이라는 점에서 비슷한 성질을 갖고 있지만, ㄹ은 접두사이므로 ㄴ이나 ㅂ과는 전혀 다른 성질의 말이라고 할 수 있다.

오답 풀이

① 관형사는 조사와 결합할 수 없지만, 체언(명사, 대명사, 수사)의 뒤에는 조사가 결합할 수 있다. 따라서 홀로 쓰인 ㄱ의 '그'는 관형사이고, '는'이라는 조사가 결합한 ㄴ의 '그'는 체언 중에서도 이름을 대신 가리키는 대명사임을 알 수 있다.

② ㄷ의 '새'는 성질이나 상태를 나타내는 성상 관형사에 해당하지만, 똑같은 형태인 ㄹ의 '새–'는 '매우 짙고 선명하게'의 뜻을 더하는 접두사이다.

③ ㅂ의 '다섯'은 뒤에 오는 명사 '사람'을 꾸며 주는 기능을 하는 수 관형사이고, ㅂ의 '다섯'은 수사이므로 단어의 성질이 다름을 알 수 있다.

④ ㄱ의 '그'는 지시 관형사로 뒤에 오는 '사람들'을 꾸미고 있고, ㄷ의 '새'는 성상 관형사로 뒤에 오는 '책'을 꾸미고 있으며, ㅂ의 '다섯'은 수 관형사로 뒤에 오는 '사람'을 꾸미고 있다. 따라서 모두 뒤에 오는 말을 꾸미고 있다는 점에서 동일한 기능을 한다고 할 수 있다.

개념 복습

- **조사**

문장에 쓰인 단어들의 관계를 나타내는 기능을 하는 단어

격 조사	체언이나 체언 구실을 하는 말 뒤에 붙어 앞말이 다른 말에 대하여 가지는 일정한 자격을 나타내는 조사
보조사	앞말에 특별한 의미를 더하여 주는 조사
접속 조사	둘 이상의 단어나 구를 같은 자격으로 이어 주는 조사

- **관형사**

체언 앞에 놓여 그 체언을 꾸며 주는 단어

성상 관형사	사람이나 사물의 모양, 성질, 상태를 나타내는 관형사
지시 관형사	특정한 대상을 가리키는 관형사
수 관형사	수량이나 순서를 나타내는 관형사

08 정답 ③ 부사의 쓰임

정답 풀이

ⓐ의 '참'은 뒤에 오는 '많이'라는 다른 부사를 수식하는 부사이고, ⓓ의 '바로'와 ⓔ의 '특히'는 각각 '너'와 '학생'이라는 체언 앞에 와서 그 체언에 특별한 뜻을 더하여 주는 부사이다. 그리고 ⓕ의 '과연'과 ⓗ의 '그러나'는 뒤에 오는 문장 전체를 수식하는 부사로 ⓕ는 문장 부사 중 양태 부사, ⓗ는 문장 부사 중 접속 부사이다.

오답 풀이

ⓑ의 '많이'는 뒤에 오는 '내린다'를, ⓒ의 '너무'는 뒤에 오는 '바빠서'를 수식하고 있으므로 ⓑ와 ⓒ는 모두 문장의 어느 한 성분만을 수식하는 성분 부사이며, ⓖ의 '및'은 앞말과 뒷말을 이어 주는 접속 부사이다.

복합으로 완성하기

01 ①   **02** ①

지문 해설 [01~02] 조사 '에'와 '에서'의 형성 과정

- **현대 국어의 부사격 조사**

조사 '에'	'장소'를 의미하는 말에 붙어 위치를 나타내는 지점의 의미를 나타냄.
조사 '에서'	· '장소'를 의미하는 말에 붙어 행위를 하거나 일이 발생하는 공간의 의미를 나타냄. – 주격 조사로 쓰이는 경우: '에서' 앞에 공간이나 집단을 나타내는 명사가 오고, 유정 명사가 아닐 때

- **중세 국어의 부사격 조사**

조사 '애/에/예'와 '이/의'	현대 국어의 '에'와 '에서'의 쓰임을 모두 지니고 있었음.
조사 '애셔/에셔/예셔'와 '이셔/의셔'	· '애/에/예, 이/의'와 '이시다(현대 국어의 '있다')'의 활용형 '이셔'가 결합하여 이루어진 말 · 본래 '이시다'를 포함하므로 의미상 어떤 공간 속에 있음을 전제함. 따라서 '애셔/에셔/예셔'와 '이셔/의셔' 앞에 오는 명사는 공간으로 인식되었음. – 주격 조사로 쓰이는 경우: 앞의 명사가 어떤 구성원으로 이루어진 공간이나 집단을 나타낼 때

- **조사 '께서'와 '끠셔'**
– '께서': 부사격 조사 '께'에 '서'가 붙은 형태로 주격 조사로 쓰임.
– '끠셔': 부사격 조사 '끠'에 '셔'가 붙은 형태임.
– 둘 다 높임의 유정 명사 뒤에 나타남.

01 정답 ① 조사의 특징

정답 풀이

중세 국어의 '에'는 현대 국어의 '에'와 '에서'의 쓰임을 모두 지니고 있다고 하였다. 현대 국어의 '에서'는 앞에 오는 말에 공간의 의미를 더한다고 하였으므로 중세 국어의 '에' 역시 앞의 명사가 공간의 의미를 나타낼 수 있다.

오답 풀이

② (1)의 '서울에서', '서울에'처럼 '에'와 '에서' 모두 '장소'를 의미하는 말에 붙을 수 있다. 의미상의 차이만 있을 뿐이다.

③ 중세 국어에서 '애셔/에셔/예셔, 이셔/의셔'가 쓰일 자리에 '애/에/예, 이/의'가 쓰이는 경우가 많았으며, '애셔/에셔/예셔, 이셔/의셔'가 주격 조사로도 쓰인 경우가 있다고 하였으므로, '애/에/예'는 '이/의'와 같이 주격 조사로 쓰일 수 있음을 알 수 있다.

④ 중세 국어에서 '에'에 '이시다'의 활용형인 '이셔'가 결합된 '에셔'는 현대 국어의 '있다'인 '이시다'를 포함하므로 의미상 어떤 공간 속에 있음을 전제한다. 따라서 '에셔'의 '셔'는 지점이 아니라 공간의 의미를 나타낸다고 볼 수 있다.

⑤ '에셔' 앞의 명사가 어떤 구성원으로 이루어진 공간이나 집단을 나타낼 때 그 공간이나 집단 속에 있는 구성원의 행위를 그 공간이나 집단

의 행위로 표현하는 것이 가능해짐에 따라 '에셔'가 주격 조사로 쓰이기도 한 것이다. 그러므로 '에셔'가 주격 조사로 쓰일 때 그 앞에 유정 명사는 올 수 없다.

02 정답 ① 주격 조사와 부사격 조사의 쓰임

정답 풀이

㉠의 '그 지역에서'는 부사어로, '그 지역'에 붙은 '에서'는 부사격 조사이다. 이때 사용된 '에서'는 공룡 화석의 발견이라는 일이 발생하는 '공간'을 의미한다.

오답 풀이

② 현대 국어의 '에서'는 집단을 나타내는 명사가 앞에 오면 주격 조사로 쓰인다. 따라서 ㉡의 '정부'에 붙은 '에서'는 주격 조사이다.
③ 부사격 조사 '께'에 '서'가 붙은 '께서'는 주격 조사로 쓰이며, 높임의 유정 명사 뒤에 나타난다. ㉢에서 높임의 유정 명사인 '할머니' 뒤에 '께서'가 붙어 있으므로 이때 '께서'는 주격 조사이다.
④ '에셔' 앞의 명사가 어떤 구성원으로 이루어진 집단을 나타내면, 그 집단 속에 있는 구성원의 행위를 그 집단의 행위로 표현할 수 있고 그에 따라 '에셔'는 주격 조사로도 쓰였다고 하였다. 따라서 ㉣에서 '그위'가 현대어 '관청'으로 풀이된 것을 볼 때, '에셔'는 주격 조사로 쓰였음을 알 수 있다.
⑤ 중세 국어의 '끠셔'는 높임의 유정 명사 뒤에 나타나는 부사격 조사이다. ㉤에서 현대어 '부처님'에 해당하는 '부텨'는 높임의 유정 명사로, 부사격 조사 '끠셔'가 붙어 '부텨끠셔'로 쓰였음을 알 수 있다.

수능과 내신 **문제로 다지기** 본문 43쪽

01 ②   02 ④   03 ②

01 정답 ② 용언 활용의 예

정답 풀이

ⓑ '걸러서'는 모음으로 시작하는 어미 '-어서' 앞에서 어간 '거르-'의 마지막 음절 '르'가 'ㄹㄹ'로 변하는 '르' 불규칙에 해당한다. 그러나 '푸르러'는 어간 '푸르-'와 어미 '-어'가 결합할 때 어간 말음 '르'가 변한 것이 아니라 어미 '-어'가 '-러'로 바뀐 '러' 불규칙이므로, ⓑ에 적용된 용언 활용의 예로 볼 수 없다.

오답 풀이

① ⓐ '담가'는 어간 '담그-'와 어미 '-아'의 결합으로, 모음으로 시작하는 어미 앞에서 어간 말음 'ㅡ'가 탈락한 것이다. '예뻐도'도 어간 '예쁘-'와 어미 '-어도'가 결합할 때 모음으로 시작하는 어미 앞에서 어간 말음 'ㅡ'가 탈락한 것이므로, ⓐ에 적용된 용언 활용의 예로 적절하다.
③ ⓒ '간'은 어간 '갈-'과 어미 '-(으)ㄴ'의 결합으로, 'ㄴ'으로 시작하는 어미 앞에서 어간 말음 'ㄹ'이 탈락한 것이다. '사니'도 '살-+-니'와 같이 어간과 어미가 결합할 때 'ㄴ'으로 시작하는 어미 앞에서 어간 말음 'ㄹ'이 탈락한 것이므로, ⓒ에 적용된 용언 활용의 예로 적절하다.
④ ⓓ '하얬던'은 어간 '하얗-'과 어미 '-았던'의 결합으로, 모음으로 시작하는 어미 앞에서 어간 말음 'ㅎ'이 탈락하고 어미의 형태도 바뀐 것이다. '동그래'도 어간 '동그랗-'과 어미 '-아'가 결합할 때 모음으로 시작하는 어미 앞에서 어간 말음 'ㅎ'이 탈락하고 어미의 형태도 바뀐 것이므로, ⓓ에 적용된 용언 활용의 예로 적절하다.
⑤ ⓔ '저어'는 어간 '젓-'과 어미 '-어'의 결합으로, 모음으로 시작하는 어미 앞에서 어간 말음 'ㅅ'이 탈락한 것이다. '그은'도 '긋-+-은'과 같이 어간과 어미가 결합할 때 모음으로 시작하는 어미 앞에서 어간 말음 'ㅅ'이 탈락한 것이므로, ⓔ에 적용된 용언 활용의 예로 적절하다.

02 정답 ④ 용언의 불규칙 활용

정답 풀이

'이르다'는 어간이 '르'로 끝나는 일부 용언에서 어미 '-어'가 '-러'로 변하는 '러' 불규칙 동사에 해당한다. 따라서 '이르다'는 ㉠ '어미가 바뀌는 것'의 예에 해당한다.

① '흘러'는 어간 '흐르-'에 어미 '-어'가 결합할 때 '르'가 'ㄹㄹ' 형태로 바뀌는 '르' 불규칙으로, 어간이 바뀌는 경우이다.

② '파래서'는 어간 '파랗-'에 어미 '-아서'가 결합할 때, 어간과 어미 모두가 바뀌는 'ㅎ' 불규칙에 해당한다.

③ '들어'는 어간 '듣-'에 어미 '-어'가 결합할 때, 'ㄷ'이 'ㄹ'로 변하는 'ㄷ' 불규칙으로 어간이 바뀌는 경우에 해당한다.

⑤ '누워'는 어간 '눕-'에 어미 '-어'가 결합할 때, 'ㅂ'이 '우'로 변하는 'ㅂ' 불규칙으로 어간이 바뀌는 경우에 해당한다.

개념 복습

- 용언의 불규칙 활용

① 어간의 불규칙성에 의한 활용

구분	내용
'ㅅ' 불규칙	'ㅅ'이 모음 어미 앞에서 탈락함.
'ㄷ' 불규칙	'ㄷ'이 모음 어미 앞에서 'ㄹ'로 변함.
'ㅂ' 불규칙	'ㅂ'이 모음 어미 앞에서 '오/우'로 변함.
'르' 불규칙	'르'가 모음 어미 앞에서 'ㄹㄹ' 형태로 변함.
'우' 불규칙	'우'가 모음 어미 앞에서 탈락함.

② 어미의 불규칙성에 의한 활용

구분	내용
'여' 불규칙	어간 '하-' 뒤에 오는 어미 '-아/어'가 '-여'로 변함.
'러' 불규칙	어간이 '르'로 끝나는 일부 용언의 어미 '-어'가 '-러'로 변함.
'오' 불규칙	'달다'의 명령형 어미가 '-오'로 변함.

③ 어간과 어미의 불규칙성에 의한 활용

구분	내용
'ㅎ' 불규칙	'ㅎ'으로 끝나는 어간에 '-아/어'가 오면 'ㅎ'이 없어지고 어미도 변함.

03 정답 ② 품사의 특성

'지구'와 '것'은 모두 사람이나 사물과 같은 대상의 이름을 나타내는 명사이다. 그러나 문장에서 홀로 쓰일 수 있는 자립 명사인 '지구'와 달리 '것'은 관형어의 수식을 필수적으로 요구하는 의존 명사이다.

① '는'과 '에서'는 모두 조사이지만 '는'은 보조사, '에서'는 격 조사이다. 앞말의 행동이 이루어지고 있는 처소의 부사어임을 나타내는 '에서'와 달리 '는'은 문법적 기능을 하지 않으며 강조의 의미를 더해 주는 기능만 하는 조사이다.

③ '온'은 동사로, 어간 뒤에 다양한 어미와 결합하여 문장 안에서 관형어, 부사어, 서술어 등 여러 문장 성분으로 쓰인다.

④ '아'는 느낌을 드러내는 감탄사로, 문장 안에서 다른 성분과 관계를 맺지 않고 독립적으로 쓰일 수 있는 독립언에 해당한다.

⑤ '외로운'은 상태나 성질을 나타내는 형용사로, '외로워라', '외롭자'와

수능과 내신 고난도로 뛰어넘기

본문 44쪽

01 ②   02 ③   03 ④   04 ⑤   05 ②
06 ③   07 ④

01 정답 ② 보조 용언의 띄어쓰기

ⓒ '적어 둘 만하다'의 본용언은 '적어'이고, 뒤에 오는 '둘'과 '만하다'는 모두 보조 용언이다. 따라서 본용언 뒤에 보조 용언이 거듭 나타나는 경우이므로 앞의 보조 용언인 '둘'만 본용언에 붙여 써, '적어둘 만하다'로 쓸 수 있다.

① ⓐ '빛내 준다'의 본용언은 명사 '빛'과 동사 '내다'가 결합한 합성어 '빛내다'로, 활용형은 2음절 '빛내'이다. 따라서 본용언 '빛내'와 보조 용언 '준다'를 붙여 '빛내준다'로 쓸 수 있다.

③ ⓒ '읽어는 보았다'의 본용언은 '읽어'로, 뒤에 조사 '는'이 붙어 있다. 이러한 경우 뒤에 오는 보조 용언은 붙여 쓰지 않으므로 '읽어는보았다'로 쓰지 않는다.

④ ⓓ '다시없을 듯하다'에서 본용언 '다시없을'의 기본형 '다시없다'는 부사 '다시'와 형용사 '없다'가 결합한 합성 용언이다. 이러한 경우 뒤에 오는 보조 용언은 붙여 쓰지 않으므로 '다시없을듯하다'로 쓰지 않는다.

⑤ ⓔ '공부해 보아라'에서 본용언 '공부해'의 기본형 '공부하다'는 명사 '공부'와 접사 '-하다'가 결합한 파생어이다. 이러한 경우 뒤에 오는 보조 용언은 붙여 쓰지 않으므로 '공부해보아라'로 쓰지 않는다.

02 정답 ③ 선어말 어미와 어말 어미

ⓒ의 '먹었겠니'는 어간 '먹-'에 선어말 어미 '-었-', '-겠-'과 의문형 종결 어미 '-니'가 결합한 형태이다. 이때 '-었-'은 과거 시제를 나타내는 과거 시제 선어말 어미이고, '-겠-'은 추측의 의미를 나타내는 선어말 어미이다. '-겠-'은 미래 시제를 나타내는 것 이외에 추측이나 주체의 의지, 가능성 등을 나타내기도 하는데, ⓒ의 '-겠-'은 주체의 의지가 아니라 추측을 나타내는 기능을 한다.

① ⓐ의 '심었구나'는 어간 '심-'에 선어말 어미 '-었-', 어말 어미 '-구나'가 결합한 형태이다. 선어말 어미 '-었-'은 발화시보다 사건시가 앞서는 과거 시제를 나타낸다. 또한 '-구나'는 감탄형 종결 어미로,

화자가 새롭게 알게 된 사실에 주목함을 나타낼 때 사용한다.

② ㉡의 '청소하는'은 어간 '청소하–'에 관형사형 어미 '–는'이 결합한 형태로, 뒤에 오는 체언 '아이'를 수식한다. 이때 관형사형 어미 '–는'은 현재 시제를 나타내며 선어말 어미는 쓰이지 않았다.

④ ㉣의 '읽은'은 어간 '읽–'에 관형사형 어미 '–은'이 결합한 형태로, 뒤에 오는 체언 '책'을 수식한다. 이때 관형사형 어미 '–은'은 과거 시제를 나타내며 선어말 어미는 쓰이지 않았다.

⑤ ㉤은 '주말에 바람은 불겠다.'와 '비는 오지 않을 것이다.'의 두 문장이 대등적 연결 어미 '–지만'으로 이어진 문장이다. 이때 '불겠지만'의 '–겠–'은 추측의 의미를 나타내는 선어말 어미이다.

📖 개념 복습

- 어말 어미

종결 어미	– 문장을 끝맺어 주는 어미 – 평서형, 감탄형, 의문형, 명령형, 청유형 어미
연결 어미	– 대등적 연결 어미: 두 문장을 대등하게 연결해 주는 어미 – 종속적 연결 어미: 앞의 문장을 뒤의 문장에 종속시키는 연결 어미 – 보조적 연결 어미: 본용언과 보조 용언을 연결해 주는 어미
전성 어미	– 다른 품사의 기능을 수행하게 하는 어미 – 명사형 전성 어미, 관형사형 전성 어미, 부사형 전성 어미

03 정답 ④ 규칙 활용과 불규칙 활용

정답 풀이

'묻었다'는 어간 '묻–'과 어미 '–었–', '–다'의 형태가 모두 바뀌지 않는 경우로 ㉠에 해당한다. '일러'는 어간 '이르–'의 형태가 '일ㄹ–'로 불규칙적으로 바뀌고, 어미 '–어'의 형태는 바뀌지 않는 경우로 ㉡에 해당한다. '이르러'는 어간 '이르–'의 형태는 바뀌지 않고 어미 '–어'가 불규칙적으로 '–러'로 바뀌는 경우로 ㉢에 해당한다. '우러러'는 '우러르–'와 '–어'의 결합으로 어간 '우러르–'의 말음 'ㅡ'가 탈락하여 어간의 형태가 바뀌지만, 'ㅡ' 탈락이라는 일정한 규칙으로 설명할 수 있으므로 ㉠에 해당한다. '파래'는 어간 '파랗–'의 'ㅎ'이 없어지고 어미 '–아'의 형태도 불규칙적으로 변하므로 ㉣에 해당한다.

04 정답 ⑤ 동사와 형용사의 구분

정답 풀이

㉰의 '예뻐라'는 명령형 어미가 아닌 감탄형 어미가 쓰였다. 따라서 ㉰은 ⓓ의 기준으로 동사와 형용사를 구분할 수 있는 경우에 해당하지 않는다.

오답 풀이

① ㉠의 '일어난다'는 그녀가 자리에서 일어난 동작을 나타내고 있으므로 동사, ㉡의 '아름답다'는 정원의 꽃이 아름답다는 성질을 나타내고 있

으므로 형용사이다.

② ㉡의 '아름답다'에 현재 시제 선어말 어미 '–는–'을 결합한 '아름답는다'는 비문이므로 '아름답다'를 형용사로 추론할 수 있다.

③ ㉢의 '보는'과 '타는'은 각각 어간 '보–'와 '타–'에 관형사형 어미 '–는'이 결합하여 뒤에 오는 명사 '친구'를 수식하고 있으므로 동사로 볼 수 있다. 반면에 ㉣의 '단'과 '아름다운'은 어간 '달–'과 '아름답–'에 관형사형 어미 '–는'이 결합할 수 없으므로 형용사이다.

④ ㉤의 '때리려'는 어간 '때리–'에 의도나 목적을 나타내는 어미 '–려'가 결합하였으므로 동사로 볼 수 있다. 반면에 ㉥의 '아름다우려'는 어간 '아름답–'에 어미 '–려'가 결합할 수 없으므로 형용사임을 알 수 있다.

05 정답 ② 용언의 규칙 활용

정답 풀이

㉠ '치렀다'는 기본형 '치르다'가 활용한 경우로 선어말 어미 '–었–' 앞에서 '으'가 탈락하였다. ㉢ '따라'는 기본형 '따르다'가 활용한 경우로 어말 어미 '–아–' 앞에서 '으'가 탈락하였다. 따라서 이 두 단어는 모두 '으'가 규칙적으로 탈락하는 규칙 활용에 해당한다.

오답 풀이

㉡ '물었다'는 기본형 '묻다'가 활용한 것으로 'ㄷ' 불규칙에 해당한다.

㉣ '퍼서'는 기본형 '푸다'에 접미사 '–어서'가 붙은 것으로 '우' 불규칙에 해당한다.

06 정답 ③ 용언의 활용

정답 풀이

'모으다'의 어간 '모으–'에 어미 '–아라'가 결합할 경우 'ㅡ' 탈락이 일어나 '모아라'와 같이 활용한다. 이는 'ㅡ' 탈락이라는 음운 규칙으로 설명할 수 있으므로 규칙 활용에 해당한다.

오답 풀이

① '흐르다'의 어간 '흐르–'에 어미 '–어'가 결합할 경우 어간 끝 음절 '르'가 'ㄹㄹ'로 바뀌어 '흘러'와 같이 활용한다. 이는 음운 규칙으로 설명할 수 없는 변화이므로 불규칙 활용에 해당한다.

② '잡다'의 어간 '잡–'에 어미 '–아'가 결합할 경우 '잡아'와 같이 활용한다. 이는 어간과 어미의 형태가 모두 변하지 않는 것이므로 규칙 활용에 해당한다.

④ '이르다'의 어간 '이르–'에 어미 '–어'가 결합할 때 어미가 '–러'와 같이 바뀌는데 이는 음운 규칙으로 설명할 수 없는 변화이므로 불규칙 활용에 해당한다.

⑤ '파랗다'의 어간 '파랗–'에 어미 '–아'가 결합할 때 '파래'와 같이 어간과 어미의 형태가 모두 바뀌는데, 이는 음운 규칙으로 설명할 수 없는 변화이므로 불규칙 활용에 해당한다.

07 정답 ④ 본용언과 보조 용언

정답 풀이

'점차 날이 밝아 왔다.'의 '왔다'는 앞말에 진행의 의미를 더해 주는 보조 용언으로, 이때 '밝아'의 '-아'는 본용언과 보조 용언을 연결하는 기능을 한다. 반면 '아기가 나를 향해 기어왔다.'에서 '기어왔다'의 기본형 '기어오다'는 '기다'와 '오다'가 결합하여 하나의 단어로 쓰이는 합성어이다. 따라서 '기어왔다'의 '왔다'를 보조 용언으로 보는 것은 적절하지 않다.

오답 풀이

① '버스가 떠나 버렸다.'의 '버렸다'는 본용언 '떠나'에 붙어 완료의 의미를 더해 주는 기능을 하는 보조 용언이다.

② '형광등을 켜 두었다.'의 '두었다'는 '일정한 곳에 놓다.'라는 본래의 어휘적 의미는 잃고 앞말이 뜻하는 행동을 끝내고 그 결과를 유지한다는 문법적 의미만을 지닌 보조 용언이다.

③ '그에게 관심을 주었다.'의 '주었다'는 '시선이나 관심 따위를 어떤 곳으로 향하다.'라는 어휘적 의미를 지닌 본용언이므로 단독으로 쓰여도 서술어의 기능을 할 수 있다. 반면 '숙제를 대신 해 주었다.'의 '주었다'는 본용언 '해' 뒤에서 앞 동사의 행위가 다른 사람의 행위에 영향을 미침을 나타내는 보조 용언이므로 단독으로 서술어의 기능을 할 수 없다.

⑤ '찬우는 의자에 앉고 있다.'의 '있다'는 보조 용언으로 본용언 '앉고' 뒤에서 동작이 진행되고 있다는 문법적 의미를 더해 주고 있으며, '영우는 의자에 앉아 있다.'의 '있다'는 본용언 '앉아' 뒤에서 동작이 완료되었다는 문법적 의미를 더해 주고 있다.

복합으로 완성하기

본문 47쪽

01 ⑤   **02** ④

지문 해설 [01~02] 품사의 분류 / 동사·형용사의 구별

- 품사의 분류 기준

형태	단어가 활용하느냐 활용하지 않느냐에 관한 것
기능	단어가 문장에서 하는 역할
의미	단어의 구체적인 의미가 아니라 단어 부류가 가지는 추상적인 의미

- 동사와 형용사의 구별

동사	– 사물의 작용의 일종인 상태 변화를 나타낼 때도 있음.
형용사	– 원칙적으로 선어말 어미 '-ㄴ/는-', 관형사형 어미 '-는', 명령형·청유형 종결 어미, 의도나 목적을 나타내는 연결 어미 등과 결합하여 쓰이지 않음. – 상태의 의미를 나타내는 '있다, 없다'는 관형사형 어미 '-는'과 결합함.

01 정답 ⑤ 품사의 분류

정답 풀이

'즐거운'은 '즐겁다'가 활용한 말로, '마음에 거슬림이 없이 흐뭇하고 기쁜' 상태를 나타내는 말이다. 따라서 '즐거운'은 활용을 하고, 사물의 속성이나 상태를 나타내는 말로, 관형사가 아닌 형용사에 해당한다.

오답 풀이

① '옛날, 사진, 기억'은 활용하지 않으며 사물의 이름을 나타내는 말로 명사이다.

② '보니', '떠올랐다'는 각각 '보다', '떠오르다'가 활용한 말로, 사물의 동작이나 작용을 나타내고 있으므로 동사이다.

③ '하나'는 활용하지 않으며 수량이나 순서를 나타내는 말로 수사이다.

④ '을, 가'는 활용하지 않으며 앞말에 붙어 앞말과 다른 말의 문법적 관계를 나타내거나 특수한 의미를 덧붙이는 말로 조사이다.

02 정답 ④ 동사와 형용사의 구별

정답 풀이

ⓓ의 '나에게는 돈이 있다.', '돈이 있는 사람'에서 '있다'는 존재나 소유와 같이 상태의 의미를 나타내는 형용사로 쓰이고 있으며 '나에게는 돈이 없다.', '돈이 없는 사람'에서 '없다' 역시 상태의 의미를 나타내는 형용사로 쓰였다. [A]에 따르면 상태의 의미를 나타내는 '있다'와 '없다'는 동사와 형용사로 쓰일 때 모두 관형사형 어미 '-는'이 결합할 수 있으므로 '나에게는 돈이 있다(없다).', '돈이 있는(없는) 사람'이라는 문장이 성립한다고 해서 '있다(없다)'를 동사로 판단할 수는 없다. '있다'는 '한 장소에 머묾'의 의미를 나타낼 때에 동사로 분류된다.

오답 풀이

① ⓐ를 통해 형용사인 '예쁘다'는 동사인 '먹다'와 달리 현재 시제 선어말 어미 '-ㄴ/는-'과 결합할 수 없음을 알 수 있다.

② ⓑ를 통해 형용사인 '예쁘다'는 동사인 '먹다'와 달리 명령형 어미 '-어라'나 청유형 어미 '-자'와 결합할 수 없음을 알 수 있다.

③ ⓒ의 '먹으려고', '먹으러', '예쁘려고', '예쁘러'를 통해 형용사인 '예쁘다'는 동사인 '먹다'와 달리 의도를 나타내는 연결 어미 '-려고'나 목적을 나타내는 '-러'와 결합할 수 없음을 알 수 있다.

⑤ ⓔ의 '나무가 크다.', '머리카락이 길다.'에서 '크다', '길다'는 사물의 속성이나 상태를 나타내는 형용사이고, '나무가 쑥쑥 큰다.', '머리카락이 잘 긴다.'에서 '크다', '길다'는 상태의 변화를 나타내는 동사로 현재 시제 선어말 어미 '-ㄴ-'과 결합하여 쓰이고 있다.

06강 단어의 의미

수능과 내신 **문제로 다지기**   본문 51쪽

01 ⑤   **02** ⑤   **03** ③

---

01 정답 ⑤   중심적 의미와 주변적 의미

정답 풀이

'한 코씩'에서 '코'는 '그물이나 뜨개질한 물건의 눈마다의 매듭'이라는 '코²'의 의미로 쓰였으므로 '코¹'과 소리는 같지만 중심적 의미가 다른 단어(ⓒ)에 해당하는 예이다.

오답 풀이

① '묽은 코'에서 '코'는 '코¹'의 두 번째 의미인 '콧구멍에서 흘러나오는 액체'를 의미하므로 '코¹'의 중심적 의미에서 확장된 ⓛ '주변적 의미'에 해당하는 예이다.

② '어망의 코'에서 '코'는 '그물이나 뜨개질한 물건의 눈마다의 매듭'이라는 '코²'의 의미로 쓰였으므로 ⓒ에 해당하는 예이다.

③ '긴 코'에서 '코'는 '코¹'의 첫 번째 의미인 '포유류의 얼굴 중앙에 튀어나온 부분'을 의미하므로 ㉠ '신체 부위를 나타내는 중심적 의미'에 해당하는 예이다.

④ '코를 다쳐서'에서 '코'는 '코¹'의 첫 번째 의미인 '포유류의 얼굴 중앙에 튀어나온 부분'을 의미하므로 ㉠에 해당하는 예이다.

📖 개념 복습

• 중심적 의미와 주변적 의미

중심적 의미	한 단어의 가장 기본적이며 핵심적인 의미 예 '손'의 중심적 의미: 사람의 팔목 끝에 달린 부분. 손등, 손바닥, 손목으로 나뉘며 그 끝에 다섯 개의 손가락이 있어, 무엇을 만지거나 잡거나 한다.
주변적 의미	한 단어의 중심적 의미가 확장되어 다르게 쓰이는 의미 예 '손'의 주변적 의미: '일을 하는 사람', '어떤 일을 하는 데 드는 사람의 힘이나 노력, 기술', '어떤 사람의 영향력이나 권한이 미치는 범위' 등

---

02 정답 ⑤   다의어의 의미

정답 풀이

'음식상이나 잠자리 따위를 채비하다.'라는 의미에는 '아버님 진짓상을 보아야죠.'와 같은 예문이 적절하다. '여보, 찌개 맛 좀 봐 주세요.'의 '보다'는 '음식 맛이나 간을 알기 위하여 시험 삼아 조금 먹다.'라는 의미로 사용되었다.

---

03 정답 ③   단어의 의미 종류와 의미 관계

정답 풀이

배¹①과 배¹②는 의미상의 공통성이 있는 다의어일 뿐 유의 관계로는 볼 수 없다. 따라서 배¹①의 반의어를 배¹②의 반의어로 쓸 수 없다.

오답 풀이

① 배¹은 하나의 표제어 아래 배¹①, 배¹②의 두 가지 의미를 가지고 있다. 한 단어가 둘 이상의 서로 관련된 의미를 가지는 경우 이를 다의어로 간주하므로, 배¹을 다의어로 볼 수 있다.

② 배¹①은 '배'라는 단어의 가장 기본적이고 핵심적인 의미이며, 배¹②는 중심적 의미에서 확장된 의미이다. 그러므로 배¹①은 중심적 의미, 배¹②는 배¹①에서 파생된 주변적 의미이다.

④ 배¹과 배³은 단어의 형태도 같고 발음도 [배]로 같으나, 사전에 별개의 표제어로 구분되어 있으므로 의미 간의 공통점이 없는 동음이의 관계에 있는 단어이다.

⑤ 배³은 과일의 하의어이므로, 상의어인 과일의 의미 요소를 모두 포함하여 가진다.

수능과 내신 **고난도로 뛰어넘기**   본문 52쪽

01 ③   **02** ⑤   **03** ④   **04** ④   **05** ③
06 ②

---

01 정답 ③   중심적 의미와 주변적 의미

정답 풀이

ⓛ의 '뿌리'는 '식물의 밑동으로서 보통 땅속에 묻히거나 다른 물체에 박혀 수분과 양분을 빨아올리고 줄기를 지탱하는 작용을 하는 기관'을 뜻하므로 중심적 의미로 사용되었다. ㉠의 '뿌리'는 '사물이나 현상을 이루는 근본을 비유적으로 이르는 말'로, 주변적 의미로 사용되었다. 따라서 ㉠과 ⓛ의 예가 반대로 제시되어 있으므로 적절하지 않다.

오답 풀이

① ㉠의 '별'은 '빛을 관측할 수 있는 천체 가운데 성운처럼 퍼지는 모양을 가진 천체를 제외한 모든 천체'를 뜻하므로 '중심적 의미'로 사용되었고, ⓛ의 '별'은 '위대한 업적을 남긴 대가를 비유적으로 이르는 말'이므로 '주변적 의미'로 사용되었다.

② ㉠의 '번개'는 '구름과 구름, 구름과 대지 사이에서 공중 전기의 방전이 일어나 번쩍이는 불꽃'을 뜻하므로 '중심적 의미'로 사용되었고, ⓛ의 '번개'는 '동작이 아주 빠르고 날랜 사람을 비유적으로 이르는 말'이므로 '주변적 의미'로 사용되었다.

④ ㉠의 '태양'은 '태양계의 중심이 되는 항성'인 자연물을 뜻하므로 '중심적 의미'로 사용되었고, ⓛ의 '태양'은 '매우 소중하거나 희망을 주는 존재를 비유적으로 이르는 말'이므로 '주변적 의미'로 사용되었다.

⑤ ㉠의 '이슬'은 '공기 중의 수증기가 기온이 내려가거나 찬 물체에 부딪

힐 때 엉겨서 생기는 물방울'을 뜻하므로 '중심적 의미'로 사용되었고, ㉡의 '이슬'은 사람의 '눈물'을 비유적으로 이르는 말이므로 '주변적 의미'로 사용되었다.

02 정답 ⑤ 국어사전의 표제어와 예문

정답 풀이

ⓐ에 들어갈 다의어는 '두 대상이나 물체의 사이가 썩 가깝게', '시간이나 길이가 아주 짧게'의 의미를 가져야 하는데, 이러한 의미를 가진 다의어는 부사 '바투'이다. ⓑ에는 '바투'가 '두 대상이나 물체의 사이가 썩 가깝게'의 의미로 쓰인 예문이 들어가야 하므로, 〈보기〉의 ⓔ '어머니는 아들에게 바투 다가가 두 손을 움켜쥐었다.'가 적절하다. 그리고 ⓒ에는 형용사 '밭다'가 '시간이나 공간이 다붙어 몹시 가깝다.'는 의미로 쓰인 예문이 들어가야 하므로 '밭다'의 활용형 '밭게'가 쓰인 ㉠과 ㉡이 모두 적절하다.

개념 복습

• 다의어와 동음이의어

다의어	– 하나의 단어가 둘 이상의 의미를 가지는 단어 – 다의어의 의미는 중심적 의미와 주변적 의미로 나눌 수 있음. 예 '손'의 중심적 의미는 '사람의 팔목 끝에 달린 부분'이고, 주변적 의미는 '일을 하는 사람', '어떤 일을 하는 데 드는 사람의 힘이나 노력, 기술' 등임.
동음이의어	– 소리는 같으나 의미가 다른 단어 – 다의어는 서로 다른 의미 사이에 공통점을 찾을 수 있지만 동음이의어는 그들 의미 사이에 공통점을 찾을 수 없음. 예 '손(手, 사람의 팔목 끝에 달린 부분)'과 '손(客, 다른 곳에서 찾아온 사람)'은 동음이의어임.

03 정답 ④ 언어의 의미 변화

정답 풀이

ㄷ의 '에누리를 해 주셔야 다음에 또 오지요.'라는 표현으로 보아, 이 발화는 소비자의 발화임을 추측할 수 있다. 따라서 소비자 입장에서는 물건의 값을 내려줘야 다음에 또 온다고 할 수 있으므로, 이때 '에누리'는 '값을 내리는 일'의 의미로 쓰였음을 알 수 있다.

오답 풀이

① ㄱ의 '다른 사람의 말에 쉽게 흔들리는 것'이라는 표현으로 보아 주장이나 판단력이 없다는 의미이므로, 이때의 '주책'은 '일정하게 자리 잡힌 주장이나 판단력'의 의미로 쓰였음을 알 수 있다.
② ㄴ의 '뜬금없이 그런 말을 하다니'라는 표현으로 보아, '주책이다'라는 표현은 부정적인 의미, 즉 '일정한 줏대가 없이 되는 대로 하는 짓'이라는 의미로 쓰였음을 알 수 있다.
③ ㄴ의 '주책이다'에서 '주책'은 '일정한 줏대가 없이 되는 대로 하는 짓'

이라는 의미로 쓰였고, '주책'이 그런 부정적인 의미도 갖게 되면서 '주책없다'와 '주책이다'가 같은 의미로 쓰이게 되었으므로 ㄴ의 '주책이다'는 '주책없다'로 바꿔 쓸 수 있다.
⑤ 가게가 많은 이윤을 남기려면 값을 내리는 일이 없어야 하므로 ㄹ의 '에누리'는 '값을 내리는 일'의 의미로 쓰였음을 알 수 있다.

04 정답 ④ 사전적 의미와 함축적 의미

정답 풀이

㉠의 '호수'는 '마음'의 상태를 비유적으로 표현한 것으로 함축적 의미로 쓰인 것이고, ㉡의 '호수'는 '땅이 우묵하게 들어가 물이 괴어 있는 곳'이라는 사전적 의미로 쓰인 것이다. ㉠과 ㉡에 해당하는 예가 뒤바뀌었으므로 적절하지 않다.

오답 풀이

① ㉠의 '물'은 '자연계에 강, 호수, 바다, 지하수 따위의 형태로 널리 분포하는 액체'의 의미로 쓰였고, ㉡의 '물'은 '그곳에서의 경험이나 영향을 비유적으로 이르는 말'로 쓰였다.
② ㉠의 '불'은 '물질이 산소와 화합하여 높은 온도로 빛과 열을 내면서 타는 것'의 의미로 쓰였고, ㉡의 '불'은 '불이 타는 듯이 열렬하고 거세게 타오르는 정열이나 감정을 비유적으로 이르는 말'로 쓰였다.
③ ㉠의 '바람'은 '기압의 변화 또는 사람이나 기계에 의하여 일어나는 공기의 움직임'의 의미로 쓰였고, ㉡의 '바람'은 '들뜬 마음이나 일어난 생각을 비유적으로 이르는 말'로 쓰였다.
⑤ ㉠의 '어머니'는 '자기를 낳아 준 여자를 이르거나 부르는 말'의 의미로 쓰였고, ㉡의 '어머니'는 '무엇이 배태되어 생겨나게 된 근본을 비유적으로 이르는 말'로 쓰였다.

05 정답 ③ 주변적 의미의 구별

정답 풀이

'나물이 시큼하게 맛이 갔다.'의 '가다'는 '원래의 상태를 잃고 상하거나 변질되다.'의 의미이다. '그러한 상태가 생기거나 일어나다.'의 의미를 갖는 '가다'는 '그는 자기에게 손해 가는 일은 절대 하지 않는다.'와 같이 '손해' 따위의 명사와 함께 쓰인다.

06 정답 ② 국어사전의 활용

정답 풀이

'한번 저지른 실수는 처음대로 무를 수가 없다.'는 무르다' ①-「2」의 용례로 적절하다. ㉡에 해당하는 용례로는 '한번 산 물건은 무를 수 없습니다.'가 적절하다.

오답 풀이

① '무르다'의 어간은 '무르-'이므로 어미에 따라 '물러, 무르니'로 활용할 수 있다.

③ '무르다²'는 사물의 성질이나 상태를 나타내는 형용사이다.
④ '굳은 땅과 진 땅'에서 '굳다'는 '누르는 자국이 나지 아니할 만큼 단단하다.'의 의미로 쓰인 것이므로 '물기가 많아서 단단하지 않다.'라는 의미의 '무르다²②'와 반의 관계로 볼 수 있다.
⑤ 예문을 통해 ⓔ에는 '마음이 여리거나 힘이 약하다.'라는 의미가 들어가야 함을 추론할 수 있다.

에 이르다'의 '이르다'는 동사로서 '어떤 정도나 범위에 미치다'라는 의미를, '포기하기에는 아직 이르다'의 '이르다'는 형용사로서 '대중이나 기준을 잡은 때보다 앞서거나 빠르다'의 의미로 쓰였다. 이 두 단어는 형태는 같으나 서로 의미의 관련성이 없다는 점에서 중심 의미와 주변 의미의 관계라고 볼 수 없다.
④ 2문단에서 다의어가 주변 의미로 사용되었을 때 문법적 제약이 나타나기도 한다고 하였다. '팽이를 돌리다'에서 '돌다'는 '물체가 일정한 축을 중심으로 원을 그리면서 움직이다'라는 중심 의미로 사용되었으므로 어법에 맞는다. 그러나 '군침을 돌리다'라고 쓰지 않는 것은 '돌다'가 '침이 생기다'라는 주변 의미로 사용되어 문법적 제약이 나타나기 때문이다.

01 ⑤   **02** ②

지문 해설   [01~02] 다의어의 특징

- 다의어
- 개념: 두 가지 이상의 의미를 가진 단어

중심 의미	기본이 되는 핵심 의미 – 주변 의미보다 언어 습득의 시기가 빠르며 사용 빈도가 높음.
주변 의미	중심 의미에서 확장된 의미

- 특징
① 주변 의미로 사용되었을 때는 문법적 제약이 나타나기도 함.
② 주변 의미는 기존의 의미가 확장되어 생긴 것으로, 새로 생긴 의미는 기존의 의미보다 추상성이 강화됨.
③ 다의어의 의미들은 서로 관련성을 가짐.
④ 다의어의 의미들이 서로 대립적 관계를 맺는 경우도 있음.

01 정답 ⑤ 다의어의 의미 이해

정답 풀이

3문단에서 주변 의미는 기존의 의미가 확장되어 생긴 것이기 때문에 기존의 의미보다 추상성이 강화된다고 하였다. 다의어인 '눈'의 중심 의미는 '빛의 자극을 받아 물체를 볼 수 있는 감각 기관'이고, '눈이 나빠져서 안경의 도수를 올렸다'에서의 '눈'은 기존의 의미가 확장되어 생긴 주변 의미로, '물체의 존재나 형상을 인식하는 눈의 능력'을 뜻한다. 따라서 기존 의미보다 구체적이라고 볼 수 없다.

오답 풀이

① 1문단에서 중심 의미는 일반적으로 주변 의미보다 언어 습득의 시기가 빠르다고 하였다. 따라서 대부분의 아이들은 '별'의 의미 중 주변 의미인 '군인의 계급장'이라는 의미보다 중심 의미인 '천체의 일부'라는 의미를 먼저 배울 것이다.
② 1문단에서 중심 의미는 일반적으로 주변 의미보다 사용 빈도가 높다고 하였다. 따라서 '앉다'는 중심 의미인 '착석하다'의 의미로 쓰이는 빈도가 주변 의미인 '직위나 자리를 차지하다'의 의미로 쓰이는 빈도보다 더 높을 것이다.
③ 4문단에서 다의어의 의미들은 서로 관련성을 갖는다고 하였다. '결론

02 정답 ② 다의어의 대립적 관계

정답 풀이

㉠ '다의어의 의미들이 서로 대립적 관계를 맺는 경우'는 '빚쟁이'와 '금방'이다. 민수의 첫 번째 발화에서 '빚쟁이'는 '남에게 돈을 빌려준 사람을 낮잡아 이르는 말'의 의미로 사용되었고, 영희의 두 번째 발화에서 '빚쟁이'는 '빚을 진 사람을 낮잡아 이르는 말'의 의미로 사용되었다. 영희의 두 번째 발화에서 '금방'은 '말하고 있는 시점보다 조금 전에'라는 의미로 사용되었고, 민수의 두 번째 발화에서 '금방'은 '말하고 있는 시점부터 바로 조금 후에'라는 의미로 사용되었다. 따라서 '빚쟁이'와 '금방'은 다의어로 의미들이 서로 대립적인 관계를 맺는 경우라고 할 수 있다. 반면 '뒤'는 영희의 두 번째 발화와 마지막 발화에서 모두 '시간이나 순서상으로 다음이나 나중'의 의미로 쓰였고, '돈'은 영희의 두 번째 발화와 민수의 두 번째 발화에서 모두 '사물의 가치를 나타내며, 상품의 교환을 매개하고, 재산 축적의 대상으로도 사용하는 물건'의 의미로 쓰였다.

기출 선택지 OX   1○   2✕   3✕   4✕   5○

수능과 내신 **문제로 다지기**   본문 59쪽

01 ③   02 ②   03 ②

01 정답 ③ 부사어의 특성

정답 풀이

'그는 너무 헌 차를 한 대 샀다.'에서 부사어 '너무'는 서술어 '샀다'가 아니라 관형어 '헌'을 수식하고 있다.

오답 풀이

① '눈이 부시게'는 '주어＋서술어'의 구성으로 이루어진 절로, '푸른'을 수식하는 부사어로 쓰이고 있다.

② 명사 '하늘'에 부사격 조사 '에서'가 결합한 '하늘에서'와 부사 '펑펑'은 모두 서술어를 수식하는 부사어로 쓰이고 있다.

④ ㉠의 '엄마와', ㉡의 '취미로'는 모두 부사어이다. 이때 ㉠의 '엄마와'는 '닮다'라는 서술어가 꼭 필요로 하는 필수 성분이고, ㉡의 '취미로'는 문장에서 생략할 수 있는 부속 성분이다.

⑤ ㉠의 '재로'는 명사 '재'에 부사격 조사 '로'가 결합한 부사어이고, ㉡의 '재가'는 명사 '재'에 보격 조사 '가'가 결합한 보어로, 둘 다 '되다'라는 서술어 앞에 쓰여 바뀌게 되는 대상임을 나타내고 있다. ㉠의 '재로'와 ㉡의 '재가'는 문장 성분은 서로 다르지만 서술어 '되었다'가 반드시 필요로 하는 성분이라는 점에서는 같다고 볼 수 있다.

02 정답 ② 문장 성분의 호응

정답 풀이

'이 글의 특징은 길이가 짧지만 인상은 강하다.'에는 주어인 '특징은'과 호응하는 서술어가 없다. 따라서 '이 글의 특징은 길이가 짧지만 인상은 강하다는 것이다.'와 같이 주어와 호응하는 서술어를 추가해야 한다.

오답 풀이

① '물건 따위를 사들임.'이라는 같은 의미의 '구매'와 '구입'이라는 단어를 중복 사용하여 잘못된 문장이다. '회원들은 상품을 싸게 구매할 수 있다.' 또는 '회원들은 상품을 싸게 구입할 수 있다.'와 같이 고쳐야 한다.

③ '여간한(여간하다)'은 부정어 앞에 쓰여 '이만저만하거나 어지간하다.'의 의미를 나타내는 말이다. 따라서 '아들의 성공 소식은 부모님께 여간한 기쁨이 아니었다.'로 고쳐야 한다.

④ 목적어인 '유해 물질'과 호응하는 서술어가 없어서 잘못된 문장이다. 이 문장의 목적어는 '유해 물질'과 '연료 효율'인데, '유해 물질을 높여 주었다.'라는 문장은 의미가 성립하지 않는다. 따라서 '새 기계는 유해 물질을 제거해 주고 연료 효율을 높여 주었다.'와 같이 목적어 '유

해 물질'과 호응하는 서술어를 추가해야 한다.

⑤ '형언할(형언하다)'은 '어렵다, 없다, 못하다' 따위의 부정어와 함께 쓰여 '형용하여 말하다.'의 의미를 나타내는 말이다. 따라서 '그는 자신의 행복한 마음을 형언할 방법을 찾지 못했다.'와 같이 고쳐야 한다.

03 정답 ② 관형어의 특성

정답 풀이

'다친'은 뒤에 오는 체언 '손톱'을 수식하는 관형어이다. 이때 '다친'은 동사 '다치다'의 어간 '다치–'에 관형사형 전성 어미 '–ㄴ'이 결합한 것이므로 ㉠ '용언의 관형사형'의 예로 적절하다.

오답 풀이

① '문화의'는 체언 '문화'에 관형격 조사 '의'가 붙은 말이 관형어가 된 경우로, 뒤에 오는 체언 '꽃'을 수식하고 있다.

③ '우리'는 '의'가 생략되고 체언이 단독으로 관형어가 된 경우로, 뒤에 오는 체언 '학교'를 수식하고 있다.

④ '다른'은 관형사가 관형어가 된 경우로, 뒤에 오는 체언 '곳'을 수식하고 있다.

⑤ '경제적'은 관형사가 관형어가 된 경우로, 뒤에 오는 체언 '능력'을 수식하고 있다.

수능과 내신 **고난도로 뛰어넘기**   본문 60쪽

01 ④   02 ①   03 ③   04 ②   05 ④
06 ⑤   07 ③   08 ④

01 정답 ④ 주어의 형태와 기능

정답 풀이

㉢의 '신임 장관은'은 명사 '신임'과 '장관'이 결합해 명사구를 이루고 여기에 보조사 '은'이 붙어 주어가 되었다. ㉣의 '새 컴퓨터가'는 관형사인 '새'와 명사인 '컴퓨터'가 결합해 명사구를 이루고 여기에 주격 조사 '가'가 붙어 주어가 되었다.

오답 풀이

① ㉠의 주어인 '나도'는 대명사 '나'와 보조사 '도'가 결합한 형태이고, ㉡의 주어인 '바깥이'는 명사 '바깥'과 주격 조사 '이'가 결합한 형태이다.

② ㉠의 주어인 '나도'에 쓰인 '도'는 '더함'의 뜻을 나타내는 보조사이며, ㉢의 주어인 '신임 장관은'에 쓰인 '은'은 문장의 '화제'를 나타내는 보조사이다. 이처럼 ㉠과 ㉢에서는 격 조사가 아닌 보조사가 붙은 형태로 주어를 나타내고 있다.

③ ㉢의 주어 '신임 장관은'은 서술어 '참석한다'가 나타내는 동작의 주체이지만, ㉡의 주어 '바깥이'는 '어둡다'라는 상태의 주체이다.

⑤ ㉣의 주어는 '컴퓨터가' 하나뿐이다. '고물이'의 '이'는 보격 조사로,

'고물이'는 상태의 변화를 의미하는 서술어 '되다'가 필요로 하는 필수 성분인 보어이다.

02 정답 ① 서술어의 필수 성분

정답 풀이

'이곳의 지형은 외적의 침입을 막기에 유리하다.'에서 '유리하다'는 주어 외에 '…에/에게'(부사어)를 필수 성분으로 요구하는 서술어이다. 또한 '그 광물이 원래는 귀금속에 속했다.'에서 '속하다' 역시 주어 외에 '…에'(부사어)를 필수 성분으로 요구하는 서술어이다. 따라서 밑줄 친 서술어가 요구하는 필수 성분의 개수는 2개, 종류는 주어와 부사어로 〈보기〉의 문장과 같다.

오답 풀이

② '그는 바람이 불기에 옷깃을 여몄다.'에서 '여미다'는 주어 외에 '…을'(목적어)을 필수 성분으로 요구하는 서술어이다. 따라서 〈보기〉의 문장과 비교해 볼 때 밑줄 친 서술어가 요구하는 필수 성분의 개수는 2개로 동일하지만, 필수 성분의 종류가 다르다.

③ '우리는 원두막을 하루 만에 지었다.'에서 '짓다'는 주어 외에 '…을'(목적어)을 필수 성분으로 요구하는 서술어이다. 따라서 〈보기〉의 문장과 비교해 볼 때 밑줄 친 서술어가 요구하는 필수 성분의 개수는 2개로 동일하지만, 필수 성분의 종류가 다르다.

④ '나는 시간이 남았기에 그와 걸었다.'에서 '걷다'는 주어 하나만 필수 성분으로 요구하는 한 자리 서술어이다. 따라서 〈보기〉의 문장과 비교해 볼 때 밑줄 친 서술어가 요구하는 필수 성분의 개수와 종류가 모두 다르다.

⑤ '나는 구호품을 수해 지역에 보냈다.'에서 '보내다'는 주어 외에 '…을'(목적어)과 '…에/에게'(부사어) 또는 '…으로'(부사어)를 필수 성분으로 요구하는 세 자리 서술어이다. 따라서 〈보기〉의 문장과 비교해 볼 때 밑줄 친 서술어가 요구하는 필수 성분의 개수와 종류가 모두 다르다.

03 정답 ③ 문장의 짜임새 파악

정답 풀이

'나는 어제 부모님이 시키신 일을 오늘에야 다 끝냈다.'에서 안긴문장인 관형절을 완결된 문장으로 바꾸면 '어제 부모님이 나에게 일을 시키셨다.'가 된다. 이때 관형절의 수식을 받는 '일'은 뒤에 목적격 조사 '을'이 붙어 ⓒ '목적어'로 기능한다. 그러나 '두 사람이 어제 헤어진 공원이 지금 공사 중입니다.'에서 안긴문장인 관형절을 완결된 문장으로 바꾸면 '두 사람이 공원에서 어제 헤어졌다.'가 된다. 이때 관형절의 수식을 받는 '공원'은 부사격 조사 '에서'가 붙어 장소를 나타내는 ⓒ '부사어'로 기능한다.

오답 풀이

① 제시된 문장에서 안긴문장인 관형절을 '그들이 어제 결혼했다.'와 '친구가 누나를 많이 닮았다.'라는 완결된 문장으로 바꾸면, '그들'과 '친구'는 각각 주격 조사 '이'와 '가'가 붙어 ① '주어'로 기능한다.

② 제시된 문장에서 안긴문장인 관형절을 '탁자가 나무로 되어 있다.'와 '생각이 시대에 뒤떨어졌다.'라는 완결된 문장으로 바꾸면, '탁자'와 '생각'은 각각 주격 조사 '가'와 '이'가 붙어 주어로 기능한다.

④ 제시된 문장에서 안긴문장인 관형절을 '친구가 나에게 옷을 주었다.'와 '누나는 털실로 장갑을 짰다.'라는 완결된 문장으로 바꾸면, '옷'과 '장갑'은 모두 목적격 조사 '을'이 붙어 목적어로 기능한다.

⑤ 제시된 문장에서 안긴문장인 관형절을 '아이들이 주말에 운동장에서 공을 찼다.'와 '관중이 경기장에 쓰레기를 남겼다.'라는 완결된 문장으로 바꾸면, '주말'과 '경기장'은 모두 부사격 조사 '에'가 붙어 부사어로 기능한다.

04 정답 ② 서술어의 자릿수

정답 풀이

ⓒ '살았다'는 주어 '글이'만 필수적으로 요구하는 한 자리 서술어이다. '이 한 구절로 글이 살았다.'에서 부사어 '이 한 구절로'는 생략해도 문장이 성립하므로, ⓒ이 주어와 부사어를 필수적으로 요구하는 두 자리 서술어라고 볼 수는 없다.

오답 풀이

① ⊙ '살았다'는 주어 '불씨가'만을 필수적으로 요구하는 한 자리 서술어이다.

③ ⓒ '살았다'는 주어인 '그는'과 목적어인 '벼슬을'을 필수적으로 요구하는 두 자리 서술어이다.

④ ⓔ '놓았다'는 주어인 '그는'과 목적어인 '일손을'을 필수적으로 요구하는 두 자리 서술어이다.

⑤ ⓜ '놓았다'는 주어인 '형은'과 목적어인 '책을', 부사어인 '책상 위에'를 필수적으로 요구하는 세 자리 서술어이다.

📖 개념 복습

- **서술어의 자릿수**
  - 서술어: 주어의 동작, 상태, 성질 등을 서술하는 문장 성분으로, 문장에서 '어찌하다', '어떠하다', '무엇이다'에 해당하는 말
  - 서술어의 자릿수: 서술어가 그 성격에 따라서 필요로 하는 문장 성분들의 개수

종류	필요한 문장 성분
한 자리 서술어	주어
두 자리 서술어	주어＋목적어
	주어＋보어
	주어＋부사어
세 자리 서술어	주어＋목적어＋부사어
	주어＋부사어＋목적어

05 정답 ④　서술어의 자릿수

정답 풀이

㉠ '잘랐다'는 주어와 목적어를 필요로 하는 두 자리 서술어이다. ㉡ '드려라'는 주어와 목적어, 그리고 부사어를 필요로 하는 세 자리 서술어이다. ㉢ '갔어'는 주어 하나만을 필요로 하는 한 자리 서술어이다. ㉣ '피었다'도 마찬가지로 주어 하나만을 필요로 하는 한 자리 서술어이다. ㉤ '넣었다'는 주어와 목적어, 그리고 부사어를 필요로 하는 세 자리 서술어이다.

06 정답 ⑤　명사절의 역할

정답 풀이

'사람들이 막 웃기'는 서술어 '시작했다'의 관형어 역할이 아니라 목적어 역할을 하고 있다.

오답 풀이

① '그 일을 하기'는 서술어 '쉽지 않다'의 주어 역할을 하고 있다.
② '형이 수능을 잘 보기'는 서술어 '바랐다'의 목적어 역할을 하고 있다.
③ '너의 일이 술술 풀리기'는 서술어 '기대한다'의 목적어 역할을 하고 있다.
④ '밤에 치킨 시켜먹기'는 체언 '대장'을 수식하는 관형어 역할을 하고 있다.

07 정답 ③　문장 성분의 특징

정답 풀이

㉠의 '비단결처럼'은 '곱더라'를, ㉢의 '나에게'는 '주신다'를 수식하고 있다는 점에서 부속 성분(부사어)이라는 공통점이 있지만, '비단결처럼'은 생략 가능한 부사어인 반면 '나에게'는 생략할 수 없는 필수적 부사어이다.

오답 풀이

① ㉠의 '그녀의'는 '마음'을, ㉢의 '큰'은 '사랑'을 수식하므로 모두 문장 안에서 명사를 수식하는 기능을 하고 있다.
② ㉠의 '곱더라'는 '그녀의 마음'이라는 주어의 상태를, ㉢의 '주신다'는 '할머니께서만'이라는 주어의 행위를 드러내며 문장의 주어를 서술하는 서술어이다.
④ ㉡의 '윤주야'와 같이 명사 '윤주'와 호격 조사 '야'가 결합한 형태는 문장 안에서 다른 문장 성분과 직접적인 관계를 맺지 않는 독립어로 쓰일 수 있다.
⑤ ㉡의 '그 사람'은 격 조사가 생략된 채로 주어로 기능하고, '할머니께서만'은 주격 조사 '께서'와 보조사 '만'이 모두 결합하여 주어로 기능하고 있다. 그러므로 주어는 조사 없이, 혹은 주격 조사와 보조사 모두와 결합하여 나타나기도 함을 알 수 있다.

08 정답 ④　필수적 부사어

정답 풀이

'되다'는 【…이】 새로운 신분이나 지위를 가지다.'를 의미하는 단어로, 문장에서 주어와 보어를 필수적으로 요구하는 두 자리 서술어이다. 즉, '우리 큰삼촌은 마지못해 변호사가 되었다.'는 주어인 '큰삼촌은'과 보어인 '변호사가'가 필수 성분으로 쓰인 문장이다.

오답 풀이

① '닮다'는 '【(…과)】【…을】 사람 또는 사물이 서로 비슷한 생김새나 성질을 지니다.'를 의미하는 단어로, '아버지는 할아버지와 많이 닮았다.'에서 주어 '아버지는'과 부사어 '할아버지와'를 필수적으로 요구하는 두 자리 서술어이다.
② '대하다'는 '【…에/에게 -게】【…을 …으로】【…을 -게】 어떤 태도로 상대하다.'를 의미하는 단어로, '그는 낯선 사람을 친구처럼 대했다.'에서 주어 '그는'과 목적어 '사람을', 부사어 '친구처럼'을 필수적으로 요구하는 세 자리 서술어이다.
③ '다투다'는 '【(…과)】 의견이나 이해의 대립으로 서로 따지며 싸우다.'를 의미하는 단어로, '나는 먹을 것을 놓고 동생과 다퉜다.'에서 주어 '나는'과 부사어 '동생과'를 필수적으로 요구하는 두 자리 서술어이다.
⑤ '삼다'는 '【…을 …으로】 어떤 대상과 인연을 맺어 자기와 관계있는 사람으로 만들다.'를 의미하는 단어로, '그녀는 고향 친구의 딸을 며느리로 삼았다.'에서 주어 '그녀는'과 목적어 '딸을', 부사어 '며느리로'를 필수적으로 요구하는 세 자리 서술어이다.

📖 개념 복습

- **필수적 부사어**
  문장을 구성하는 데 꼭 필요해서 생략할 수 없는 부사어

체언＋와/과＋대칭 동사	같다, 닮다, 다르다, 틀리다, 비슷하다
체언＋에/에게＋일부 동사	넣다, 드리다, 주다
체언＋에게＋사동사	먹이다, 입히다

01 ⑤　　**02** ④

지문 해설　**[01~02] 현대 국어와 중세 국어의 관형어**

- 현대 국어의 관형어

관형어의 형태	– 관형사나 체언 – 체언+관형격 조사 '의'('의'는 앞과 뒤의 체언을 의미상으로 어떤 관계에 놓이도록 연결하는 역할) – 용언의 관형사형 – 관형절

- 중세 국어의 관형어

현대 국어와 같은 방식	– 관형격 조사 '익'의 결합에 의한 관형어 – 관형사형 어미 '-(♀/으)ㄴ'이 붙어서 만들어진 관형절에 의한 관형어
현대 국어와 다른 방식	– '체언+부사격 조사'로 이루어진 부사어와 관형격 조사 'ㅅ'이 결합한 경우 – 안긴문장의 의미상 주어가 관형격 형태로 나타나는 경우

01 정답 ⑤　관형격 조사의 쓰임

정답 풀이

'질투의 감정'에서 '의'는 '질투'가 '감정'임을 나타내고 있으므로 '의미상 동격'의 관계이고, '국민의 단결'에서 '의'는 주체인 '국민'이 '단결'이라는 행동을 하고 있음을 나타내므로 '주체-행동'의 관계이다.

오답 풀이

① '너의 부탁'은 주체인 '너'가 '부탁'이라는 행동을 하고 있음을 나타내므로 '주체-행동'의 관계이고, '친구의 자동차'는 '친구'가 '자동차'라는 대상을 가졌음을 나타내므로 '소유주-대상'의 관계이다.

② '자기 합리화의 함정'은 '자기 합리화'가 '함정'임을 나타내고 있으므로 '의미상 동격'의 관계이고, '친구의 사전'은 '친구'가 '사전'이라는 대상을 가졌음을 나타내므로 '소유주-대상'의 관계이다.

③ '회장의 칭호'는 '회장'이 '칭호'임을 나타내고 있으므로 '의미상 동격'의 관계이고, '영희의 오빠'의 '영희'와 '오빠'는 '사회적·친족적' 관계이다.

④ '은호의 아버지'의 '은호'와 '아버지'는 '사회적·친족적' 관계이고, '친구의 졸업'은 주체인 '친구'가 '졸업'이라는 행동을 하고 있음을 나타내므로 '주체-행동'의 관계이다.

02 정답 ④　관형어의 특성

정답 풀이

중세 국어에서 관형절의 의미상 주어가 관형격 형태로 실현되는 경우에는 2문단에 제시된 예문 (라) '아비의 便安히 안준 둘'이 있다. 이 문장

에서 '아비의'는 '안준'의 의미상 주어로, 주격 조사가 붙지 않고 관형격 조사 '의'가 붙어 의미상 주어가 관형격 형태로 나타났다. 그러나 〈보기〉에서 ⓒ의 '어머니의'는 체언에 관형격 조사 '의'가 결합한 형태가 '지갑'을 수식하는 관형어로 사용된 것일 뿐 관형절의 의미상 주어가 관형격으로 실현된 것은 아니다.

오답 풀이

① '부텻 것'은 현대어 풀이로 보아 '부처의 것'이라는 의미로, '부텻'은 관형어이고 '것'은 의존 명사이다. 1문단에 따르면, 수식을 받는 체언이 의존 명사이면 그 앞에 반드시 관형어가 와야 한다고 하였으므로 관형어 '부텻'은 생략할 수 없다.

② ⓑ의 '식미 기픈(깊-+-은)'의 관형사형 어미는 '-은'이고, 현대 국어 '샘이 깊은'의 관형사형 어미 역시 '-은'이므로, 같은 형태의 관형사형 어미가 쓰였음을 알 수 있다.

③ ⓐ의 '부텻'은 체언 '부텨' 뒤에 관형격 조사 'ㅅ'이 결합한 형태가 관형어의 역할을 하고 있다. 한편 ⓑ의 '식미 기픈'은 관형사형 어미 '-은'이 결합하여 만들어진 관형절이 뒤에 오는 체언인 '믈'을 수식하는 관형어의 기능을 하고 있다.

⑤ ⓓ의 '저자와의'는 체언 '저자'에 부사격 조사 '와'가 결합한 부사어 뒤에 관형격 조사 '의'가 결합하여 관형어가 된 것이다. (다)의 '前生앳'도 체언 '前生(전생)'에 부사격 조사 '애'가 결합한 부사어 뒤에 관형격 조사 'ㅅ'이 붙어 관형어가 된 것이므로 ⓓ와 같은 용법을 중세 국어에서도 찾을 수 있음을 확인할 수 있다.

08강 문장 구조

기출 선택지 OX   1 O   2 X   3 X   4 O   5 O

수능과 내신 **문제로 다지기**   본문 67쪽

01 ②   **02 ①**   **03 ②**

01 정답 ② 안긴문장의 분류

정답 풀이

ⓐ에는 안긴문장이 안은문장의 서술어로 쓰이는 서술절이 들어가야 하고, ⓑ에는 안긴문장이 안은문장에서 체언을 수식하는 절이 들어가야 한다. 그리고 ⓒ에는 ⓐ, ⓑ 모두에 해당하지 않는 절이 들어가야 한다. ㉮에서 '노래를 부르기'는 명사형 어미 '-기'가 결합되어 만들어진 명사절이므로 ⓒ에 해당하며, ㉯에서 '아무도 모르게'는 뒤에 오는 용언 '피었다'를 수식하는 부사절이므로 ⓒ에 해당한다.

오답 풀이

① ㉮에서 '노래를 부르기'는 명사형 어미 '-기'가 결합되어 만들어진 명사절이며 문장에서 주어로 쓰였으므로 ⓒ에 해당하지만 ㉯가 함께 제시되지 않았으므로 적절하지 않다.

③ ㉯의 '동생이 오기'는 명사형 어미 '-기'가 결합되어 만들어진 명사절에 해당하며 이 명사절은 체언 '전'을 수식하고 있으므로 ⓑ에 해당한다. ㉱의 '마음씨가 착하다'는 안긴문장이 서술어로 쓰인 서술절에 속하므로 ⓐ에 해당한다.

④ ㉮는 명사절이자 주어로 쓰였으므로 ⓒ에 해당하며, ㉯는 부사절이므로 ⓒ에 해당한다. ㉰는 명사절이며 체언을 수식하는 관형어 역할을 하고 있으므로 ⓑ에 해당한다.

⑤ ㉯는 뒤에 오는 용언을 수식하는 부사절에 속하므로 ⓒ에 해당한다. ㉰는 명사절이며 체언을 수식하는 관형어 역할을 하고 있으므로 ⓑ에 해당한다. ㉱는 안긴문장이 서술어로 쓰인 서술절에 속하므로 ⓐ에 해당한다.

02 정답 ① 관형절의 부사어 생략

정답 풀이

선생님은 관형절에서 부사어가 생략된 문장을 찾으라고 하였는데, 〈보기〉를 통해 관형절에서 생략된 성분이 피수식어와 같을 때는 두 번 쓸 필요가 없어서 그 성분이 생략됨을 알 수 있다. '책이 많은 도서관에서 책을 많이 읽었다.'는 '도서관에 책이 많다.'와 '도서관에서 책을 많이 읽다.'로 구성된 문장이다. 이때 '도서관에', '도서관에서'가 모두 부사어인 같은 문장 성분이므로 부사어 '도서관에'가 생략된 문장임을 알 수 있다.

오답 풀이

② '민희는 내가 자기를 사랑한다는 사실을 모른다.'에는 생략된 문장 성분이 없다.

③ '나는 창밖으로 짙푸른 호수를 내려다보고 있다.'는 '나는 창밖으로 호수를 내려다보고 있다.'와 '호수가 짙푸르다.'로 구성된 문장으로 '호수가'라는 주어가 생략되었다.

④ '민수가 그린 그림이 국전에서 특선으로 입상했다.'는 '그림이 국전에서 특선으로 입상했다.'와 '민수가 그림을 그렸다.'로 구성된 문장으로 '그림을'이라는 목적어가 생략되었다.

⑤ '재래시장 언저리에서 방망이를 깎던 노인이 있었다.'는 '노인이 방망이를 깎았다.'와 '노인이 재래시장 언저리에 있었다.'로 구성된 문장으로 '노인이'라는 주어가 생략되었다.

03 정답 ② 문장 구조의 이해

정답 풀이

ⓛ의 밑줄 친 부분이 주어의 기능을 하는 것은 맞지만, ㉠의 밑줄 친 부분은 주어의 기능을 하는 것이 아니다. ㉠의 밑줄 친 부분은 부사를 만드는 접미사 '-이'에 의한 부사절로, 문장 속에서 '내린다'를 수식하는 부사어의 기능을 한다.

오답 풀이

① ㉠의 밑줄 친 부분은 부사절, ㉡은 명사절, ㉢은 인용절, ㉣은 관형절, ㉤은 명사절로 안겨 있다.

③ 명사절에서 '-(으)ㅁ'은 완료의 의미를 나타내는 데 반해 '-기'는 미완료의 의미를 나타내므로 ㉡의 밑줄 친 부분은 완료된 일, ㉤의 밑줄 친 부분은 완료되지 않은 일을 표현한 것이 맞다.

④ ㉢의 밑줄 친 부분은 남의 말이나 글을 간접적으로 따오는 간접 인용절에 해당하며, 그것을 나타내는 표지는 조사 '고'이다.

⑤ ㉣의 절에는 목적어에 해당하는 '반찬을'이 생략되어 있다.

개념 복습

• 안은문장

홑문장이 다른 문장 속의 한 문장 성분이 되는 문장

명사절	명사형 어미 '-(으)ㅁ, -기'가 결합하여 만들어지며, 문장에서 주어, 목적어, 부사어 등의 역할을 함.
서술절	문장에서 절 전체가 서술어의 역할을 함.
관형절	관형사형 어미 '-(으)ㄴ, -는, -(으)ㄹ, -던'과 결합하여 만들어지며, 문장에서 관형어 역할을 함.
부사절	접미사 '-이', 부사형 어미 '-게, -도록, -(아/어)서' 등과 결합하여 만들어지며, 문장에서 부사어 역할을 함.
인용절	다른 사람의 말이나 글에서 직접 또는 간접으로 따온 절로, 조사 '고, 라고'와 결합하여 만들어짐.

01 ①	02 ①	03 ④	04 ①	05 ③
06 ③	07 ⑤			

01 정답 ① 홑문장과 겹문장

정답 풀이

'동생은 추운 날씨에도 얼음을 먹었다.'에서 '날씨가 춥다'는 명사 '날씨'를 꾸며 주며 명사절이 아니라 관형절로 안겨 있다. 관형절 안의 성분이 수식을 받는 성분과 일치할 경우 그 성분이 생략되는데, 여기서는 주어인 '날씨가'가 생략된 것이다.

오답 풀이

② '형은 동생에게 불평을 했다.'에 '동생은 얼음을 먹었다.'가 안겨 있는 문장이다. 이때 '얼음을 먹는'은 명사 '동생'을 꾸며 주는 관형절이다.
③ '동생은 얼음을 먹었다.'에 '동생은 추위와 상관없다.'가 안겨 있는 문장이다. 이때 '추위와 상관없이'는 '먹었다'를 꾸며 주는 부사절이다.
④ '형은 동생에게 불평을 했다.'에 '날씨가 춥다.'가 안겨 있는 문장이다. 이때 '날씨가 춥다고'는 형의 말을 간접적으로 가져온 인용절이다.
⑤ '형은 물을 마셨다.'와 '동생은 얼음을 먹었다.'가 연결 어미 '-지만'을 통해 대조의 의미를 가지며 대등하게 연결된 이어진문장이다.

📖 개념 복습

- **이어진문장**
둘 이상의 홑문장이 연결 어미에 의해 결합된 문장

(1) **대등하게 이어진문장**
- 이어지는 홑문장들의 의미 관계가 대등한 관계로 이어진 문장

의미	연결 어미
나열	-고, -(으)며
대조	-지만, -(으)나
선택	-든(지), -거나

(2) **종속적으로 이어진문장**
- 앞 절과 뒤 절의 의미가 독립적이지 못하고 종속적인 관계로 이어진 문장
- 종속적으로 연결된 이어진문장에서 앞뒤 문장의 주어가 같을 경우에는 한쪽을 생략해야 자연스러운 문장이 됨.

의미	연결 어미
원인	-(으)니까, -(으)므로, -아서/-어서, -(으)니
조건	-거든, -(으)면
의도	-(으)려고, -도록
배경	-는데, -(으)ㄴ데
양보	-어도/-아도, -더라도

02 정답 ① 명사절의 기능

정답 풀이

㉠ '건강의 첫걸음이다'가 서술어인 문장은 '주기적으로 운동하기가 건강의 첫걸음이다.'이다. 이 문장의 명사절은 '주기적으로 운동하-'에 명사형 어미 '-기'가 결합한 '주기적으로 운동하기'이며, 이 명사절에 주격 조사 '가'가 결합하여 주어의 기능을 하고 있다.

오답 풀이

② ㉡ '실천하기'가 서술어인 문장은 '그것을 꾸준하게 실천하(다)'이다. 이 문장에는 명사절이 존재하지 않으며, 대명사 '그것'에 목적격 조사 '을'이 결합한 '그것을'이 목적어의 기능을 하고 있다.
③ ㉢ '원한다면'이 서술어인 문장은 '그것을 꾸준하게 실천하기 원하(다)'이다. 이 문장에서 명사절은 '그것을 꾸준하게 실천하-'에 명사형 어미 '-기'가 결합한 것으로 '그것을 꾸준하게 실천하기'이며, 이 명사절이 목적어의 기능을 하고 있다.
④ ㉣ '된'이 서술어인 문장은 '계획 세우기가 제대로 되(다)'이다. 이 문장에서 명사절은 '계획 세우-'에 명사형 어미 '-기'가 결합한 것으로 주격 조사 '가'가 결합하여 주어의 기능을 하고 있다.
⑤ ㉤ '선행되어야 한다'가 서술어인 문장은 '제대로 된 계획 세우기가 선행되어야 하(다)'이다. 여기에서는 '제대로 된 계획 세우-'에 명사형 어미 '-기'가 결합한 명사절 '제대로 된 계획 세우기'에 주격 조사 '가'가 결합하여 주어의 기능을 하고 있다.

03 정답 ④ 안긴문장의 종류와 문장 성분

정답 풀이

㉣ '그는 내가 늘 쉬던 공원에서 산책을 했다.'는 '그는 공원에서 산책을 했다.'와 '내가 공원에서 늘 쉬었다.'가 결합한 문장이다. 결합 과정에서 생략된 '공원에서'는 부사어이며, 안긴문장인 '내가 늘 쉬던'은 명사 '공원'을 꾸며 주는 관형절에 해당한다.

오답 풀이

① ㉠ '부모님은 자식이 건강하기를 바란다.'에서 안긴문장인 '자식이 건강하기'는 명사절이고, 생략된 문장 성분은 없다.
② ㉡ '그 친구는 연락도 없이 그곳에 안 왔다.'에서 안긴문장인 '연락도 없이'는 부사절이고, 생략된 문장 성분은 없다.
③ ㉢ '동생은 자신의 판단이 옳았음을 깨달았다.'에서 안긴문장인 '자신의 판단이 옳았음'은 명사절이고, 생략된 성분은 없다.
⑤ ㉤ '그 사람들은 아주 어려운 과제를 금방 끝냈다.'는 '그 사람들은 과제를 금방 끝냈다.'와 '과제가 아주 어렵다.'가 결합한 문장이다. 결합 과정에서 생략된 '과제가'는 주어이며, 안긴문장인 '아주 어려운'은 '과제'를 꾸며 주는 관형절에 해당한다.

04 정답 ① 겹문장의 쓰임

정답 풀이

ⓐ '내일은 따뜻하지만 비가 온다는'은 절 마지막에 관형사형 어미 '-는'이 결합된 관형절이다. 이 관형절은 뒤에 오는 명사 '예보'를 수식하는 관형어로 쓰이고 있다. 인용절은 조사 '고', '라고'가 붙어서 만들어진다.

오답 풀이

② ⓑ '공원이 많고 거리가 깨끗한'은 절 마지막에 관형사형 어미 '-(으)ㄴ'이 결합된 관형절이다. 이 관형절은 뒤에 오는 명사 '도시'를 수식하는 관형어로 쓰이고 있다.

③ ⓒ '바람이 거세지고 어둠이 내리기'는 절 마지막에 명사형 어미 '-기'가 결합된 명사절이다. 이 명사절은 뒤에 오는 명사 '전'을 수식하는 관형어로 쓰이고 있다.

④ ⓓ '그녀는 왔으나 그가 안 왔음'은 절 마지막에 명사형 어미 '-음'이 결합된 명사절이다. 이 명사절은 목적격 조사 '을'과 결합하여 목적어로 쓰이고 있으므로, 조사와 결합하여 주성분으로 쓰이고 있음을 알 수 있다.

⑤ ⓔ '꽃이 피고 새가 지저귀는'은 절 마지막에 관형사형 어미 '-는'이 결합된 관형절이다. 이 관형절은 뒤에 오는 명사 '들판'을 수식하는 관형어 역할을 하고 있으므로, 조사와 결합 없이 부속 성분으로 쓰이고 있음을 알 수 있다.

05 정답 ③ 종속적으로 이어진문장

정답 풀이

ⓛ '누구나 부지런히 일하면 성공한다.'와 ⓔ '집을 마련하려고 어머니는 저축을 하신다.'에서 생략된 문장 성분은 각각 '누구나'와 '어머니는'으로 주어가 맞지만, ⓒ '그것이 금덩이라도 나는 안 가진다.'에서 생략된 문장 성분은 주어가 아니라 '금덩이를'이라는 목적어이다.

오답 풀이

① ㉠~㉣은 모두 종속적으로 이어진문장으로, ㉠~㉣에서 앞 절과 뒤 절의 의미 관계는 각각 '㉠ – 원인, ㉡ – 조건, ㉢ – 양보, ㉣ – 의도'이다.

② ㉠에서 앞 절이 뒤 절 속으로 이동하면 '길이 눈이 와서 미끄럽다.'처럼 부사절을 안은문장이 되는데, 이렇게 절이 이동해도 의미는 같다.

④ ㉢에서 앞 절과 뒤 절의 의미 관계를 나타내는 표지는 '-라도'이며, 그 의미는 '양보'이다.

⑤ ㉣에서 앞 절과 뒤 절의 의미 관계를 나타내는 표지는 '-려고'이며, 그 의미는 '의도'이다.

06 정답 ③ 이어진문장과 안은문장

정답 풀이

ㄷ '인생은 짧고 예술은 길다는 말이 있다.'의 주어는 '말이', 서술어는 '있다'이며, '인생은 짧고 예술은 길다는'은 관형절이다. '인생은 짧고 예술은 길다는'은 '인생은 짧고 예술은 길다'에 '-다고 하는'의 준말 표현인 '-다는'이 결합되어 '말'이라는 체언을 꾸며 주는 관형절로 사용된 것이다.

오답 풀이

① 연결 어미 '-고'를 사용하여 '나는 국어를 좋아한다.'와 '나는 수학을 싫어한다.'라는 두 개의 홑문장을 이은 대등하게 이어진문장이다.

② '그는 책을 보면서 밥을 먹는다.'는 대등하게 이어진문장으로, 앞 절과 뒤 절의 순서를 바꾸어도 의미에 변화가 없다.

④ '비가 많이 오면 과일의 당도가 떨어진다.'는 '-(으)면'이라는 연결 어미를 사용하여 만든 종속적으로 이어진문장이다.

⑤ 관형절을 원래의 문장으로 만들면, '그 영화는 국제 대회에서 상을 받았다.'이므로, 관형절로 만들 때 주어가 생략되었음을 알 수 있다.

07 정답 ⑤ 관형절의 구성

정답 풀이

ㅁ '비가 소리도 없이 내려 굳어 있던 땅을 촉촉하게 적셨다.'에서는 '비가 소리도 없다.'라는 문장이 서술어인 '내려'를 수식하고 있다. 따라서 '비가 소리도 없다.'라는 문장은 관형절이 아닌 부사절로 안겨 있음을 알 수 있다. 'ㅁ'에서 관형절로 안겨 있는 문장은 체언인 '땅'을 수식하고 있는 '땅이 굳어 있다.'라는 문장이다.

오답 풀이

① ㄱ '독서를 하는 학생들이 점점 줄고 있다.'에 안겨 있는 '학생들이 독서를 한다.'라는 문장은 체언인 '학생'을 수식하고 있으므로 관형절이다.

② ㄴ '내가 어제 만난 친구는 농구 선수이다.'에 안겨 있는 '내가 어제 친구를 만났다.'라는 문장은 체언인 '친구'를 수식하고 있으므로 관형절이다.

③ ㄷ '내가 살던 집은 지붕이 낡아서 위험하다.'에 안겨 있는 '내가 집에서 살았다.'라는 문장은 체언인 '집'을 수식하고 있으므로 관형절이다.

④ ㄹ '나는 그 사실을 누나를 만난 다음에 깨달았다.'에 안겨 있는 '내가 누나를 만났다.'라는 문장은 체언인 '다음'을 수식하고 있으므로 관형절이다.

복합으로 완성하기

01 ⑤   **02** ④

지문 해설   [01~02] 중세 국어와 현대 국어의 겹문장

• 중세 국어의 겹문장

이어진 문장		• 둘 이상의 문장이 연결 어미에 의해 결합됨. • 현대 국어에 사용되지 않는 어미가 붙어 성립되기도 함.
안은문장	명사절	'-옴/-움'이나 '-디', '-기'에 기대어 나타났음.
	관형절	'-(으)ㄴ' 외에 'ㅅ'에 기대어 나타나는 경우가 있었음.
	부사절	• 현대 국어와 유사한 방식으로 나타남. • 현대 국어에서는 '-이', '-게', '-도록' 등이 결합하여 이루어짐.
	인용절, 서술절	조사나 어미와 같은 표지 없이 나타났음.

---

01   정답 ⑤   안은문장과 안긴문장

정답 풀이

ㄴ '나는 그가 소리도 없이 사라졌음을 알았다.'는 '그가 사라졌음'이라는 명사절 안에 '소리도 없이'라는 부사절이 안겨 있는 문장이다. 그러나 ㄷ '운동장을 달리는 나에게 그가 발밑을 조심하라고 외쳤다.'에는 '운동장을 달리는'이라는 안긴문장(관형절)과 '발밑을 조심하라고'라는 안긴문장(인용절)이 나타나 있지만, 안긴문장 안에 또 다른 문장이 안겨 있지는 않다.

오답 풀이

① ㄱ '잘 다져진 음식은 아이가 먹기에 알맞다.'는 명사절인 '아이가 먹기'에 부사격 조사 '에'가 붙어 부사어의 기능을 하고 있다. ㄴ은 '그가 소리도 없이 사라졌음'이라는 명사절에 목적격 조사 '을'이 붙어 문장에서 목적어로 기능하고 있다.

② ㄴ은 용언 어간인 '없-'에 부사형 전성 어미 '-이'가 결합하여 부사절 '소리도 없이'가 되어 뒤에 오는 용언을 수식하고 있다. ㄱ에는 부사절이 나타나 있지 않다.

③ ㄷ에는 '발밑을 조심하라'에 조사 '고'가 붙은 간접 인용절이 나타나 있다. ㄴ에는 인용절이 나타나 있지 않다.

④ ㄱ에서 체언 '음식'을 수식하는 관형절 '잘 다져진'에는 주어 '음식이'가 생략되어 있다. ㄷ에서 체언 '나'를 수식하는 관형절 '운동장을 달리는'에는 주어 '내가'가 생략되어 있다. ㄱ과 ㄷ의 관형절은 둘 다 수식을 받는 체언이 수식을 하는 관형절 내의 한 성분으로 쓰이는 관형절로, 안긴문장의 주어가 생략되어 있다.

---

02   정답 ④   겹문장의 형성

정답 풀이

(가)의 'ᄆᆞᅀᆞᆯ히 멀면'은 현대어 풀이가 '마을이 멀면'인 것으로 볼 때 연결 어미 '-(으)면'을 사용해 앞 문장이 뒤 문장의 원인이나 조건이 되도록 하는 종속적으로 이어진문장임을 알 수 있다. (다)의 '불휘 기픈'은 현대어 풀이가 '뿌리가 깊은'인 것으로 볼 때 '-(으)ㄴ'이 붙어 뒤에 오는 체언 '나무'를 수식하는 관형절임을 알 수 있다.

오답 풀이

① '乞食ᄒᆞ디'의 현대어 풀이가 '걸식하기'인 것으로 보아 '-(으)ㅁ', '-기'를 사용하여 명사절을 만드는 현대 국어와 달리 중세 국어에서는 명사절을 만들 때 '-디'를 사용했음을 알 수 있다.

② '이 東山은 남기 됴ᄒᆞᆯ씨'의 현대어 풀이가 '이 동산은 나무가 좋으므로'인 것으로 보아 서술절 '남기 됴ᄒᆞᆯ씨'가 서술어의 기능을 하고 있음을 알 수 있다. 이를 통해 중세 국어에서도 현대 국어와 마찬가지로 조사나 어미와 같은 표지 없이 서술절이 사용되었음을 알 수 있다.

③ '곶 됴코 여름 하ᄂᆞ니'의 현대어 풀이가 '꽃이 좋고 열매가 많으니'인 것으로 보아 중세 국어에서도 현대 국어와 마찬가지로 연결 어미 '-고'를 사용해 앞 문장과 뒤 문장을 연결하여 대등하게 이어진문장을 만들었음을 알 수 있다.

⑤ (나)의 '됴ᄒᆞᆯ씨'의 현대어 풀이는 '좋으므로'이고 (다)의 '뮐씨'의 현대어 풀이는 '흔들리므로'이다. 이로 보아 공통적으로 사용된 '-ㄹ씨'는 현대 국어의 '-(으)므로'와 형태는 다르지만 앞 문장이 뒤 문장의 원인이 되도록 종속적으로 연결해 주는 표지로 쓰였음을 알 수 있다.

09 문장 표현 ①

기출 선택지 OX 1○ 2○ 3✕

수능과 내신 **문제로 다지기** 본문 75쪽

01 ⑤   02 ①   03 ③

01 정답 ⑤ 의문문과 청유문

정답 풀이

A의 '어디 보자.'는 청유형 어미 '-자'가 쓰인 청유문이다. 그러나 이어지는 B의 말인 '거기서 혼자 뭐 해요.'를 통해 짐작할 수 있듯이 청자에게 행동을 요청하기 위한 말이 아니라 상대가 없이 혼자서 하는 말이다. 따라서 청자에게 무언가를 볼 것을 요청하는 문장이 아니므로 ㉠의 예에 해당하지 않는다.

오답 풀이

① 화자가 청자에게 함께 잠깐 기다릴 것을 요청하는 의문문이다.
② 화자가 청자에게 다친 곳을 보여 줄 것을 요청하는 청유문이다.
③ 화자가 청자에게 자신을 먼저 내리게 해 줄 것을 요청하는 청유문이다.
④ 화자가 청자에게 모자를 벗어 줄 것을 요청하는 의문문이다.

02 정답 ① 특수 어휘를 사용한 높임 표현

정답 풀이

'저희가 어머니께 드렸던 선물이 여기 있네요.'에서 '우리'의 낮춤말인 '저희'는 낮춤의 의미가 있는 특수 어휘이고, '주다'의 높임말인 '드리다'는 높임의 의미가 담긴 특수 어휘이므로 ㉠과 ㉡이 모두 사용된 문장에 해당한다.

오답 풀이

② '나이'의 높임말로, 높임의 의미가 담긴 특수 어휘인 '연세'가 사용되었지만, 낮춤의 의미가 있는 특수 어휘는 사용되지 않았다.
③ '말씀'은 자신의 '말'을 낮추는 겸양의 표현으로 쓰이기도 하고, 상대의 '말'을 높이는 표현으로 쓰이기도 한다. '제 말씀은 그런 의도가 아니었어요.'에서 '제'는 '저의' 준말이며 '저'는 자기를 낮추는 일인칭 대명사이고, '말씀'은 '자기의 말을 낮추어 이르는 말'로, 낮춤의 의미가 있는 특수 어휘가 사용되었지만 높임의 의미가 담긴 특수 어휘는 사용되지 않았다.
④ '이 문제는 아버지께 여쭈어보자.'에는 '묻다'의 높임말인 '여쭈다'와 같이 높임의 의미가 담긴 특수 어휘가 사용되었지만 낮춤의 의미가 있는 특수 어휘는 사용되지 않았다.
⑤ '지나야, 가서 할머니 모시고 와.'에는 '데리다'의 높임말인 '모시다'와 같이 높임의 의미가 담긴 특수 어휘가 사용되었지만 낮춤의 의미가

있는 특수 어휘는 사용되지 않았다.

03 정답 ③ 종결 표현에 대한 탐구

정답 풀이

㉺을 통해 명령문의 주어는 청자만 해당한다는 것을 알 수 있다. 이와 달리 청유문인 ㉻의 주어는 화자와 청자가 함께 포함된다.

오답 풀이

① ㉠은 화자인 '나'가 '처음으로 북한산에 올랐다'는 사건의 내용을 진술하고 있다. 따라서 평서문은 화자가 사건의 내용을 객관적으로 진술하는 문장임을 알 수 있다.
② ㉣은 형식은 물음을 나타내지만 청자에게 대답을 요구하지 않고 단순한 서술의 효과를 내는 의문문으로, 수사 의문문이라고 한다. 반면에 ㉡과 ㉢은 청자에게 일정한 설명이나 긍정 혹은 부정의 대답을 요구하는 의문문이다.
④ 명령문인 ㉺의 서술어인 '건너다'는 동사이고, 청유문인 ㉻의 서술어인 '참여하다'도 동사이다. 명령문과 청유문은 서술어에 제약이 따르는데, 서술어로 형용사가 아닌 동사만 올 수 있다.
⑤ 감탄문은 화자가 청자를 별로 의식하지 않거나 거의 독백 상태에서 자기의 느낌을 표현하는 문장으로, ㉫에서는 화자가 '가을 하늘'을 보고 느낀 점을 표현하고 있다.

개념 복습

• 종결 표현
– 문장을 끝맺는 표현

평서문	– 화자가 사건의 내용이나 자신의 생각을 객관적으로 진술하는 문장 – 평서형 어미 '-다' 등으로 문장을 끝맺음.
의문문	– 화자가 청자에게 질문하여 대답을 요구하는 문장 – 의문형 어미 '-(으)니, -ㄹ까, -(느)냐, -ㄴ가' 등으로 문장을 끝맺음.
명령문	– 화자가 청자에게 무엇을 시키거나 행동을 요구하는 문장 – 명령형 어미 '-(어/아)라, -게' 등으로 문장을 끝맺음.
청유문	– 화자가 청자에게 같이 행동할 것을 요청하는 문장 – 청유형 어미 '-자, -세, -ㅂ시다' 등으로 문장을 끝맺음.
감탄문	– 화자가 청자를 별로 의식하지 않거나 혼잣말로 자신의 느낌을 표현하는 문장 – 감탄형 어미 '-구나, -도다' 등으로 문장을 끝맺음.

01 정답 ⑤ 안긴문장의 높임 표현

정답 풀이

'형은 동생이 찾아뵈려던 선생님을 학교에서 만났습니다.'는 '동생이 찾아뵈려던'이 관형절로 안겨 있는 겹문장이다. 이때 안긴문장에서의 객체 높임 대상인 '선생님'이 안은문장의 목적어 '선생님을'로 실현되었으므로 ㉠에 들어갈 예로 적절하다.

오답 풀이

① '편찮으시던 어르신께서는 좀 건강해지셨나요?'는 '편찮으시던'이 안겨 있는 문장이다. 이때 안긴문장에서의 주체 높임 대상인 '어르신'이 안은문장의 주어 '어르신께서는'으로 실현되었으므로 ㉠에 들어갈 예로 적절하지 않다.

② '오빠는 고향에 계신 부모님을 집으로 모시고 갔다.'는 '고향에 계신'이 안겨 있는 문장이다. 안긴문장에서의 주체 높임 대상인 '부모님'이 안은문장의 목적어 '부모님을'로 실현되었으므로 ㉠에 들어갈 예로 적절하지 않다.

③ '나는 할아버지께서 선물을 주신 날짜를 아직도 기억해.'는 '할아버지께서 선물을 주신'이 안겨 있는 문장이다. 이때 안긴문장에서 주체 높임이 실현되었으므로 ㉠에 들어갈 예로 적절하지 않다.

④ '누나는 다음 주에 인사를 드릴 할머니께 편지를 썼어요.'는 '다음 주에 인사를 드릴'이 안겨 있는 문장이다. 안긴문장에서의 객체 높임 대상인 '할머니'가 안은문장의 부사어 '할머니께'로 실현되었으므로 ㉠에 들어갈 예로 적절하지 않다.

📖 개념 복습

- **주체 높임과 객체 높임**

주체 높임	– 서술의 주체를 높이는 방법 – 기본적으로 서술어에 선어말 어미 '-(으)시-'가 붙어 실현되나, 부수적으로 주격 조사 '이/가' 대신 '께서'가 쓰이기도 하고 주어인 명사에 접사 '-님'이 덧붙기도 함. – '계시다', '주무시다' 등 일부 특수 어휘를 통해 실현되기도 함.
객체 높임	– 목적어나 부사어에 해당하는 대상, 즉 서술의 객체를 높이는 방법 – 주로 부사격 조사 '께'와 특수 어휘 '모시다, 드리다, 여쭙다, 뵙다' 등을 사용함.

02 정답 ⑤ 시간 표현과 종결 표현

정답 풀이

'내가 어제 마신 약은 생각보다 안 쓰더라.'는 1인칭 주어 '나'가 사용되긴 했지만 꿈속의 일이나 무의식 중에 일어난 일을 말한 것이 아니므로 ㉤에 해당하지 않는다. 이 문장은 평서문이면서 1인칭 주어가 사용되었고, 본인만이 직접 느껴 알 수 있는 감각을 표현하는 형용사 '쓰다'가 서술어로 사용되었으므로 ㉡의 예에 해당한다.

오답 풀이

① 다음 주에 약속이 있다는 사실을 수첩을 보고 새롭게 알게 되었다는 내용이다. 이때 약속은 다음 주라는 미래의 일이지만 약속이 있다는 것을 안 시점은 과거이므로 ㉠의 예에 해당한다.

② 평서문이면서 1인칭 주어인 '나'가 사용되었고, 본인만이 직접 느껴 알 수 있는 감정을 표현하는 형용사 '놀라다'가 서술어로 사용되었으므로 ㉡의 예에 해당한다.

③ 의문문이면서 2인칭 주어 '너'가 사용되었고, 본인만이 직접 느껴 알 수 있는 감정을 표현하는 형용사 '밉다'가 서술어로 사용되었으므로 ㉢의 예에 해당한다.

④ 대답을 요구하지 않고 서술의 효과를 내는 수사 의문문이면서 1인칭 주어 '우리'가 사용되었고, 본인만이 직접 느껴 알 수 있는 감정을 표현하는 형용사 '기쁘다'가 서술어로 사용되었으므로 ㉣의 예에 해당한다.

03 정답 ③ 관형사형 어미의 시제

정답 풀이

ⓓ의 '남은'은 동사 '남다'의 어간 '남-'에, ⓕ의 '찬'은 동사 '차다'의 어간 '차-'에 관형사형 어미 '-(으)ㄴ'이 결합하여 과거 시제를 나타내고 있으므로, ⓓ의 '남은'과 ⓕ의 '찬'에 쓰인 어미 '-(으)ㄴ'은 ㉡에 해당한다.

오답 풀이

① ⓐ의 '뜬'은 동사 '뜨다'의 어근 '뜨-'에 관형사형 어미 '-(으)ㄴ'이 결합하여 과거 시제를 나타내고 있으므로 ㉡에 해당한다.

② ⓒ의 '푸르던'은 형용사 '푸르다'의 어간 '푸르-'에 과거 시제 관형사형 어미 '-던'이 결합한 것이다. 그러나 ⓑ의 '부르던'은 동사 '부르다'의 어간 '부르-'에 과거 시제 관형사형 어미 '-던'이 결합한 것이다. 따라서 ⓒ의 '푸르던'에 쓰인 어미 '-던'은 ㉢에 해당하지만, ⓑ의 '부르던'에 쓰인 어미 '-던'은 ㉢에 해당하지 않는다.

④ ⓔ의 '읽는'은 동사 '읽다'의 어간 '읽-'에 관형사형 어미 '-는'이 결합하여 현재 시제를 나타내고 있으므로 ㉡에 해당하지 않는다.

⑤ ⓖ의 '빠른'은 형용사 '빠르다'의 어간 '빠르-'에 관형사형 어미 '-(으)ㄴ'이 결합하여 현재 시제를 나타내고 있으므로 ㉢이 아니라 ㉠에 해당한다.

04 정답 ③ 높임법의 실현

정답 풀이

'다녀오다'는 '어느 곳에 갔다가 돌아오다.'라는 의미를 가진 어휘로 화자가 청자를 높이기 위해 사용한 표현, 즉 상대 높임이 반영된 어휘가 아니다. ㉠과 ㉡에서 상대 높임법은 종결 어미인 '-요'와 '-어라'로 실현되고 있다.

오답 풀이

① 주격 조사 '께서'와 서술어 '다녀오신대요'에서 주체 높임 선어말 어미 '-시-'를 사용하여 문장의 주체인 '아버지'를 높이고 있다.
② ㉡의 목적어는 '친구'이고 부사어는 '어머님'인데 객체 높임 부사격 조사 '께'와 '말씀'이라는 어휘, '주다'의 높임말인 '드리다'를 통하여 부사어 '어머님'을 높이고 있다.
④ ㉡의 종결 어미 '-어라'는 아주낮춤의 '해라체'로 상대를 높이지 않지만, ㉢의 종결 어미 '-어요'는 두루높임의 '해요체'로 상대를 높인다. 따라서 ㉡과 달리 ㉢의 청자는 화자보다 윗사람임을 알 수 있다.
⑤ ㉢의 객체는 '동생'이고 ㉠의 객체는 '할머니'이다. ㉢에서는 객체 높임법이 사용되지 않았으나, ㉠에서는 객체인 '할머니'를 높이기 위해 객체를 높이는 특수 어휘인 '모시고'를 사용하고 있다.

05 정답 ⑤ 높임 표현의 문법 요소

정답 풀이

ㄱ에서는 조사 '께서'와 특수 어휘 '계시다'를 통해, ㄴ에서는 조사 '께서'와 선어말 어미 '-(으)시-'를 통해 문장의 주어 '선생님'과 '어머니'를 각각 높이고 있다. 그러므로 ㄱ, ㄴ에서 조사와 특수 어휘를 모두 활용해 문장의 주어를 높이고 있는 것은 아니다.

오답 풀이

① ㄱ에서는 행위의 주체인 '선생님'을 직접 높이는 어휘인 '계시다'를 활용하여 주체를 높이고 있다.
② ㄴ에서는 높임의 선어말 어미 '-(으)시-'를 활용하여 '몸'이라는 주어의 신체를 높임으로써 문장의 주어 '어머니'를 간접적으로 높이고 있다.
③ ㄷ에서는 높임의 부사격 조사 '께'와 높임의 특수 어휘 '드리다'를 활용하여 행위의 객체인 '할아버지'를 높이고 있다.
④ ㄱ에서는 종결 어미 '-다'를 통해 상대에 대한 낮춤을 드러내며 상대 높임 표현을 실현하였고, ㄴ에서는 '-ㅂ니다'를 통해 상대에 대한 높임을 드러내며 상대 높임 표현을 실현하고 있다.

06 정답 ① 시제의 표현

정답 풀이

ⓐ는 과거 시제 선어말 어미 '-었-'을 통해 과거 시제를 표현하고 있다. 그러나 ⓓ는 관형사형 어미 '-(으)ㄹ'과 의존 명사 '것'이 합쳐진 '-(으)ㄹ 것'을 통해 미래 시제를 표현하고 있다. 따라서 ⓓ가 선어말 어미를 통해 시제를 표현하고 있다고 볼 수는 없다.

오답 풀이

② ⓐ는 과거 시제 선어말 어미 '-었-'을 통해, ⓕ는 시간 부사어 '어제'와 과거 시제 선어말 어미 '-았-'을 통해 과거 시제를 표현하고 있다.
③ ⓑ는 미래 시제 선어말 어미 '-겠-'을 통해, ⓓ는 시간 부사어 '내일'과 '-(으)ㄹ 것'을 통해 미래 시제를 표현하고 있다.
④ ⓒ와 ⓔ는 모두 현재 시제에 해당한다. 그런데 ⓔ는 동사 '날리다'의 기본형에 현재 시제 선어말 어미 '-ㄴ-'이 결합하여 현재 시제를 표현하고 있지만, ⓒ는 선어말 어미 없이 형용사 '맵다'의 기본형 그대로 현재 시제를 표현하고 있다. 이를 통해 형용사에는 시제를 표현하는 선어말 어미가 쓰이지 않을 수 있다는 사실을 알 수 있다.
⑤ ⓓ는 '내일', ⓕ는 '어제'라는 시간 부사어를 통해 각각 미래 시제와 과거 시제를 표현하고 있다.

📖 개념 복습

• 시제의 표현
시제: 어떤 사건이 일어난 순간(사건시)을 말하는 순간(발화시)을 기준으로 표현하는 것

과거 시제	– 사건시가 발화시보다 앞서 있는 시제 – 과거 시제 선어말 어미 '-았-/-었-, -더-', 과거 시제 관형사형 어미 '-(으)ㄴ, -던', 시간 –았었-/-었었-, 부사어 '어제, 옛날' 등으로 표현함.
현재 시제	– 사건시와 발화시가 일치하는 시제 – 현재 시제 선어말 어미 '-ㄴ-/-는-', 현재 시제 관형사형 어미 '-는, -(으)ㄴ', 시간 부사어 '오늘, 지금' 등으로 표현함.
미래 시제	– 사건시가 발화시보다 이후인 시제 – 미래 시제 선어말 어미 '-겠-', 미래 시제 관형사형 어미 '-(으)ㄹ', 시간 부사어 '내일, 모레', 관형사형 어미+의존 명사 '-(으)ㄹ 것' 등으로 표현함.

복합으로 완성하기

01 ③   **02** ⑤

지문 해설 [01~02] 현대 국어와 중세 국어의 시간 표현

• 현대 국어의 시간 표현

현대 국어	현재 시제	– 동사: 어간에 선어말 어미 '-는-/-ㄴ-' 결합(동사의 어간 말음이 자음인 경우에는 '-는-', 모음인 경우에는 '-ㄴ-'이 결합함.) – 형용사와 '이다': 어간에 선어말 어미가 결합하지 않고 현재 시제를 표현함.
	과거 시제	– 동사, 형용사, '이다': 어간에 선어말 어미 '-았/었-' 결합 – 어간 '하-' 뒤: 선어말 어미 '-였-' 결합
	미래 시제	– 동사, 형용사, '이다': 어간에 선어말 어미 '-겠-'을 결합함. 이를 통해 추측이나 의지의 의미를 나타내기도 함.

• 중세 국어의 시간 표현

중세 국어	현재 시제	– 동사: 어간에 선어말 어미 '-ᄂᆞ-'를 결합하였음. – 형용사: 어간에 선어말 어미를 결합하지 않고 현재 시제를 표현하였음.
	과거 시제	– 동사: 어간에 선어말 어미를 결합하지 않고 과거 시제를 표현하기도 했고, 회상의 의미가 있는 선어말 어미 '-더-'를 결합하기도 하였음. – 형용사: 어간에 선어말 어미 '-더-'를 결합하였음.
	미래 시제	– 동사, 형용사: 추측의 의미가 있는 선어말 어미 '-리-'를 어간에 결합하였음.

01 정답 ③ 시간 표현의 특징

정답 풀이

'놓였다'는 '놓-+-이-+-었-+-다'로 분석할 수 있는데, '놓이다'의 어간 '놓이-' 뒤에 과거 시제 선어말 어미 '-었-'이 결합한 것이다. 즉 ⓒ에서 '놓였다'로 나타난 것은 어간 '놓이-'의 '이-' 뒤에 선어말 어미 '-었-'이 와서 줄어든 형태로, '놓-' 뒤에 '-였-'이 결합한 것은 아니다. 과거 시제 선어말 어미 '-였-'은 어간 '하-' 다음에 결합한다.

오답 풀이

① '먹는다'는 '먹-+-는-+-다'로, 동사 '먹다'의 어간 '먹-' 뒤에 현재 시제 선어말 어미 '-는-'이 결합한 것이다. 동사 '먹다'의 어간 말음이 자음 'ㄱ'이므로 '-는-'이 사용된 예에 해당한다.

② '자란다'는 '자라-+-ㄴ-+-다'로, 동사 '자라다'의 어간 '자라-' 뒤에 현재 시제 선어말 어미 '-ㄴ-'이 결합한 것이다. 동사 '자라다'의 어간 말음이 모음 'ㅏ'이므로 '-ㄴ-'이 사용된 예에 해당한다.

④ '입장하겠습니다'는 '입장하-+-겠-+-습니다'로, 동사 '입장하다'의 어간 '입장하-' 뒤에, 미래 시제 선어말 어미 '-겠-'이 결합한 예에 해당한다.

⑤ '꿨다'는 '꾸-+-었-+-다'로, 동사 '꾸다'의 어간 '꾸-' 뒤에, 과거 시제 선어말 어미 '-었-'이 결합한 예에 해당한다.

02 정답 ⑤ 중세 국어의 시간 표현

정답 풀이

ⓐ '곧ᄒᆞ다'는 '같다'의 뜻으로, 용언의 어간 '곧ᄒᆞ-'에 선어말 어미를 결합하지 않고 현재 시제를 나타낸 경우이다.

ⓑ '묻ᄂᆞ다'는 '묻는다'의 뜻으로, 용언의 어간 '묻-'에 현재 시제 선어말 어미 '-ᄂᆞ-'를 결합하여 현재 시제를 나타낸 경우이다.

ⓒ '도죽ᄒᆞ더니'는 '도둑질하더니'의 뜻으로, 용언의 어간 '도죽ᄒᆞ-'에 회상의 의미가 있는 선어말 어미 '-더-'를 결합하여 과거 시제를 나타낸 경우이다.

ⓓ '오뇨'는 '왔느냐'의 뜻으로, 용언의 어간 '오-' 뒤에 선어말 어미를 결합하지 않고 과거 시제를 나타낸 경우이다.

ⓔ '아니ᄒᆞ리니'는 '아니할 것이니'의 뜻으로, 용언의 어간 '아니ᄒᆞ-'에 추측의 의미가 있는 선어말 어미 '-리-'를 결합하여 미래 시제를 나타낸 경우이다.

수능과 내신 **문제로 다지기** 본문 83쪽

01 ⑤   **02** ③

01 정답 ⑤ 피동사와 사동사의 형태

정답 풀이

사동사는 문장의 주체가 자기 스스로 행하지 않고 남에게 그 행동이나 동작을 하게 함을 나타내는 동사이고, 피동사는 문장의 주체가 남의 행동을 입어서 행하여지는 동작을 나타내는 동사이다. ㉠의 '안겼다'는 문장의 주체인 '형'이 '친구'에게 꽃다발을 안게 한 것이므로 사동사로, ㉡의 '안겼다'는 '아기 곰'이 '어미 곰'에 의해 안김을 당한 것이므로 피동사로 쓰였다.

오답 풀이

① '운동화 끈을 풀다'와 '피로를 풀다'를 비교할 때 ㉠ '운동화 끈이 풀렸다'의 '풀렸다'와 ㉡ '피로가 풀렸다'의 '풀렸다'는 모두 피동사이다.

② '엄마가 아이를 등에 업다'와 '이모가 아기를 업다'를 비교할 때 ㉠ '아이가 엄마 등에 업혔다'의 '업혔다'는 피동사이고, ㉡ '누나가 이모에게 아기를 업혔다'의 '업혔다'는 사동사이다.

③ '옷이 마르다'와 '친구를 말리다'를 비교할 때 ㉠ '옷을 말렸다'의 '말렸다'는 사동사이다. 반면 ㉡의 '말렸다'는 '다른 사람이 하고자 하는 어떤 행동을 못하게 방해했다.'의 뜻을 지니는 동사로 피동사도 아니고 사동사도 아니다.

④ '몸이 녹다'와 '고드름이 녹다'를 비교할 때 ㉠ '새들이 몸을 녹였다'의 '녹였다'와 ㉡ '햇살이 고드름을 녹였다'의 '녹였다'는 모두 사동사이다.

02 정답 ③ 부정문의 종류

정답 풀이

ⓒ는 '폭설'이라는 외부의 상황이 원인이 되어서 연휴에 고향을 가지 못한 것을 나타내기 위해 '못' 부정문을 사용한 것이다.

오답 풀이

① ⓐ는 부정하는 대상이 객관적인 사실이어서가 아니라 동작 주체인 '나'의 의지로 인해 밥을 먹지 않은 것이기 때문에 '안' 부정문을 사용한 것이다.

② ⓑ는 동작 주체 '나'의 의지가 반영된 것이 아니라 동작 주체의 능력이 부족하여 턱걸이 열 개를 하지 못한 것이기 때문에 '못' 부정문을 사용한 것이다.

④ ⓓ는 동작 주체의 능력이 부족한 것이 아니라 비가 오지 않았다는 객

관적인 사실을 부정하기 위해 '안' 부정문을 사용한 것이다.

⑤ ⓔ는 명령문이므로 '그 사람을 만나지 마라.'로 표현해야 옳은 문장이 된다. 명령문과 청유문에서 긴 부정을 표현할 때는 '-지 마/마라, -지 말자'를 사용해야 한다.

개념 복습

• 부정 표현
부정의 뜻을 나타내는 표현
– 내용에 따른 부정 표현

의지·단순 부정		능력 부정	
부정 부사	안	부정 부사	못
부정 용언	-지 아니하다	부정 용언	-지 못하다

① 의지 부정: 주체의 의지에 의한 부정 표현
② 단순 부정: 단순한 사실이나 상태에 대한 부정 표현
③ 능력 부정: 주체의 능력 부족이나 외부의 원인에 의한 부정 표현

– 형식에 따른 부정 표현

	짧은 부정	긴 부정
부정 부사·용언	안/못	-지 아니하다/-지 못하다

수능과 내신 **고난도로 뛰어넘기** 본문 84쪽

01 ⑤   **02** ④   **03** ③   **04** ②   **05** ⑤
06 ③   **07** ④

01 정답 ⑤ 피동사와 사동사

정답 풀이

㉠ 문장의 주체인 '눈'이 빗자루에 의해 '밀어내거나 한데 모아서 버림'을 당하게 되는 것을 나타내는 문장이므로, '쓸다²'의 피동사 '쓸리다'가 쓰인 피동문이다.

㉡ 문장에서 생략된 주체인 누군가가 '내 동생'에게 거실 바닥을 '비로 쓰레기 따위를 밀어내거나 한데 모아서 버림'을 시키는 것을 나타내는 문장이므로, '쓸다²'의 사동사 '쓸리다'가 쓰인 사동문이다.

오답 풀이

① ㉠ '학생회 임원'이 스스로의 의지에 의해서가 아니라 누군가에 의해 '직책에 있는 사람을 다른 사람으로 바꿈'을 당하게 되는 것을 나타내는 문장이므로, '갈다¹'의 피동사 '갈리다'가 쓰인 피동문이다.

㉡ '삼촌'이 '형'에게 텃밭을 갈도록 시키는 것을 나타내는 문장이므로 '갈다'의 사동사 '갈리다'가 쓰인 사동문이다. 그런데 여기서 '갈리다'는 '갈다¹'의 사동사가 아니라, '쟁기나 트랙터 따위의 농기구나 농기계로 땅을 파서 뒤집게 하다.'라는 의미를 지닌 동음이의어 '갈다'의 사동사이다.

② ㉠ '용돈'이 '값이나 금액을 낮추어서 줄임'을 당하게 되는 것을 나타내는 문장이므로, '깎다'의 피동사 '깎이다'가 쓰인 피동문이다.

㉡ 누군가에 의해 점수를 낮추어서 줄임을 당하게 되는 것을 나타내는 문장이므로, '깎다'의 피동사 '깎이다'가 쓰인 피동문이다.

③ ㉠ '내 친구'가 '가래떡'에 꿀이 들러붙게 했음을 나타내는 문장이므로, '묻다'의 사동사 '묻히다'가 쓰인 사동문이다.

㉡ '누나'가 '붓'에 먹물이 들러붙게 했음을 나타내는 문장이므로, '묻다¹'의 사동사 '묻히다'가 쓰인 사동문이다.

④ ㉠ '아빠'가 '아이'의 입에 사탕을 물게 했음을 나타내는 문장이므로 사동사 '물리다'가 쓰인 사동문이다. 그런데 여기서 '물리다'는 '윗니와 아랫니 사이에 끼운 상태로 상처가 날 만큼 세게 누르다.'라는 의미인 '물다²'의 사동사가 아니라 '입 속에 넣게 하다.'라는 의미로 사용된 '물다'의 사동사이다.

㉡ '큰형'이 '동네 개'에 의해 '윗니와 아랫니 사이에 끼운 상태로 상처가 날 만큼 세게 누름'을 당하게 되는 것을 나타내는 문장이므로, '물다²'의 피동사 '물리다'가 쓰인 피동문이다.

02 정답 ④ 부정문의 조건

정답 풀이

㉠에는 '-지 않다(아니하다)'라는 보조 용언을 사용하는 긴 부정문이자 단순한 사실이나 상태를 부정하는 단순 부정이 들어가야 한다. '나무가 많아 여기는 낮에도 볕이 잘 들지 않는다.'는 '-지 않다'라는 부정 용언을 사용한 긴 부정문이자, 낮에도 볕이 잘 들지 않는다는 단순한 사실을 알려 주므로 ㉠에 들어갈 예로 적절하다.

오답 풀이

① 부정 부사 '안'을 사용한 짧은 부정문으로, 올해 비가 많이 안 왔다는 단순한 사실을 알려 주는 단순 부정을 나타낸다.

② '-지 않다'라는 보조 용언을 사용한 긴 부정문으로, 주체의 의지에 따라 환기를 하기 위해 창문을 닫는 행동을 하지 않았음을 의미하는 의지 부정을 나타낸다.

③ '-지 못하다'라는 보조 용언을 사용한 긴 부정문으로, 주체가 심한 어지럼증으로 몸을 잘 가누지 못했다는 능력 부정을 나타낸다.

⑤ 부정 부사 '못'을 사용한 짧은 부정문으로, 주체가 충치로 인해 당분간 탄산음료를 마시는 행동을 하지 못함을 의미하는 능력 부정을 나타낸다.

03 정답 ③ 문장 수정의 적절성

정답 풀이

〈자료〉의 수정 전 문장에서 '초보자일수록'의 연결 어미 '-ㄹ수록'은 부사어 '비록'과 호응하지 않으므로, 연결 어미 '-ㄹ지라도'를 사용하여 '초보자일지라도'로 수정하였다(㉡). 그리고 수정 전 문장의 '표와 그래프 등을 그려서 작성할 수 있다.'에는 '작성하다'가 필요로 하는 문장 성분인 목적어가 빠져 있으므로, 목적어 '문서를'을 추가하여 '표와 그래프 등을 그려서 문서를 작성할 수 있다.'로 수정하였다(㉢).

04 정답 ② 피동·사동 표현의 특성

정답 풀이

ㄱ에 쓰인 피동 접미사는 '-리-'인데, '날다'의 어간에 결합하여 '날리다', '듣다'의 어간에 결합하여 '들리다'와 같이 쓰일 수 있으나 '감다'의 어간에는 결합할 수 없다. '감다'의 어간에는 피동 접미사 '-기-'가 결합하여 '감기다'와 같이 쓰일 수 있다.

오답 풀이

① ㄱ은 피동사 '풀리다'를 활용한 파생적 피동문이고, '날씨를 풀다'와 같이 능동문으로 바꾸고자 할 때 행위를 하는 주어가 명확하지 않으므로 대응하는 능동문이 존재하지 않는다.

③ ㄴ은 주어 '낚시꾼'이 물고기를 잡는 행위를 스스로 하는 능동문이며, 능동문 '낚시꾼이 물고기를 잡았다.'를 피동문으로 바꾸면 '물고기가 낚시꾼에게 잡혔다.'가 되므로 능동문의 목적어 '물고기를'은 피동문의 주어 '물고기가'가 된다.

④ ㄷ의 서술어 '입게 했다'를 사동사로 바꾸면 '입혔다'가 되고, '입게 했다'의 경우 간접적 사동으로만 해석되는 반면 '입혔다'의 경우 간접적 사동과 직접적 사동 모두로 해석이 가능하므로 의미에 차이가 생기게 된다.

⑤ ㄷ은 사동문이므로 다른 사람에게 행위를 하도록 하는 문장이며, '-게 하다'라는 문장 표현을 활용한 통사적 사동문이다.

📖 개념 복습

• 피동 표현
주어가 다른 주체에 의해서 동작이나 행동을 당하는 것을 나타내는 표현

파생적 피동	능동사의 어간에 피동 접미사 '-이-, -하-, -리-, -가-'가 붙어서 만들어짐. 일부 명사 뒤에 접미사 '-되다'가 붙어서 만들어지기도 함.
통사적 피동	용언의 어간에 '-어지다, -게 되다'가 붙어서 만들어짐.

• 사동 표현
주어가 남에게 동작이나 행동을 하도록 시키는 것을 나타내는 표현

파생적 사동	주동사의 어간에 사동 접미사 '-이-, -하-, -리-, -가-, -우-, -구-, -추-'가 붙어서 만들어짐. 일부 명사 뒤에 접미사 '-시키다'가 붙어서 만들어지기도 함.
통사적 사동	용언의 어간에 '-게 하다'가 붙어서 만들어짐.

05 정답 ⑤ 　부정 표현의 이해

정답 풀이

ㅁ은 동작 주체의 의지에 의한 부정이 아니라 '감기에 걸렸다'는 외부 상황이 원인이 된 것이므로 '못' 부정문이 사용되었다. 동작 주체의 의지에 의한 부정 표현은 부정 부사 '안'이나 부정 용언 '-지 아니하다'를 사용해야 한다.

오답 풀이

① 단순한 사실을 부정할 때는 부정 부사 '안'을 사용해야 한다. '못'은 주체의 능력 부족이나 외부의 원인에 의한 부정 표현에 사용한다.
② 명령문의 부정 표현에서는 '안' 부정문과 '못' 부정문이 아닌 '-지 마/마라'를 활용하여 표현해야 한다.
③ 부정 표현 중 능력 부족이나 외부의 원인으로 인한 부정을 표현하는 '못' 부정문은 부정 부사 '못'을 활용하거나 부정 용언 '-지 못하다'에 의해 실현된다. 따라서 '솔이는 자전거를 못 탄다.'와 '솔이는 자전거를 타지 못한다.'는 모두 가능하다.
④ '비는 오지 않았다'는 객관적 사실이므로 '안' 부정문이 사용되었다.

06 정답 ③ 　어법의 정확성

정답 풀이

ㄷ은 상진이가 나에게 자신의 작품을 보게 했다는 사동의 의미를 담고 있다. 이러한 의미를 나타내기 위해 '보았다'에 사동 접미사 '-이-'를 결합하여 사동의 의미를 나타냈으므로 어법에 맞다.

오답 풀이

① '어제'라는 과거 시제를 나타내는 말과 호응을 이루기 위해 과거 시제 선어말 어미 '-었-'을 추가하여 '있었는지'로 바꾸는 것이 어법에 맞다. 목적격 조사 '를'은 생략이 가능하다.
② 큰따옴표 뒤에 붙어 앞말이 직접 인용되는 말임을 나타내는 조사는 '라고'이다. '고'는 앞말이 간접 인용되는 말임을 나타내는 조사이다.
④ 주체 높임 선어말 어미 '-시-'를 활용하여 커피를 직접적으로 높이고 있으므로 어법에 맞지 않는 표현이다.
⑤ 항공기 결항이라는 외부 원인으로 인해 출국이 이루어지지 못한 상황이기 때문에 능력 부정을 나타내는 '못했다'로 쓰는 것이 어법에 맞다.

07 정답 ④ 　사동 표현의 특성

정답 풀이

㉠에서 주동문의 주어인 '딸이'와 ㉡에서 주동문의 주어인 '철수가'는 사동문에서 부사어로 사용되었는데 모두 서술어가 반드시 필요로 하는 문장 성분인 필수적 부사어이다.

오답 풀이

① ㉠에서 파생적 사동문은 어머니가 딸의 옷을 직접 입힌 행위를 나타내고 있다.
② ㉠에서 통사적 사동문은 어머니가 딸에게 옷을 입도록 시킨 간접 사동을 나타내고 있다.
③ ㉡과 같은 경우에는 파생적 사동문이든 통사적 사동문이든 모두 간접적 행위를 의미하는 것으로 해석된다. 파생적 사동문과 통사적 사동문의 의미 차이는 서술어와 다른 성분들의 특성에 따라 달리 해석되는 것으로 이해해야 한다.
⑤ ㉠에서 주동문의 목적어인 '옷을'과 ㉡에서 주동문의 목적어인 '책을'은 사동문에서도 여전히 목적어의 기능을 하고 있음을 확인할 수 있다.

📖 개념 복습

- **능동과 피동, 주동과 사동**
- ▶ 동작이나 행동을 누가 하느냐에 따라 능동과 피동으로 나뉨.
- – 능동: 주어가 동작을 제 힘으로 하는 것 ↔ 피동: 주어가 남에 의해 움직이게 되는 것

- ▶ 동작이나 행동을 직접 하느냐, 아니면 다른 사람에게 하도록 하느냐에 따라 주동과 사동으로 나뉨.
- – 주동: 주어가 동작을 직접 하는 것 ↔ 사동: 주어가 동작을 다른 대상에게 시키는 것

복합으로 완성하기

01 ③　　　**02** ③

[01~02] 현대 국어와 중세 국어의 사동 표현

• 사동 표현
주어가 남에게 동작이나 행동을 하도록 시키는 뜻을 나타내는 것

현대 국어	파생적 사동	– 사동 접사 '–이–, –하–, –리–, –가–, –우–, – 구–, –추–' 등이 붙어 만들어짐. – 어간이 'ㅣ'로 끝나는 동사, 특정한 상대 등을 필수적으로 요구하는 동사, 주거나 받는 뜻을 가진 동사 등은 대개 사동 접사가 결합되지 못함.
	통사적 사동	'–게 하다'에 의해 만들어짐.
중세 국어	파생적 사동	– '–이–, –하–, –가–, –오/우–, –호/후–, –ᄋ/ 으–' 등이 붙어 만들어졌음. – '걷다'와 같은 ㄷ 불규칙 용언에 '–이–'가 결 합될 때에는 어간 '걷–'의 받침 'ㄷ'이 'ㄹ'로 바뀌어 '걸이다[걸리다]로 쓰였음.
	통사적 사동	– '–게/긔'에 의해 만들어짐. – 모음이나 자음 'ㄹ'로 끝나는 어간이나 '이다' 의 '이–' 뒤에서는 '–에/의'로도 쓰였음.

01 정답 ③ 사동 표현의 결합

정답 풀이

ㄴ '(넋을) 기리다'는 '뛰어난 업적이나 바람직한 정신, 위대한 사람 따위를 칭찬하고 기억하다.'라는 뜻을 가진 동사로, 사동의 의미가 없다. 즉 '기리–'의 '리'는 어간의 일부일 뿐 사동 접사 '–리–'가 아니다. '(연을) 날리다'는 동사 어간 '날–'에 사동 접사 '–리–'가 결합한 것으로, '날게 하다'라는 사동의 의미를 지닌다.

ㄹ 1문단에 따르면, '(적과) 싸우다'와 '(동생을) 닮다'와 같이 특정한 상대를 필수적으로 요구하는 동사의 경우 사동 접사가 결합되지 못한다.

오답 풀이

ㄱ 1문단에 따르면, '(선물을) 받다'와 같이 주거나 받는 뜻을 가진 동사는 사동 접사와 결합하지 못한다. 그러나 '(시간이) 늦다'는 어간 '늦–'에 사동 접사 '–추–'를 결합하여 '늦추다'와 같은 파생적 사동을 만들 수 있다.

ㄷ 1문단을 통해 '(공을) 던지다'의 어간 '던지–'와 '(추위를) 견디다'의 어간 '견디–'와 같이 어간이 'ㅣ'로 끝나는 동사의 경우 사동 접사의 결합에 제약이 있음을 알 수 있다.

02 정답 ③ 중세 국어의 사동 표현

정답 풀이

'들이ᅀᆞᆸ더니'는 '들리더니'라는 의미로, 사동 접사 '–이–'가 결합한 사동 표현이다. 이를 통사적 사동으로 바꾸어 표현하면 용언 어간 '듣–'에 '–게 ᄒ다'를 결합한 '듣게 ᄒ다'가 된다. '드데 ᄒ–'는 어간 '듣–'에 '–에 ᄒ–'를 결합한 형태인데, 2문단에 따르면 보조적 연결 어미 '–에'는 모음이나 자음 'ㄹ'로 끝나는 어간이나 '이다'의 '이–' 뒤에서 쓰이므로 적절하지 않다.

오답 풀이

① '알–+–의'는 '알게'라는 의미로, '–의'가 'ㄹ'로 끝나는 어간 '알–' 뒤에 보조적 연결 어미로 결합한 것이다. 중세 국어 시기의 보조적 연결 어미는 자음 'ㄹ'로 끝나는 어간 뒤에서는 '–에/의'로 쓰였다.

② '듣–+–이–'는 '들리–'라는 의미로, 용언의 어간 '듣–' 뒤에 사동 접사 '–이–'가 결합한 것이다. '듣다'와 같은 ㄷ 불규칙 용언의 어간에 '–이–'가 결합할 때에는 어간 '듣–'의 받침 'ㄷ'이 'ㄹ'로 바뀌어 쓰였다.

④ '사ᄅᆞ니'는 '살리니'라는 의미로, 어간 '살–' 뒤에 사동 접사 '–ᄋ–'가 결합한 사동 표현이고, '마촐씨니'는 '맞출 것이니'라는 의미로, 어간 '맞–' 뒤에 사동 접사 '–호–'가 결합한 사동 표현이다.

⑤ '사ᄅᆞ니'는 어간 '살–' 뒤에 사동 접사 '–ᄋ–'가 결합한 사동 표현이고, '마촐씨니'는 어간 '맞–' 뒤에 사동 접사 '–호–'가 결합한 사동 표현이다. 현대 국어의 사동 접사는 '–이–, –히–, –리–, –기–, –우–, –구–, –추–'의 일곱 가지인데, '사ᄅᆞ'와 '마촐씨니'에 쓰인 '–ᄋ–'와 '–호–'는 지금은 사용되지 않는 형태이다.

11강 담화·어문 규정

기출 선택지 OX 1 ✕   2 ○

수능과 내신 문제로 다지기 본문 91쪽

01 ②   02 ⑤   03 ⑤

01 정답 ② 담화의 지시 표현

정답 풀이

ⓒ '우리 둘'이 가리키는 대상은 화자인 '영이'와 '영이'가 키우는 강아지인 '별이'이고, ⓜ '우리 셋'이 가리키는 대상은 '영이'와 '별이'와 '민수'이므로, ⓒ이 가리키는 대상은 ⓜ이 가리키는 대상에 포함된다.

오답 풀이

① ㉠ '우리 둘'이 가리키는 대상은 화자인 '민수'와 청자인 '영이'이고, ⓒ '우리 둘'이 가리키는 대상은 '영이'와 '별이'이므로 ㉠과 ⓒ이 가리키는 대상은 동일하지 않다.

③ ⓒ '둘 다'가 가리키는 대상은 '봄이'와 '솜이'이고, ⓑ '우리 셋'이 가리키는 대상은 '민수'와 '영이'와 '봄이'이므로 ⓒ이 가리키는 대상은 ⓑ이 가리키는 대상에 포함되지 않는다.

④ ⓔ '우리 셋'이 가리키는 대상은 '민수'와 '봄이'와 '솜이'이고, ⓜ '우리 셋'이 가리키는 대상은 '영이'와 '별이'와 '민수'이므로 ⓔ과 ⓜ이 가리키는 대상은 동일하지 않다.

⑤ ⓔ이 가리키는 대상은 '민수'와 '봄이'와 '솜이'이고, ⓑ이 가리키는 대상은 '민수'와 '영이'와 '봄이'이므로 ⓔ과 ⓑ이 가리키는 대상은 동일하지 않다.

02 정답 ⑤ 띄어쓰기의 적용

정답 풀이

한글 맞춤법에 따르면, 문장의 각 단어는 띄어 써야 하지만 조사는 예외적으로 그 앞말에 붙여 쓴다. 이에 따라 [A]에는 앞말에 붙여 써야 하는 조사에 해당하는 단어가 들어가야 한다. 따라서 [A]에 들어갈 말로 적절한 것은 조사인 ㉠의 '보다', ⓒ의 '밖에', ⓔ의 '만큼'이다.

㉠ '봉사 보다는'의 '보다'는 서로 차이가 있는 것을 비교하는 경우, 비교의 대상이 되는 말에 붙어 '~에 비해서'의 뜻을 나타내는 격 조사이므로 앞말에 붙여 쓴다.

ⓒ '너 밖에'의 '밖에'는 '그것 말고는', '그것 이외에는' 등의 뜻을 나타내는 보조사이므로 앞말에 붙여 쓴다.

ⓔ '때 만큼은'의 '만큼'은 앞말과 비슷한 정도나 한도임을 나타내는 격 조사이므로 앞말에 붙여 쓴다.

오답 풀이

ⓒ '도울 뿐이었는데'의 '뿐'은 다만 어떠하거나 어찌할 따름이라는 뜻을 나타내는 의존 명사이므로 앞말과 띄어 쓴다.

📖 개념 복습

• 띄어쓰기 관련 한글 맞춤법 규정

제2항	문장의 각 단어는 띄어 씀을 원칙으로 한다.
제41항	조사는 그 앞말에 붙여 쓴다. ⑩ 꽃이, 꽃밖에, 꽃처럼
제47항	보조 용언은 띄어 씀을 원칙으로 하되, 경우에 따라 붙여 씀도 허용한다. ⑩ 그 일은 할 만하다.(원칙) / 그 일은 할만하다.(허용) 다만, 앞말에 조사가 붙거나 앞말이 합성 용언인 경우, 중간에 조사가 들어갈 적에는 그 뒤에 오는 보조 용언을 띄어 쓴다. ⑩ 알아만 두어라, 덤벼들어 보아라

03 정답 ⑤ 표준 발음법의 이해

정답 풀이

'슬퍼할지라도'는 어간 '슬퍼하–'에 관형사형 '–(으)ㄹ'이 결합한 것이 아니라 어미 '–(으)ㄹ지라도'가 결합한 것이다. 따라서 [슬퍼할찌라도]와 같이 발음하지만 이는 제27항에 근거한 것이 아니라, 제27항 붙임 규정에 따라 '–(으)ㄹ'로 시작되는 어미 뒤에 오는 'ㄱ, ㄷ, ㅂ, ㅅ, ㅈ'을 된소리로 발음한 것이다.

오답 풀이

① 겹받침 'ㄺ'은 자음 앞에서 [ㄱ]으로 발음하는 것이 원칙이지만 용언의 어간 말음 'ㄺ'은 'ㄱ' 앞에서 [ㄹ]로 발음한다는 제11항 '다만'에 근거하여 '맑게'는 [말께]로 발음해야 한다.

② 겹받침 'ㄿ'은 자음 앞에서 'ㅂ'으로 발음하는 것이 원칙이므로 '읊고'는 [읍꼬]로 발음해야 한다.

③ 받침 'ㅊ' 뒤에 모음 'ㅟ'로 시작하는 실질 형태소 '위'가 연결되는 경우이므로 제15항에 근거해 'ㅊ'을 대표음 'ㄷ'으로 바꾸어 뒤 음절 첫소리로 옮겨 [꼬뒤]로 발음해야 한다.

④ 받침 'ㅅ' 뒤에 'ㅓ'로 시작하는 실질 형태소 '없다'가 연결되는 경우이므로 제15항에 근거해 'ㅅ'을 대표음 'ㄷ'으로 바꾸어 뒤 음절 첫소리로 옮겨 [마덥따]로 발음해야 한다.

01 ⑤　**02** ⑤　**03** ④　**04** ④　**05** ④
06 ⑤

01 정답 ⑤　담화의 표현

정답 풀이

ⓐ '저희'는 '우리'의 낮춤말로, 청자인 '선배'를 높이기 위하여 화자인 '후배 2'가 '후배 1'과 자신을 함께 낮추어 표현한 것이다. 즉 ⓐ은 후배인 화자가 자신을 낮추기 위하여 쓴 말이지 청자와 자신을 모두 낮추기 위한 말은 아니다.

오답 풀이

① ㉠ '학교에서'는 '학교'라는 체언 뒤에, 앞말이 행동이 이루어지고 있는 처소의 부사어임을 나타내는 격 조사 '에서'가 붙은 형태로 부사어에 해당한다. 하지만 ㉡ '학교에서'는 '학교'라는 체언 뒤에, 앞말이 주어임을 나타내는 격 조사 '에서'가 붙은 형태로 주어에 해당하므로, ㉠과 ㉡은 문장 성분이 서로 다르다. '에서'는 주로 부사격 조사로 쓰이지만, 단체를 나타내는 명사 뒤에 붙어서 주격 조사로 쓰이기도 한다.

② '우리'는 말하는 이가 자기와 듣는 이, 또는 자기와 듣는 이를 포함한 여러 사람을 가리키는 일인칭 대명사이다. 따라서 ㉢ '우리'에는 화자인 '선배'와 청자인 '후배 1', '후배 2'가 모두 포함되어 있음을 알 수 있다.

③ ㉣ '자신'은 자신의 형편을 감안해 달라는 '동아리'가 한둘이 아니라는 맥락으로 보아 '동아리'를 지칭하는 말임을 알 수 있다.

④ ㉤ '서로'는 '학교'와 '우리'가 만족할 만한 결과를 얻기가 쉽지 않겠다라는 맥락을 고려할 때, ㉡의 '학교'와 ㉢의 '우리'를 모두 포함해서 가리키는 말임을 알 수 있다.

02 정답 ⑤　준말의 한글 맞춤법

정답 풀이

ⓜ을 먼저 적용한다고 하였으므로 어간 '누-'에 '-이-'가 와서 '누이-'가 '뉘-'로 줄고, 여기에 '-어'가 붙으면 '뉘어'의 형태가 된다. ㉣은 'ㅣ' 뒤에 '-어'가 와서 'ㅕ'로 줄 적에는 준 대로 적는다는 규정인데, '뉘-'에 쓰인 모음 'ㅟ'는 모음 'ㅣ'가 아니므로 그 뒤에 '-어'가 결합하여 'ㅕ'의 형태로 줄여 쓸 수 없다. 따라서 '누-+-이-+-어'를 '뉘여'로 적을 수 없다. 참고로, '누-+-이-+-어'에 ㉤이 아닌 ㉣를 먼저 적용하면 'ㅣ'와 그 뒤에 오는 '-어'가 'ㅕ'로 줄어 '누여'로 적을 수 있다. 즉 '누-+-이-+-어'는 '뉘어' 혹은 '누여'의 형태로만 적을 수 있고, '뉘여'의 형태로 적을 수는 없다.

오답 풀이

① ㉠을 적용하면, '개-+-었-+-다'는 'ㅐ' 뒤에 '-었-'이 어울려 '갰다'로 줄고, '베-+-어'는 'ㅔ' 뒤에 '-어'가 어울려 '베'로 준다.

② ㉡을 적용하면, '꼬-+-아'는 모음 'ㅗ'로 끝난 어간에 '-아'가 어울려 '꽈'로 줄고, '쑤-+-었-+-다'는 모음 'ㅜ'로 끝난 어간에 '-었-'이 어울려 '쒔다'로 준다.

③ ㉢을 적용하면, '차-+-이-'는 'ㅏ'로 끝난 어간에 '-이-'가 와서 'ㅐ'로 줄어 '채-'의 형태가 된다. 여기에 '-었다'가 붙으면 '채었다'로 적을 수 있다.

④ ㉤을 먼저 적용한다고 하였으므로 어간 '쏘-'에 '-이-'가 와서 '쏘이-'가 '쐬-'로 줄고, 여기에 '-어'가 결합하여 '쐬어'의 형태가 된다. 여기에 ㉢을 적용하면, 'ㅚ' 뒤에 '-어'가 어울려 'ㅙ'로 줄어 '쐐'의 형태로 적을 수 있다.

개념 복습

• 준말의 한글 맞춤법 규정

제34항 [붙임 1]	'ㅐ, ㅔ' 뒤에 '-어, -었-'이 어울려 줄 적에는 준 대로 적는다. ⓔ 내어 → 내, 내었다 → 냈다
제35항	모음 'ㅗ, ㅜ'로 끝난 어간에 '-아/-어, -았-/-었-'이 어울려 'ㅘ/ㅝ, 왔/웠'으로 될 적에는 준 대로 적는다. ⓔ 보아 → 봐, 보았다 → 봤다
제36항	'ㅣ' 뒤에 '-어'가 와서 'ㅕ'로 줄 적에는 준 대로 적는다. ⓔ 치이어 → 치여, 막히어 → 막혀
제37항	'ㅏ, ㅓ, ㅗ, ㅜ, ㅡ'로 끝난 어간에 '-이-'가 와서 각각 'ㅐ, ㅔ, ㅚ, ㅟ, ㅢ'로 줄 적에는 준 대로 적는다. ⓔ 쓰이다 → 씌다, 보이다 → 뵈다

03 정답 ④　된소리되기의 표준 발음

정답 풀이

'앉을수록'은 [안즐쑤록]으로 발음한다. 이는 어간 '앉-'과 어미 '-(으)ㄹ수록'이 결합할 때 '-(으)ㄹ' 뒤에 연결되는 'ㅅ'을 된소리로 발음한 것이기 때문에 ㉣에 해당된다. '기댈 곳이'는 [기댈꼬시]로 발음하는데, 이는 어간 '기대-'와 관형사형 '-(으)ㄹ'이 결합할 때 뒤에 연결되는 'ㄱ'을 된소리로 발음한 것이기 때문에 ㉣에 해당된다.

오답 풀이

① '국밥'은 [국빱]으로 발음하는데, 이는 받침 'ㄱ' 뒤에 연결되는 'ㅂ'을 된소리로 발음한 것이기 때문에 ㉠에 해당된다. '삶고'는 [삼꼬]로 발음하는데, 이는 어간 받침 'ㄻ' 뒤에 결합되는 어미의 첫소리 'ㄱ'을 된소리로 발음한 것이기 때문에 ㉡에 해당된다.

② '꽃다발'은 [꼳따발]로 발음하는데, 이는 받침 'ㅊ'이 음절의 끝소리 규칙에 따라 'ㄷ'으로 교체되고 뒤에 연결되는 'ㄷ'을 된소리로 발음한 것이기 때문에 ㉠에 해당된다. '핥지만'은 [할찌만]으로 발음하는데, 이는 어간 받침 'ㄾ' 뒤에 결합되는 어미의 첫소리 'ㅈ'을 된소리로 발음한 것이기 때문에 ㉢에 해당된다.

③ '읊조리다'는 [읍쪼리다]로 발음하는데, 이는 받침 'ㄿ'이 자음군 단순화와 음절의 끝소리 규칙에 따라 'ㅂ'으로 교체되고 뒤에 결합되는 어미의 첫소리 'ㅈ'을 된소리로 발음한 것이기 때문에 ㉠에 해당된다. '먹을지언정'은 [머글찌언정]으로 발음하는데, 이는 어간 '먹-'과 어미 '-(으)ㄹ지언정'이 결합할 때 '-(으)ㄹ' 뒤에 연결되는 'ㅈ'을 된소리로 발음한 것이기 때문에 ㉣에 해당된다.

⑤ '훑다'는 [훌따]로 발음하는데, 이는 어간 받침 'ㄾ' 뒤에 결합되는 어미의 첫소리 'ㄷ'을 된소리로 발음한 것이기 때문에 ⓒ에 해당된다. '떠날지라도'는 [떠날찌라도]로 발음하는데, 이는 어간 '떠나-'와 어미 '-(으)ㄹ지라도'가 결합할 때 '-(으)ㄹ' 뒤에 연결되는 'ㅈ'을 된소리로 발음한 것이기 때문에 ⓔ에 해당된다.

04 정답 ④ 한글 맞춤법의 이해

정답 풀이

제41항에 따르면, 조사는 그 앞말에 붙여 쓴다고 하였다. 하지만 '먹을'의 뒤에 오는 '만큼'은 조사가 아닌 '앞의 내용에 상당한 수량이나 정도임을 나타내는 말'인 의존 명사이므로 제2항을 근거로 '먹을 만큼'과 같이 띄어 쓰는 것이 옳다.

오답 풀이

① '뛰고 있다'의 '뛰고'와 '있다'는 별개의 단어이므로 제2항에 근거하여 띄어 쓰는 것이 옳다. 또한 '있다[읻따]'는 어간 '있-'에 어미 '-다'가 결합한 형태를 소리 나는 대로 적지 않고 제15항에 근거하여 어간과 어미를 구별해 '있다'로 쓰는 것이 옳다.
② '울다'의 어간 '울-'에 '-음'이 결합하여 명사로 된 '울음'은 [우름]으로 발음하더라도 제27항에 근거하여 '울음'으로 그 어간의 원형을 밝혀 쓰는 것이 옳다.
③ '겉늙다'는 실속과는 달리 겉으로만 그러하다는 뜻을 더하는 접두사인 '겉-'과 단어 '늙다'가 어울려 이루어진 말로, [건늑따]와 같이 발음하더라도 제27항에 근거해 각각 그 원형을 밝혀 '겉늙다'와 같이 쓰는 것이 옳다.
⑤ '(밥이 다) 되어 간다'의 '되어'는 본용언, '간다'는 보조 용언이며 제47항에 근거하여 '되어 간다'와 같이 띄어 씀이 원칙이나 '되어간다'와 같이 붙여 쓰는 것도 허용된다.

05 정답 ④ 'ㄴ' 첨가의 표준 발음

정답 풀이

'휘발유'는 '보통 온도에서 액체가 기체로 되어 날아 흩어지는 현상'을 의미하는 명사 '휘발' 뒤에 '석유'의 뜻을 더하는 접미사인 '-유'가 결합하여 만들어진 파생어이다. 따라서 제29항에 따라 'ㄴ' 음이 첨가되는데, 이때 제29항 [붙임 1]에 따라 '휘발'의 'ㄹ' 받침 뒤에 첨가된 'ㄴ' 음을 [ㄹ]로 발음하여 [휘발류]로 발음해야 한다.

오답 풀이

① '물약'은 명사 '물'과 명사 '약'이 결합한 합성어로, '물'의 'ㄹ' 받침 뒤에 'ㄴ' 음이 첨가되었으므로 제29항 [붙임 1]에 따라 [물략]으로 발음해야 한다.
② '한여름'은 '한창인'의 뜻을 더하는 접두사인 '한-'과 명사 '여름'이 결합한 파생어로, 접두사의 끝이 자음이고 뒤 단어의 첫음절이 '여'인 경우에 해당하므로, 제29항에 따라 'ㄴ' 음을 첨가하여 [한녀름]으로 발음해야 한다.

③ '할 일'은 두 단어를 이어서 한 마디로 발음하는 경우이므로 제29항 [붙임 2]에 따라 'ㄹ' 받침 뒤에 첨가되는 'ㄴ' 음을 'ㄹ'로 발음하여 [할릴]로 발음해야 한다.
⑤ '눈요기'는 명사 '눈'과 명사 '요기'가 결합한 합성어로, 앞 단어의 끝이 자음이고, 뒤 단어의 첫음절이 '요'인 경우에 해당하므로 제29항에 따라 'ㄴ' 음을 첨가하여 [눈뇨기]로 발음해야 한다.

개념 복습

- 음의 첨가와 관련된 표준 발음법 규정
 - 합성어 및 파생어에서, 앞 단어나 접두사의 끝이 자음이고 뒤 단어나 접미사의 첫음절이 모음 '이, 야, 여, 요, 유'인 경우에는, 'ㄴ' 음을 첨가하여 [니, 냐, 녀, 뇨, 뉴]로 발음한다.
 ⑩ 꽃+잎 → [꼰닙]
 - 'ㄹ' 받침 뒤에 첨가되는 'ㄴ'은 [ㄹ]로 발음한다.
 ⑩ 휘발유 → [휘발뉴] → [휘발류]

06 정답 ⑤ 표준 발음법의 탐구

정답 풀이

'실패를 할지언정 도전해라.'에서 '할지언정'은 어간 '하-' 뒤에 어미 '-(으)ㄹ지언정'이 결합한 것으로, '-(으)ㄹ'로 시작되는 어미 뒤에 'ㅈ'이 연결되고 있으므로, 제27항의 [붙임]에 따라 'ㅈ'을 된소리로 발음하여 [할찌언정]으로 발음해야 한다.

오답 풀이

① '닭장'은 제23항에 따라 '닭'의 받침 'ㄺ' 뒤에 연결되는 'ㅈ'을 된소리로 발음하여 [닥짱]으로 발음해야 한다.
② '굶기다'는 동사 '굶다'의 어간 '굶-'에 사동 접미사 '-기-'가 결합한 단어이다. 따라서 제24항에 따라 사동의 접미사 '-기-'는 된소리로 발음하지 않으므로 [굼기다]로 발음해야 한다.
③ '더듬지'는 제24항에 따라 어간 '더듬-'의 받침 'ㅁ' 뒤에 결합되는 어미의 첫소리 'ㅈ'을 된소리로 발음하여 [더듬찌]로 발음해야 한다.
④ '할 바를'은 제27항에 따라 관형사형 '-(으)ㄹ' 뒤에 연결되는 'ㅂ'을 된소리로 발음하여 [할빠를]로 발음해야 한다.

01 ⑤   **02** ④

지문 해설   [01~02] 담화의 표현과 문법 요소

• 발화나 문장 간의 관련성을 보여 주는 장치

지시 표현	– 개념: 담화 장면을 구성하는 화자, 청자, 사물, 시간, 장소 등의 요소를 직접 가리키는 표현 – 종류: 이, 그, 저 등
대용 표현	– 개념: 담화에서 언급되는 말을 대신하는 표현 – 종류: 이, 그, 저, 그거 등
접속 표현	– 개념: 문장과 문장, 발화와 발화를 연결해 주는 표현 – 종류: 그리고, 그런데 등의 접속 부사

• 화자의 의도를 구현하기 위한 문법 요소

– 높이거나 낮추는 태도를 드러낼 때: 특수 어휘, 조사, 어미 등

– 화자가 청자에게 행동을 요구함을 드러낼 때: 종결 어미

– 화자가 청자에게 답변을 요구하거나, 어떠한 사실을 새롭게 알게 되었다는 점을 두드러지게 나타낼 때: 종결 어미

01   정답 ⑤   담화의 표현

정답 풀이

ⓕ '거기'는 앞에서 언급된 '작년에 같이 갔던 수목원'을 대신하는 대용 표현이다.

오답 풀이

① ⓐ '지금 저녁 먹으러 가자.'는 '주말 나들이 장소 정하기'라는 담화 주제와 부합하지 않아서 담화의 완결성을 떨어뜨리고 있다.

② ⓑ '거기'는 '영선'이 앞서 발화한 '놀이동산'을 대신하는 대용 표현이다.

③ ⓒ '여기'와 ⓓ '거기'는 발화 간의 관련성을 높이는 형식적 장치로서 형태는 다르지만 모두 사진 속의 동일한 장소인 '해수욕장'을 나타내고 있다.

④ ⓔ '그리고'는 앞과 뒤의 발화를 대등하게 연결해 주는 접속 표현, 그중에서도 접속 부사이다.

개념 복습

• 담화의 완결성과 응집성

담화의 완결성	담화를 이루는 발화나 문장들이 내용상 하나의 주제를 향하여 유기적으로 연결되어 있는 것
담화의 응집성	담화를 이루는 발화나 문장들이 형식적인 면에서 긴밀하게 연결되어 있는 것 – 지시 표현, 대용 표현, 접속 표현을 잘 활용해야 함.

02   정답 ④   발화의 이해

정답 풀이

'드리고'의 기본형인 '드리다'는 '주다'의 높임말로, 문장에서 서술어의 객체인 부사어에 해당하는 대상을 높이기 위해 사용하는 어휘이다. 즉 ㉠ "할아버지께서 마침 방에 계셨구나! 과일 좀 드리고 오렴."에서 화자는 '드리–'를 통해 문장의 주체가 아니라 객체에 해당하는 '할아버지'를 높이고 있다.

오답 풀이

① 화자는 문장의 주체인 '할아버지'를 주격 조사 '께서'를 통해 높이고 있다.

② '계셨구나'의 기본형인 '계시다'는 '있다'의 높임말이다. 화자는 문장의 주체인 '할아버지'를 높이기 위해 높임의 의미를 포함하는 단어를 서술어로 활용한 것이다.

③ '–구나'는 화자가 새롭게 알게 된 사실에 주목함을 나타내는 감탄형 종결 어미로, '할아버지께서 방에 계셨다는 사실'을 새롭게 알게 되었음을 부각하기 위해 쓰인 표현이다.

⑤ '–렴'은 부드러운 명령이나 허락을 나타내는 종결 어미로, 화자가 청자에게 할아버지께 과일을 드리고 오는 행위를 하도록 요구하는 의도를 드러내기 위해 쓰인 표현이다.

12강 국어사

기출 선택지 OX   1 ○   2 ×

수능과 내신 문제로 다지기
본문 **99**쪽

01 ①   **02** ⑤

01 정답 ① 중세 국어의 조사

정답 풀이

'드리'의 현대어 풀이가 '달이'인 것으로 보아 '드리'는 '둘'과 '이'가 결합한 것으로, 주격 조사 '이'가 자음으로 끝난 체언 '둘' 뒤에 쓰인 예에 해당한다는 것을 알 수 있다. 따라서 모음 '이'나 반모음 'ㅣ' 이외의 모음으로 끝난 체언 뒤에 주격 조사 'ㅣ'가 쓰인 예에 해당하지 않는다.

오답 풀이

② '바불'은 '밥'와 '울'이 결합한 것으로, 목적격 조사 '울'이 자음 'ㅂ'으로 끝나는 체언 '밥' 뒤에 쓰인 예에 해당한다.
③ '나못'은 '나모'와 'ㅅ'이 결합한 것으로, 관형격 조사 'ㅅ'이 '나무'라는 사물을 의미하는 체언 뒤에 쓰인 예에 해당한다.
④ '믈로'는 '믈'과 '로'가 결합한 것으로, 부사격 조사 '로'가 'ㄹ'로 끝나는 체언 '믈' 뒤에 쓰인 예에 해당한다.
⑤ '님금하'는 '님금'과 '하'가 결합한 것으로, 호격 조사 '하'가 존대 대상인 체언 '님금' 뒤에 쓰인 예에 해당한다.

📖 개념 복습

• 중세 국어의 조사

주격 조사	– 앞말이 자음: 이 – 앞말이 'ㅣ' 이외의 모음: ㅣ – 앞말이 'ㅣ' 모음: ∅(실현 안 된 경우)
목적격 조사	– 앞말이 자음: 올, 을 – 앞말이 모음: 롤, 를 – 선행 모음이 양성 모음: 올, 롤 – 선행 모음이 음성 모음: 을, 를
관형격 조사	– 유정 명사의 양성 모음 뒤: 이 – 유정 명사의 음성 모음 뒤: 의 – 무정 명사 또는 높임의 유정 명사 뒤: ㅅ

02 정답 ⑤ 중세 국어의 특징

정답 풀이

〈보기〉의 ⑩ '주고'와 현대어 풀이의 '주고'는 형태가 같지만 여기서 '-고'는 연결 어미이므로, 문장의 종결 어미 표기가 현대 국어에서도 달라지지 않았다는 탐구 내용은 적절하지 않다.

오답 풀이

① ⑦ '선우(善友)ㅣ'는 체언의 끝소리가 'ㅣ' 모음 이외의 모음일 때 주격 조사 'ㅣ'가 쓰인 경우로, 'ㅣ'는 현대 국어와 다른 주격 조사이다. 현대 국어에서는 체언의 끝소리가 모음일 때 주격 조사 '가'가 쓰인다.
② ⑥ 'ㅎㄴ다'의 숨은 주어는 '선우'로 이인칭이다. 따라서 중세 국어에서는 의문문의 주어가 이인칭일 때 의문형 종결 어미로 '-ㄴ다'가 쓰였음을 알 수 있다.
③ ⑥ '나롤'은 '나'에 목적격 조사 '롤'이 결합된 것으로, 모음 조화를 고려하여 양성 모음 뒤에 '롤'이 쓰인 것이다. 현대 국어의 목적격 조사에는 '을/를'이 있다.
④ ⑥ '너기거시든'에서 선어말 어미 '-시-'는 '-거-' 뒤에 놓이지만 현대 국어에서는 '-거-' 앞에 놓인다.

수능과 내신 고난도로 뛰어넘기
본문 **100**쪽

01 ③   **02** ⑤   **03** ②   **04** ④   **05** ③
06 ①

01 정답 ③ 중세 국어의 조사

정답 풀이

(가)를 통해 '불휘라[불휘+∅라]'는 '∅라' 형태의 조사를 취함을 알 수 있다. 이는 '∅라' 형태의 조사를 취한 '이제라', '아래라'와 같은 형태의 조사를 취한 것이며 '불휘'와 '이제', '아래' 모두 단모음 'ㅣ'가 아닌 반모음 'ㅣ'로 끝난 이중 모음이므로 ⑦에는 '불휘라', ⑥에는 '∅라'가 들어가야 한다.

오답 풀이

① '지비라[집+이라]'는 '이라' 형태의 조사를 취하는데, 이는 '∅라' 형태의 조사를 취한 '이제라', '아래라'와 다른 경우에 해당하므로 '지비라'와 '이라'는 각각 ⑦과 ⑥에 들어갈 말로 적절하지 않다.
② '스싀라[스싀+∅라]'는 '∅라' 형태의 조사를 취하는데, 이는 '∅라' 형태의 조사를 취한 '이제라', '아래라'와 같은 형태의 조사를 취한 것이므로 ⑥에 '∅라'가 들어가는 것은 적절하다. 그러나 '스싀'의 경우 반모음 'ㅣ'가 아닌 단모음 '이'로 끝난 체언이므로 ⑦에 들어갈 말로는 적절하지 않다.
④ '견차라[견ㅊ+ㅣ라]'는 'ㅣ라' 형태의 조사를 취하는데, 이는 '∅라' 형태의 조사를 취한 '이제라', '아래라'와 다른 경우에 해당하므로 '견차라'와 'ㅣ라'는 각각 ⑦과 ⑥에 들어갈 말로 적절하지 않다.

⑤ '곡되라[곡도+ㅣ라]'는 'ㅣ라' 형태의 조사를 취하는데, 이는 '∅라' 형태의 조사를 취한 '이제라', '아래라'와 다른 경우에 해당하므로 '곡되라'와 'ㅣ라'는 각각 ㉠과 ㉡에 들어갈 말로 적절하지 않다.

02 정답 ⑤ 중세 국어에 대한 이해

정답 풀이

'·뿌·메'는 '쓰다'의 어간 '쓰-'에 명사형 전성 어미 '-움', 조사 '에'가 결합한 형태이다. 현대어 풀이로 보아 '쓰는 데'라는 의미이므로 '사용하다'의 의미를 지닌 동사 '쓰다'가 쓰였음을 알 수 있다.

오답 풀이

① '·말쏨·미'는 체언 '말쏨'에 주격 조사 '이'가 결합하여 이어 적기된 형태이고, '·홇·배'의 '배'는 체언 '바'에 주격 조사 'ㅣ'가 결합하여 쓰인 형태이다. 그러므로 '·말쏨·미'와 '·홇·배'에 쓰인 주격 조사는 그 형태가 동일하지 않다.
② '하·니·라'의 '하다'는 '많다'는 의미로, 성질이나 상태를 의미하는 형용사에 해당한다. 반면 현대 국어의 '하다'는 동사이므로 품사가 동일하지 않다.
③ '·이·룰'과 '·새·로'에 동일한 방점이 쓰인 것은 맞으나, 방점은 강약을 표시하는 요소가 아니라 음의 높낮이, 즉 성조를 표시하는 요소이다.
④ ':히·여'와 '便뻔安한·킈ㅎ·고·져'는 각각 '하여금', '편안하게 하고자'의 의미로, '~로 하여금 ~하게 하다'의 표현이다. 이는 다른 사람으로 하여금 행위를 하도록 하는 사동 표현이 쓰인 것이다.

03 정답 ② 중세 국어의 의문형 종결 어미

정답 풀이

㉠ 현대어 풀이 '무엇'에 대응하는 중세 국어 '므스'는 대명사, 즉 체언이다. 또한 현대어 풀이가 '이 이름이 무엇인가?'는 상대에게 구체적인 설명을 요구하는 의문문인 설명 의문문이므로 '므스'에 보조사 '고'가 결합한 형태인 '므스고'가 들어가야 한다.
㉡ 주어 '네'는 듣는 사람을 이르는 2인칭이므로 의문문의 종류와 관계없이 종결 어미 '-ㄴ다'가 쓰인 형태인 '가는다'가 들어가야 한다.
㉢ 주어 '그듸는'은 '그듸'와 '는'의 결합으로 이때 '그대(그듸)'는 듣는 이가 친구나 아랫사람일 경우, 그 사람을 높여 이르는 2인칭 대명사에 해당한다. 따라서 주어가 2인칭이므로 종결 어미 '-ㄴ다'가 쓰인 형태인 '아니ㅎ는다'가 들어가야 한다.

04 정답 ④ 중세 국어의 관형격 조사

정답 풀이

ⓑ의 '소저의'는 체언 '소저'에 관형격 조사 '의'가 결합한 것으로 관형절 속에서 주어로 쓰이는 말에 관형격 조사가 붙은 경우에 해당한다. 그러나 ⓒ의 '부텻'은 체언 '부텨'에 관형격 조사 'ㅅ'이 결합한 것으로 명사절 속에서 주어로 쓰이는 말에 관형격 조사가 붙은 경우에 해당한다.

오답 풀이

① 관형격 조사 '익/의'는 유정 명사 뒤에서 실현되었으므로 ⓐ의 '죵'과 ⓑ의 '소저'는 유정 명사임을 알 수 있다. 그리고 관형격 조사 'ㅅ'은 무정 명사이거나 높임의 대상인 유정 명사 뒤에 실현되었는데, ⓒ '부텻'의 '부텨'는 '부처'를 의미하므로 높임의 대상인 유정 명사임을 알 수 있다.
② ⓐ는 '죵의'와 같이 해석되어 관형어로 기능하지만 ⓑ는 '소저가', ⓒ는 '부처가'와 같이 해석되어 주어로 기능한다.
③ '익/의'는 모음 조화에 따라 조사의 형태가 결정되었기 때문에 ⓐ의 '죵'에는 양성 모음 뒤에 오는 '익'가, ⓑ의 '소저'에는 음성 모음 뒤에 오는 '의'가 결합된 것이다. 즉, 앞말 체언의 중성에 따라 관형격 조사의 형태가 달리 실현된 것으로 볼 수 있다.
⑤ ⓒ를 '부텻'에서 '아비의'로 바꾸면, 명사절 속에서 유정 명사인 '아비' 뒤에 관형격 조사 '의'가 실현된 것이므로 '아비의'는 주어인 '아비가'로 해석된다.

05 정답 ③ 중세 국어의 높임법

정답 풀이

중세 국어에서는 목적어나 부사어에 해당하는 객체를 높이는 선어말 어미 '-숩-/-줍-/-숩-'이 존재하였고, 이들은 모음으로 시작하는 어미 앞에서는 '-ᄉᆞᆯ-/-ᄌᆞᆯ-/-ᄉᆞᆯ-'의 형태로 나타났다고 하였다. 따라서 ㄷ에서는 '-ᄉᆞᆯ-'을 통해 목적어 '부처'를 높이고 있음을 알 수 있다.

오답 풀이

①, ② 중세 국어에서 주체 높임은 선어말 어미 '-시-'를 사용하여 실현되었으며 자음으로 끝나는 어간이나 어미 뒤에서는 '-으시-/-ᄋᆞ시-'의 형태로 실현되었고, 모음으로 시작하는 어미 앞에서는 '-샤-'로 교체된다고 하였다. 따라서 ㄱ은 자음 '-ㅁ'으로 끝나는 어간 '삼-' 뒤에서 '-ᄋᆞ시-'를 사용하여 주체인 '여래'를 높이고 있음을 알 수 있고, ㄴ은 '-시-'를 사용하여 생략된 주어인 주체를 높이고 있음을 알 수 있다.
④ ㄹ은 선어말 어미 '-줍-'을 사용해 문장의 목적어인 '왕의 말씀'을 높이고 있다.
⑤ ㅁ의 '받ᄌᆞ보리라'를 보면 모음으로 시작하는 어미 앞에서 '-ᄌᆞᆯ-'을 통해 문장의 부사어인 '부처'를 높이고 있음을 알 수 있다.

- 중세 국어의 높임 표현
- 주체 높임법: 주체 높임의 선어말 어미 '-시/샤-'를 통해 서술의 주체를 높이는 방법으로, 자음 어미 앞에서는 '-시-'가, 모음 어미 앞에서는 '-샤-'가 옴.
- 객체 높임법: 객체 높임의 선어말 어미를 통해 목적어, 부사어를 높이는 방법

형태	음운 환경
-숩(슬)-	어간의 끝소리가 'ㄱ, ㅂ, ㅅ, ㅎ'일 때
-줍(줄)-	어간의 끝소리가 'ㄷ, ㅌ, ㅈ, ㅊ'일 때
-숩(슬)-	어간의 끝소리가 모음이나 'ㄴ, ㅁ, ㄹ'일 때

- 상대 높임법: 상대 높임 선어말 어미와 종결 어미를 통해 청자를 높이는 방법으로 선어말 어미 '-이/잇-'이 쓰이는데, '-이-'는 평서형에서, '-잇-'은 의문형에서 쓰임.

06 정답 ① 중세 국어의 의문문

정답 풀이

ⓐ '이 두 사람이 진실로 네 상전이냐?'는 의문사 없이 '예', '아니요'의 대답을 요구하는 판정 의문문이며, ⓐ 앞에 체언이 오므로 의문 보조사 '가'가 들어가야 한다.

ⓑ '그 뜻이 한 가지인가, 아닌가?'는 의문사 없이 '예', '아니요'의 대답을 요구하는 판정 의문문이며, ⓑ 앞에 어간이 오므로 '-아/어' 계열의 의문형 종결 어미 '-아'가 들어가야 한다.

ⓒ '이제 어떻게 하여야 지옥 있는 땅에 가겠습니까?'는 의문사 '어떻게'와 함께 구체적인 설명을 요구하는 설명 의문문이고 상대 높임법에서 'ㅎ쇼셔체'에 해당하므로 ⓒ에는 상대 높임의 선어말 어미인 '-잇-'과 '-오' 계열의 종결 어미 '-고'가 결합한 '-잇고'가 들어가야 한다.

- 중세 국어의 의문문
- 판정 의문문과 설명 의문문

판정 의문문	- 청자에게 '예', '아니요'의 대답을 요구하는 의문문 - 의문 보조사 '가', '-냐'('-아/어' 계열의 의문형 종결 어미) 사용
설명 의문문	- 구체적인 설명을 요구하는 의문문 - 의문 보조사 '고', '-뇨'('-오' 계열의 의문형 종결 어미) 사용

- 주어가 2인칭일 때: 판정 의문문과 설명 의문문을 구분하지 않고 '-ㄴ다'를 사용함.

01 ⑤   **02** ②

[01~02] 문법 형태소의 쓰임

- 현대 국어와 중세 국어의 문법 형태소

현대 국어	• 문법 형태소에서 하나의 형태가 여러 의미로 쓰이는 현상 - 명사 파생 접사 '-이'와 부사 파생 접사 '-이' • 문법 형태소의 여러 형태가 하나의 의미로 쓰이는 현상 - 명사 파생 접사 '-이'와 '-음'
중세 국어	• 명사 파생 접사 '-이'와 구별되는 명사 파생 접사 '-의'의 특징 - 부사는 파생하지 않았음. - 모음 조화에 따라 양성 모음 뒤에서는 '-의'로 쓰였음. - 중세 국어에서 'ㅣ' 모음이 양성 모음도 아니고 음성 모음도 아니어서 모음 조화와는 무관하게 결합하였음. • '의'의 쓰임 - 앞 체언에 붙어 관형격 조사와 부사격 조사로 쓰였음. 이때 관형격 조사는 평칭의 유정 체언 뒤에 쓰였고 부사격 조사는 서술어와 호응하여 장소나 시간을 나타내는 부사어에서 쓰였음. - 조사 '의' 역시 모음 조화에 따라 양성 모음 뒤에서는 '익'로 쓰였음.

01 정답 ⑤ 국어의 문법 형태소 이해

정답 풀이

중세 국어에서 '의'는 앞 체언에 붙어 관형격 조사와 부사격 조사로 쓰였다고 하였다. 따라서 중세 국어에서 체언에 조사 '의'가 붙은 말은 관형어나 부사어로 쓰였음을 알 수 있다.

오답 풀이

① 현대 국어의 '책꽂이'에서 '-이'는 '…하는 데 쓰이는 도구'의 의미를 나타내는 접사이다.

② 현대 국어 '놀이'에서의 '-이'는 중세 국어 '사리'에서의 '-이'와 마찬가지로 '…하는 행위'의 의미를 나타낸다.

③ 현대 국어의 '-이'는 명사와 부사를 모두 파생하기 때문에 이를 통해 파생된 '길이'는 명사와 부사로 쓰인다. 그러나 중세 국어의 '-의'는 명사만 파생하고 부사는 파생하지 않으므로, 이를 통해 파생된 '기릐'는 부사로는 쓰이지 않고 명사로만 쓰인다.

④ 중세 국어에서 접사 '-의'는 양성 모음 뒤에서 명사만 파생하고 부사는 파생하지 않는다.

02 정답 ② 중세 국어의 문법 형태소 이해

'구븨(굽-+-의)'의 현대어 풀이는 명사 '굽이'로 제시되어 있다. 따라서 이때 '-의'는 용언 어간에 붙어 명사를 파생하는 접사임을 알 수 있다. 즉 음성 모음 'ㅜ' 뒤에 결합하므로 모음 조화에 따라 '-익'가 아닌 '-의'가 쓰인 것은 맞으나, 부사 파생 접사가 아니라 명사 파생 접사인 것이다.

① '겨틔(곁+의)'의 현대어 풀이는 '곁에'로 제시되어 있다. 따라서 이때 '의'는 장소를 나타내는 체언에 붙은 부사격 조사임을 알 수 있다. 음성 모음 'ㅕ'의 뒤에 결합하므로 모음 조화에 따라 '익'가 아닌 '의'가 쓰인 것이다.

③ '불기(붉-+-이)'의 현대어 풀이는 '밝히'로 제시되어 있다. 따라서 이때 '-이'는 용언 어간에 붙어 부사를 파생하는 접사임을 알 수 있다. 접사 '-이'는 중세 국어에서 'ㅣ' 모음이 양성 모음도 아니고 음성 모음도 아니어서 모음 조화와는 무관하게 결합하였다고 하였다.

④ '글지싀(글짓-+-이)'의 현대어 풀이는 '글짓기'로 제시되어 있다. 따라서 이때 '-이'는 용언 어간에 붙어 명사를 파생하는 접사임을 알 수 있다. 접사 '-이'는 중세 국어에서 'ㅣ' 모음이 양성 모음도 아니고 음성 모음도 아니어서 모음 조화와는 무관하게 결합하였다고 하였다.

⑤ '쏜릐(쏠+익)'의 현대어 풀이는 '딸의'로 제시되어 있다. 따라서 이때 '익'는 평칭의 유정 체언에 붙은 관형격 조사임을 알 수 있다. 양성 모음 'ㅏ'의 뒤에 결합하므로 모음 조화에 따라 '의'가 아닌 '익'가 쓰인 것이다.

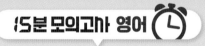

조승연 대전압구정국어논술학원
최경옥 청담프라임학원
최경일 동방고등학교
허 진 감동국어학원

부산
강재윤 해운대고등학교
강지혜 국어신세계학원
강현우 금정여자고등학교
권강민 대한논리국어전문학원
김명호 김샘국어전문학원
김성민 적토마국어논술전문학원
김솔미 전문과외
김철환 도담국어
김혜정 아름국어
박경아 이투스247해운대센텀
박두일 배정고등학교
박상준 필(必)통(通) 국어
박여진 리만국어
박은지 이투스247해운대점
박정임 바론국어
신정근 바른국어
신혜영 수오재국어과외
안정화 다대스카이학원
유정희 유정희언어논술교습소
유현주 전문과외
이지영 예스영어학원
이혜원 청어람학원
전정배 불잉걸국어전문학원
정경희 감만한맥학원
정서은 정서은국어논술
조민정 전문과외
조용범 부산장안고등학교
최은희 최선생국어학원
홍성훈 석영학원

서울
강경희 뿌리학원
강상훈 대양고등부학원
강선옥 혜윰국어독서교습소
강시내 압구정명성국어교습소
강은숙 전문과외
강인진 광문고등학교
강인혜 연세나로국어학원
권로사 입시전문코벤트
권민서 한수위국어
권지혜 창동고등학교
기경민 동덕여자고등학교
김금진 메이드학원
김다은 산김영준국어논술학원
김다혜 말글국어더함수학학원
김도연 조지형국어논술학원
김도원 대치예섬학원의치한전문관
김미정 김미정국어교습소
김민경 레인메이커학원,
  종로학원, 하이스트학원
김병찬 아라국어(분당)
김상욱 한양대사범대부속고등학교
김서현 국어의힘수학의힘
김석현 전문과외
김선아 밝음학원
김선호 배재고등학교
김영준 김영준국어논술학원
김 욱 압구정 센티움학원
김윤정 정쌤국어
김은옥 김은옥국어논술교습소
김은지 제이케이영어국어학원
김재욱 전문과외
김정관 경신고등학교(서울)
김주혁 장훈고등학교
김지민 전문과외

김진우 쏘월학원
김진홍 책임에듀
김태균 글마루학원
김태범 강북메가스터디학원,
  대치명인학원(중계캠퍼스)
김형은 이투스247학원 송파점
김형준 숭의여자고등학교
김홍석 명인학원
김효창 지인학원
노병곤 미래국어논술학원
노상혁 배재중학교
노희성 천호하나학원
류성일 경복여자고등학교
마영미 역삼중학교
문민호 진리창조국어
문아람 전문과외
문훈기 서울예술고등학교
박동수 대원고등학교
박동춘 국풍학원
박미정 생각깊은국어교습소
박소미 두다국어학원
박주현 연세나로학원
박주희 한양대사범대부속고등학교
박태순 참좋은2관학원
백선영 명지고등학교
백시연 전문과외
백현미 아로새김학원
사승훈 너나교육열매국어학원
손석표 대찬학원
송희진 김현구국어학원
신거산 바로글논술
신준배 김상호아이엠케이학원
신지원 신지원국어
신한종 대치두각학원, 광릉한샘기숙학원
신형규 한양대사범대부속고등학교
신효범 대일관광고등학교
심규연 광영여자고등학교
심유진 대원국제학교
안광규 말과글국어전문
안민정 잠실오름국어학원
안보람 보람국어교습소
안상미 안상미국어
안지은 깊이보는아이들
양선희 종로학원
양성주 대원여자고등학교
양승은 국풍2000석촌관
양은비 올가교육대치
양현성 대원국제중학교
양현영 전문과외
양회영 김동아국어논술학원
오도현 송파메가스터디
오승현 오늘국어교습소
오현경 도전학원
우보영 원묵고등학교
원창연 김승리국어연구소
유명관 대치이강학원
유혜민 하이스트금천
윤경민 4플러스학원
윤미정 천개의고원
윤준호 성북메가스터디학원
윤지영 성북메가스터디학원
윤현지 산김영준국어논술학원
이경미 대원여자고등학교
이동근 동국대사범대부속여자고등학교
이동욱 백산학원
이명자 즐겨찾기논술교습소
이민주 목동아이비학원
이범구 세계학원
이상영 와이즈학원

이서현 도제원교육
이성훈 한얼국어논술학원
이세람 산김영준국어논술전문학원
이소라 대일고등학교
이소영 동덕여자고등학교
이수연 시대인재학원
이 신 한건국어
이영준 너나교육열매국어학원
이예슬 미림여자고등학교
이윤주 연세윤국어
이정복 석률학원
이정선 대성고등학교
이진영 강남리더스학원
이창열 제일학원
이충환 송파메가스터디/리드체인지
이하은 오디세이학원
이한준 강동뉴스터디학원
이형섭 가리온학원
이혜정 한우리통합논리학원
이홍진 대일외국어고등학교
이효정 전문과외
이효정 강북멘토스
이희주 김종길국어논술학원
임성애 한올국어전문학원
임중석 광문고등학교
장다희 청원고등학교
장정미 네오스터디학원
장종빈 유종의미국어학원
장종주 유종의미국어학원
전도현 구룡중학교
전병호 라온국어학원
전이수 메가스터디러셀
정기후 배남학원
정미지 두다국어학원
정성아 전문과외
정승훈 피큐브아카데미
정유니 유종의미국어학원
정현유 중앙대학교교육대학원
정혜채 지혜의숲국어논술
정희숙 정샘국어
조건하 대원고등학교
조보견 글모임국어공부방
조현정 리라아트고등학교
주승오 와와학습코칭학원 당산점
지선영 겨루국어교습소
차주원 광문고등학교
최병두 아비투스대치
최보나 탑국어학원
최성철 미래탐구학원동작캠퍼스
최은혜 보인고등학교
최진아 일신학원
최하늘 상일여자고등학교
최현일 대원여자고등학교
하 랑 서강학원
하유리 에듀퍼스트
한기연 해라시아국어시강원
홍혜란 이지수능교육
황은영 GOS에듀
황창식 바른학원
황혜진 세종학원

세종
강유진 종촌고등학교
김성희 맥국어
박규경 글봄국어전문학원
박혜문 글봄국어전문학원
박희주 종촌고등학교
서창우 종촌고등학교
유혜원 세종고등학교
이경주 로운국어전문학원

이보미 올가국어
이소민 세종중학교
조선영 해밀중학교
최유빈 해밀중학교

울산
김병수 독보적국어
김진렬 국자감국어전문학원
남한나 이루하국어학원
박정하 어수모국어논술학원
박정환 다섯수레국어
성부경 국어여행학원
송수연 해남국어전문학원
윤재훈 The숲국어전문학원
이유림 이유림국어연구소
조민철 생각의창국어논술전문학원
최석우 어수모국어논술학원
최정호 최정호국어학원

인천
김보화 천공학원
김 솔 전문과외
김윤정 뿌리깊은국어학원
마두영 인명여자고등학교
박가람 국어스토리
박성철 대인고등학교
박신아 해냄학원
박정신 일등급국어
배성현 논술자신감
서광택 문일여자고등학교
오광수 국어를논하다
이상명 카이로스학원
이서현 도제원교육
이유진 인천하늘중학교
이정호 학사모아카데미
장미영 밀턴학원
정나라 동산고등학교
조대영 강화펜타스학원
조대현 이재식국어학원
최보람 인성여자고등학교
최승수 명신여자고등학교
홍선희 홍쌤국어공부방
홍옥선 권홍국어전문학원
황재준 고대국어논술학원

전남
김경주 김경주국어논술전문학원
김지선 지혜의숲신대점
박종섭 백제고등학교
송효리 일등급국어논술학원
심아름 현수학
안정광 안비국어
이도실 일등급국어신대학원
이동규 완도고등학교
이종관 에듀TOP제철분원
정해연 책봄논술
정 훈 정훈국어학원
진달래 에토스학원

전북
고민석 서영여자고등학교
김광철 다시국어
김영규 군산제일고등학교
김정아 김정아국어교습소
김호윤 와이엠에스(YMS)학원
박균명 이투스247학원 전주완산
송미영 위더스학원
양성정 세종국어논술학원
여상현 전문과외
원대한 전주기전여자고등학교
윤담은 해성고등학교
이동익 든든한국어
이윤진 포인트정석속독국어

이지훈 전일고등학교
조승아 고려학원
주현숙 양현국어논술
최지현 오늘도신이나
최창국 전문과외
한수연 전주동중학교
허은정 봄날국어학원

제주
강현광 대기고등학교
김기혁 하늘국어학원
김윤슬 봄날의곰국어학원
송창현 대기고등학교
오지희 1등급知국어논술
이예은 이예은단비국어학원
이재연 애월고등학교
장지연 위드유학원
현정대 대기고등학교

충남
강현우 압구정국어논술학원
김예슬 서일고등학교
류가진 기민중학교
방제숙 모비국어논술
서보람 대천여자고등학교
이선영 천안불당고등학교
이언지 충남삼성고등학교
전윤찬 천안압구정국어논술
정동율 서일고등학교
정미경 국어에빠지다
조용아 장항중학교
조효준 조효준국어학원
황병식 미래엔탑학원

충북
공유영 탑윤재학원
김동훈 KENNEDY학원
김영미 속글국어
문효상 G-plan
박대권 피디케이교습소
이선주 청암국어학원
이주현 지음학원
장수진 이레국어
정미향 이루다국어논술
정인탁 형석중학교
정진원 용암드림탑학원
한상철 파란한맥단과전문학원

531 효과 빠른 약점 처방전
PROJECT

문법 고난도 H

이런 학생에게 추천한다 !

CASE **1** 수능 국어 문법의 필수 개념을 **단기간에 정리**하고 싶은 학생

CASE **2** 최신 출제 경향이 반영된 문법 문제를 **단계적으로 풀이하고** 싶은 학생

CASE **3** 다수의 고퀄리티 신규 개발 문제를 통해 **국어 문법 실전 대비**를 원하는 학생

가르치기 쉽고 빠르게 배울 수 있는 **이투스북**

www.etoosbook.com

○ **도서 내용 문의**
홈페이지 > 이투스북 고객센터 > 1:1 문의

○ **도서 정답 및 해설**
홈페이지 > 도서자료실 > 정답/해설

○ **도서 정오표**
홈페이지 > 도서자료실 > 정오표

○ **선생님을 위한 강의 지원 서비스 T폴더**
홈페이지 > 강사 T폴더

53700
정가 **12,000원**
ISBN 979-11-389-0684-5